KB097704

할머니들의
야간중학교

할머니들의 야간중학교

재일조선인 여성,
삶과 투쟁의 주체가 되다

서아귀 지음
유라주 옮김

오월의봄

차례

©서아귀

1990년 즈음의 야간중학교 학생회.
동오사카 시민회관에서 열린 '조선문화와 친해지는 동오사카 아이들 모임'에서 강연을 마치고.

일러두기

1. '民族', 'ethnicity', 'nation'은 흔히 민족, 인종, 국민, 국가, 네이션 등으로 다양하게 번역되나 옮긴이는 각각 '민족', '민족', '국민'으로 풀이했다. 재일조선인은 일본에서 가장 많은 이주자인데 식민 지배라는 역사적 맥락을 고려할 때 다른 '소수 인종'(에스니시티)과 다르기 때문이다. 또 '네이션'은 19세기 이후 서구에서 정립한 국민주권 원리에서 나왔기 때문이다. '民族主義', 'nationalism' 역시 민족주의, 국민주의, 국가주의, 내셔널리즘 등으로 번역되나 옮긴이는 같은 근거로 각각 '민족주의', '국민주의'로 풀이했다.
2. 본문에서는 참고문헌을 번역해서 표기했고, 부록의 참고문헌 목록에서는 원문을 그대로 표기했다.

서론

▼
1

연구 목적

    이 책은 재일조선인 여성¹의 주체 형성이라는 문제를 고찰한다. 특히 동오사카에서 1990년대부터 전개된 공립 야간중학교 운동을 다룬다.

    재일조선인은 일반적으로 일본의 식민 지배(1910~1945)를 배경으로 한반도에서 일본으로 건너간 사람들 및 그 후손을 가리키는데, '식민지'라는 역사적·정치적 성격 때문에 일본의 소수 민족 집단에서도 특징적인 위치에 있다. 통계로는 2010년 기준 한국·조선 국적인 외국인등록자가 약 56만 6,000명으로, 2008년 중국 국적자가 이를 넘어서기 전까지 일본에서 수가 가장 많은 외국 국적 집단이었다.² 일본 국적을 취득하는 재일조선인이 증가하고 있으며, 1952년부터 2010년까지 한국·조선 국적자로 일본 국적을 취득한 사람은 약 33만 5,000명이다.³ 이렇게 한국·조선 국적과 일본 국적을 합친 재일조선인 수는 90만 명이 넘는데, 부모 중 어느 한쪽(또는 양쪽 모두)이 일본 국적이기 때문에 태어날 때부터 일본 국적을 지니게 된 어린이까지 포함하면 재일조선인의 인구는 거의 100만 명에 이른다.

일본에 거주하는 재일조선인은 식민지에서 온 사람 또는 외국인으로 취급을 받아왔다. '일본 민족' 및 '일본 국민'이 주류인 일본 사회에서 재일조선인은 열등한 존재로 여겨졌고 정치, 사회, 경제, 문화 등 모든 분야에서 주변화됐다. 한편 이들의 뿌리인 한반도는 한국전쟁(1950~1953) 후에 분단국가가 됐고, 일본과 한국은 1965년 한일기본조약 체결로 국교를 맺었으나 일본과 북한은 아직까지 정식 국교를 맺지 않았다. 제2차 세계대전 후 국민국가 단위의 국제정치 체제가 확립됐을 때 생활 기반을 일본에서 닦은 재일조선인은, 국가 차원으로는 한국, 조선, 일본 세 개의 국민국가 사이에 놓였고 이들의 정치 관계에 큰 영향을 받았다.

이러한 정치사회 상황을 배경으로 재일조선인은 독자적인 탈식민 운동을 전개했다. 해방 후 재일조선인 운동은 크게 한반도의 국가 건설과 남북통일 운동, 일본에서의 생활 권익 확대 운동이라는 두 가지 흐름으로 나뉘었다.

재일조선인 여성은 민족해방운동에 중심축으로서 적극 참가했다. 하지만 해방 후 긴 시간 동안 재일조선인 여성의 집합행동은 기본적으로 남성이 결정권을 쥔 민족 조직 산하의 여성 단체에 속해 있었다. 남성이 운동이나 여러 사업의 방침을 결정하고 여성은 그 실천을 담당하는 형태로 성별 분업이 일어났다. 또 운동에서 여성의 역할과 여성 주체는 가족 안의 '어머니'나 '아내' 규범에 구속을 받았다. 여성의 활동이 민족운동에 큰 공헌을 했음에도, 총체적으로 말해 남성과 연장자가 우위에 있는 조직화된 민족단체를 위협하지 않는 범위로 한정됐던 것이다.

1980년대 이후 이런 상황에 변화가 생겼다. 기존 민족운동 조직에 의존하지 않는다는 측면에서 상대적으로 자율성이 커진 재일조선인 여성이 정치적 활동을 전개하고, 소수자의 지위 향상을 추구하는 사회운동 분야에서 일정한 위치를 점하게 된 것이다. 재일조선인 여성은 이전보다 자율적인 운동 단체를 형성했고, 남성 중심적 민족 조직의 일부로서가 아니라 여성이 주체가 되어 협상하는 힘을 기르고 일본 주류 사회를 직접 상대했다. 이전처럼 (재일조선인 남성의) 아내나 어머니로서 운동에 참가하는 것이 아니라 자신의 사회적 지위와 인권 향상을 쟁점으로 운동을 전개했다.

이 책에서 다루는 오사카 공립 야간중학교 운동은 재일조선인 1세와, 태평양전쟁 전 일본에서 태어나고 자란 재일조선인 2세 여성들이 시작했다. 이는 교육행정에 '배움의 장'을 보장하라고 요구하는 운동이자 지역 차원에서 재일조선인 여성의 주체 확립을 요구하는 운동이었다. 동오사카시의 전국 최대 재일조선인 거주지에 있던 조에 중학교 야간 학급은 개설되자마자 전국에서 가장 많은 수의 재적 학생을 기록했는데, 학생 대부분이 중노년 재일조선인 여성이었다. 재일조선인 1세 여성 대부분은 학령기에 학교에 다닐 기회를 누리지 못해 글자를 읽지 못했다. 1990년대 초기에 야간중학교 학생 수가 같은 지역에 있는 주간·야간 학생 수보다 많았고 시설의 허용 범위를 넘었기 때문에, 교육위원회는 학생의 절반을 근처 다이헤지 중학교에 설치된 분교 교실로 이동시켰다. 하지만 이곳도 시설, 교사 배치 등이 야간중학교 규격에 미치지 못했다. 학생 대부분을 차지했던 재일조선인 여성은 교육 환경이 악화되어 실망했고, 재일조선인을 차별하는 부당한 강제 조치라고 판단했다. 그다지 관련이 없는 사람들이라면 이러한 해석을 이해하기 다소 어려울 수도 있다. 그러나 재일조선인 인구가 많은 지역에서 재일조선인은 '일본인'이라는 민족·국적에 비해 항상 열등한 집단으로 취급받았으며 공적·사적 영역을 불문하고 일본의 모든 기관에서 차별 대우를 받았다. 야간중학교에서 공부하던 재일조선인 여성이 행정 조치를 '민족 차별'로 결론 내린 배경에는 이 사건에 이르기까지 이들이 받아왔던 역사적인 억압의 경험이 있었던 것이다.

대다수가 재일조선인 여성이었던 야간중학교 학생회는 1993년 분교실을 독립된 야간중학교로 격상하여 교육 환경을 정규 야간중학교와 동등하게 하라고 교육위원회에 요구했다. 교육행정에 맞선 투쟁은 8년 동안 계속됐고 2001년 4월에 정식 야간중학교로서 인정받았다. 다이헤지 야간중학교 독립운동으로 불리는 이 운동은 목표 달성 후에도, 후세대를 포함한 지역의 재일조선인 여성이 자주적으로 다양한 활동을 전개하는 사회 기반으로 유지되고 있다. 운동에서 중심 역할을 맡았던 여성들은 야간중학교를 졸업한 이후에도 여성 중심의 대항 사회공간을 조직했다. 재일조선인 여성을 위한 학습 조직 우리서당, 재일조선인 여성 고령자를 위한 데이하우스 및 데이서비스 시설(일본에서 2000년부터 개호보험 제도를 시행하면서 만든 민간 위탁 형태의 유료 주간 노인복지시설-옮긴이) '사랑방' 등이다. 국가와 지방자치단체는 학습 조직, 데이하우스 및 데이서비스를 제도적으로 인정하고 재정을 지원하고 있다. 이렇듯 공적 기관은 지역에 사는 후세대 재일조선인 여성이 운영 주체를 맡아, 그동안 재일조선인 사회 및 가정에서 활동했던 재일조선인 여성과 일본의 공적 영역을 매개하는 역할을 한다.

해방 후 여러 형태로 활동을 계속하고 있는 재일조선인 여성의 여러 운동과 조직 중에서 동오사카 야간중학교 독립운동에 주목하는 이유는 다음과 같다.

① 기존의 민족 조직에서 자율적 운동체를 형성했고 여성이 협상의 주체가 되어 운동을 수행한다.
② '어머니', '여성', '딸' 같은 가족 성역할과 관계없이 활동을 전개한다.
③ 여성이 중심 역할을 맡아 자기 경험을 바탕으로 권리를 향상하고 현재 상황을 개선하려고 한다.

동오사카 야간중학교 독립운동의 업적은, 무엇보다 일본 사회 및 민족사회에서 드러나지 않았던 재일조선인 여성을 가시화하고 지역사회에서 독특한 역사·사회 배경을 갖는 집단으로서 일정한 지위를 갖도록 한 점이다. 동오사카시, 오사카 교육위원회, 지역의 일본인 사회를 직접 상대해 이의를 제기했고, 재분배와 정체성의 인정 요구를 통해 재일조선인 여성이라는 대항 행위주체를 지역 차원에서 확립했다.

사회운동 측면에서 이 운동은 전국 야간중학교 증설 운동, 재일조선인 민족운동, 문해 운동, 부락 해방운동, 새 이주자를 포함하는 정주외국인 인권운동 등과 관련이 있다. 즉, 관서 지역에서 활발히 일어나는 소수자 인권, 다문화 공생과 관련이 있는 여러 사회운동과 상호작용한다. 재일조선인 여성 대항 주체는 이러한 기반 위에서 독자적 성격을 형성했다. '할머니', '어머니' 등 친근한 호칭으로 불리는 여성이 야간중학교로 만들어진 인적 네트워크의 중심이며, 또 여성이 중심 역할을 맡은 대항 운동 공간에서 여러 정치·문화 활동을 하고 있다.

이 책에서는 이처럼 재일조선인 여성을 중심으로 다양한 민족, 젠더, 세대, 나이의 사람들이 관련된 대항 사회 공간을, 낸시 프레이저의 개념인 '하위주체의 대항 공론장'으로 이해하고 재일조선인 여성 주체를 형성한 기반으로서 살펴본다. 1990년대에 야간중학교를 중심으로 나타난 운동은 어떤 조건에서 성립했고 어떻게 전개됐는가. 중심 역할을 맡은 재일조선인 여성의 사회적 상황 및 살아온 인생과 운동은 어떤 관련이 있는가. 운동을 통해 형성한 여성 주체는 어떤 도전적 의미를 갖는가. 운동은 그 여성들의 사회적 상황에 어떤 변화를 가져 왔는가. 이러한 문제의식을 바탕으로 이 책은 동오사카 야간중 학교 독립운동을 여성주의 관점에서, 또한 민족/국민주의, 여성운동, 공론장에 대한 정치사회 이론에 입각해 살펴본다. 또한 사회운동을 통한 재일조선인 여성의 주체 형성을 고찰한다. 재일조선인 여성이 열어젖힌 자율적 운동의 특징과 의의를 분석하여, 운동에 참여한 여성을 사회변혁의 주체로서 정의하는 것이 이 책의 궁극적 목표다.[4]

연구 시점

1) 공간축과 시간축 설정

1990년대 동오사카에서 재일조선인 여성의 자율적 운동이 일어난 것은 우연이 아니다. 재일조선인 여성이 개인으로서 살고 있고/살아온 두 차원의 사회 공간이 겹쳐지고 서로 다른 시간들이 교차했기 때문에 행위주체로서 여성들이 출현한 이 운동이 생성됐다고 본다. 먼저 운동을 분석하는 데 핵심이 되는 공간축 및 시간축을 거시, 중간, 미시 차원으로 나누어 설명하겠다.

공간축으로는 오사카에서 한반도로 이어지는 초국적 생활 공간, 관서 지역의 소수자 운동권, 재일조선인 커뮤니티라는 개념상의 '장'을 들 수 있다. 그리고 시간축으로는 20세기 동아시아 조선의 식민지 해방과 탈식민 종속 구조의 지속, 재일조선인 1세 또는 태평양전쟁 전에 태어난 2세 여성에게서 보이는 세대 요소, 여성 개인의 생애과정을 다루겠다.

① 공간축: 초국적 생활공간, 재일조선인 커뮤니티, 관서 지역의 운동권

야간중학교 독립운동의 중심 역할을 맡았던 재일조선인 여성은 대부분 전쟁 전에 조선에서 일본으로 건너온 1세, 일본에서 태어나고 자란 2세였다. 여성들이 어린 시절을 보낸 고향 조선은 일본 영토의 일부였고 '내지'에 종속된 '외지'로 불리는 식민지였다. 1945년 8월 일본의 패전으로 해방이 됐을 때 200만 명이 넘는 재일조선인이 있었고, 그중 약 4분의 3이 고향으로 돌아갔다고 한다. 그러나 해방 후 몇 년간 한반도의 불안정한 정세 탓에 다시 일본으로 건너오는 사람도 적지 않았다. 특히 제주도와 관계가 깊은 오사카는 제주 4·3항쟁(1948) 이후 피난을 가 밀항한 조선인을 많이 받아들였다. 1950년대 말에 일본에서 귀국사업(1959년부터 1984년까지 약 9만 3,000명의 재일조선인이 북한으로 영주 귀국한 사업-옮긴이)을 시작했을 때 일본인의 배우자를 포함하여 약 10만 명의 재일조선인이 북한으로 건너갔다. 이와 같은 역사사회적 배경하에서 오사카에 거주하는 재일조선인의 가족, 친척 관계는 한반도까지 이어지며, 국경을 넘은 독특한 생활공간이 형성됐다. 그들은 바다를 사이에 둔 한반도와 언어문화적 유대나 혈연관계를 가질 뿐 아니라, 한국 또는 조선 국적을 가진 국민으로서도 한반도의 두 국가에게서 정치적 영향을 받아 왔다.

두 번째로 오사카에 형성된 일본 최대의 재일조선인 커뮤니티를 들 수 있다. 관서 지역의 야간중학교 학생 중에는 1세 및 고령의 2세 재일조선인 여성이 많다. 특히 이 책이 고찰하는 운동의 무대인 동오사카시 조에 야간중학교와 다이헤지 야간중학교는 오사카시 동부에서 동오사카시까지 이어지는 재일조선인 거주지 주변부에 위치하고 개교 직후 학생의 절반이 1세 재일조선인 여성이었다. 2010년 현재 오사카에 거주하는 한국·조선 국적자들은 약 12만 6,000명으로 외국인등록자 20만 명 중 60%를 차지한다. 또 동오사카시의 한국·조선 국적자들은 약 1만 6,000명으로 같은 시의 외국인등록 인구 중 80% 이상을 차지한다.[5]

다이쇼 시대(1912~1926)와 쇼와 시대(1926~1989)에 걸쳐 한신(阪神, 관서 지역에서 오사카와 고베 및 그 주변 지역을 가리키는 말-옮긴이) 지역은 급속하게 공업이 발달했고 저임금노동자의 수요가 늘어났다. 조선에서는 토지조사사업 및 산미증식계획으로 농촌이 피폐해지고 많은 몰락 농민들이 중국 동북부와 일본으로 흘러갔다. 1923년에 제주도와 이어지는 항로가 열린 오사카에는 1940년대 한반도 남부에서 온 이들을 중심으로 40만 명이 넘는 재일조선인이 거주해 일본 최대의 거주지가 형성됐다. 해방 전 재일조선인은 하천이나 항만에서 토목공사를 하거나 공장 건설 노동자 또는 과학, 금속, 섬유 등 중소 영세 공장의 하층 노동자로 일했다. 남성보다는 수가 적었지만 여성 혼자 일하러 간 경우 방적공으로 일하는 비율이 높았다(스기하라 1996; 1998). 일본에 간 패턴을 살펴보면 남성이 먼저 일하러 가고 그 뒤를 따라 여성을 포함한 가족이 건너가는 식이 많았다. 즉, 여성 대부분이 조선인 남성의 가족으로서 일본에 갔다. 이것이 전후에도 긴 시간 동안 재일조선인 여성이 가족, 특히 '세대주'인 남성의 법적 지위나 경제 면에 크게 의존했던 원인 중 하나로 보인다.

이쿠노구를 중심으로 한 재일조선인 거주 지역은 보통 '이카이노猪飼野'로 불리고, 오사카 순환선 쓰루하시역 동쪽에는 조선음식점, 식품, 잡화, 침구, 옷, 가구, 서적 등을 파는 상점과 부동산, 금융기관이 집중적으로 모여 있다. 총련, 민단, 한통련 같은 민족 조직, 기독교 및 불교를 비롯한 종교 민족 단체, 도민회 같은 동향 친목 단체 등 네트워크가 발달했다. 이카이노는 재일조선인의 의식주를 비롯하여 교육, 신앙, 문화, 정치, 경제, 금융 등 모든 필요를 충족시키고 비교적 한반도와 가까운 생활을 하는 민족 공간의 성격을 짙게 띤다. 재일조선인 인구가 많은 오사카는 민족운동이 활발하며, '한신교육투쟁'(1948)을 비롯해 민족 교육, 공무원 임용, 취직 차별 철폐, 문화 활동 등 여러 민족운동이 일어났다. 교육행정과 싸운 다이헤지 야간중학교 독립운동은 '제2의 한신교육투쟁'으로 불리기도 한다.

세 번째로 재일조선인 커뮤니티는 관서 지역의 정치, 경제, 문화 중심지인 오사카에 있고, 계층화된 도시 하층에 위치한 사람들과 문화, 사고방식, 정치적 관심을 공유한다. 오사카에는 이카이노 외에도 피차별 부락 출신, 오키나와 출신, 일용직 노동자 등 주류 일본 사회에서 소외된 사람들이 많이 거주하는 지역이 형성됐으며 유기적인 커뮤니티가 존재한다. 저임금노동자로서 근대 오사카 산업화의 밑거름이 된 사람들은 도시 중심부에 거주지를 형성했는데 계급, 민족, 지역의 위계 때문에 주류 공론장에서 담론적으로 배제되고 비가시화됐다. 이들이 거주하는 지역은 대체로 도시 인프라가 정비돼 있지 않아서, 지역에 밀착된 형태로 생활 개선을 활발히 요구하며 공권력에 대항하는 정체성을 길렀다(미즈우치 2005a; 2005b). 관서 지역 소수자 운동은 서로 영향을 주고받으며 운동 이론, 방법, 인적 네트워크 등 자원을 축적했고, '아래로부터' 정치에 참여하는 통로를 어느 정도 확보해왔다. 비문해 또는 저학력인 사람들이 교육받을 권리를 요구한 동오사카 야간중학교 독립운동은 이러한 관서 지역 소수자 운동이 형성한 하위의 대항적 공론장에 기초한다고 할 수 있다.

지금까지 살펴본 것처럼 재일조선인 여성이 사는 공간은 초국적, 민족, 지역 차원에 걸쳐 있다. 서로 다른 언어문화가 유통하는 인식의 공간 사이를 재일조선인 여성은 일상적으로 왕래한다. 이는 여성들이 언어, 문화 코드를 변환하는 상황에도 나타난다. 여성들은 '동포'와 이야기할 때는 모어인 한반도 말을 쓰고 일본인과 이야기할 때는 관서 지역 사투리를 쓴다. '관서인'으로, 재일조선인으로, 때로는 북한 재외공민, 한국 국민으로 산다. 또 단순히 '재일동포'가 되기도 하는 이 여성들은 언어, 민족, 국적의 일치를 전제로 하는 국민국가 체제와 뗄 수 없는 삶을 살며, 현실에서는 단일한 국민국가 틀에 들어맞지 않는 사회 공간을 살아가고 있다.

② 시간축: 생애과정, 식민/탈식민, 세대

야간중학교에서 공부하는 재일조선인은 거의 예외 없이 중노년 여성이다. 왜 여성이며, 왜 중노년의 나이가 되어 야간중학교에서 배우기 시작했을까. 여기에서 드러나는 것은 재일조선인 여성 특유의 생애과정 패턴이다. 이때 생애과정이란 '생애에 걸친 여러 역할과 경력이 뭉치로 묶인 궤적'으로 정의할 수 있다(이와카미 2003: 34). 사람은 학교, 직업, 가족, 지역사회 같은 여러 사회관계 속에서 살아가는데 개인 차원의 입장과 역할의 변화를 분석하는 것이 바로 생애과정 연구다. 일반적으로 재일조선인 여성의 생애과정에서는 가족이 가장 중요한 사회관계다. 딸, 아내, 며느리, 어머니, 시어머니 등과 같이 가족 안에서 여성의 역할은 변화하는데 어느 단계든 가족을 돌보고 가족의 욕구를 채우는 일이 사명으로 간주됐다. 실제로 1세, 그리고 전쟁 전에 일본에서 태어나고 자란 2세 재일조선인 여성의 경우, 철이 들 때부터 가사, 가업을 담당하는 중요한 역할을 했다. 일본 지배하의 조선에는 의무교육이 없었기 때문에 가난한 농촌 사람들은 학교교육을 받기 어려웠다. 특히 여성은 교육할 필요가 없다는 생각 때문에 남성에 비해 학령기에 취학하지 못한 사례가 많다. 결혼 후에는 육아, 가사, 간호를 떠맡고 부업을 했다. 또 가내공업, 영세 중소기업에서 일하며 가족의 생활을 유지했다. 인생의 절반이 지나고 재생산노동에서 어느 정도 해방되고 나서야 '학교에 가고 싶다'는 오랜 꿈을 이루기 위해 야간중학교 문을 두드려 '성인 중학생'이 된 것이다. 동오사카 야간중학교 독립운동은 이러한 재일조선인 여성 특유의 생애과정에서 큰 영향을 받았다.

두 번째로 재일조선인 여성이 경험한 20세기 동아시아의 식민/탈식민의 연속성을 들 수 있다. 이때 탈식민이란 식민 지배가 정식으로 끝난 후에도 과거의 식민자가 통치하기 위해 만들었던, 피식민자를 열등한 위치에 놓는 여러 가지 담론, 가치 체계, 인식 양식, 정책과 제도, 관습 등이 재편되면서 지속되고 미래까지 이어진다고 보는 개념이다(모토하시 2005: iv-vii). 야간중학교 운동을 했던 재일조선인 여성은 1920년대부터 1930년대까지 조선, 일본에서 식민 지배를 직접 체험했고 그 기억이 신체에 각인됐다(서론 3절 2항에서 상세 서술).

다음 장의 생애담 분석에서 다시 살펴보겠지만, 식민 지배 체제가 끝난 후에도 일본 사회에 잔존한 민족 질서 때문에 여성들은 과거 식민지 출신이라는 이유로 편견의 대상이 되고 차별을 받았다. 식민지 억압 체험은 1990년대 야간중학교에도 이어졌고, 분교 교실이라는 열악한 환경을 배당받았을 때 분노하며 일어나 민족 차별에 문제를 제기하는 원동력이 됐다.

세 번째로 세대를 들 수 있다. 전후에는 세대교체가 일어나 재일조선인 2세가 민족운동의 중핵을 담당했다. 이에 반해

야간중학교 독립운동은 1세 여성이 주요 구성원이라는 점에서 지역의 재일조선인 사회와 일본인 사회 모두에 충격을 안겼다. '할머니 운동'으로 불리는 이 운동은 지역의 2세, 3세 여성이 지원자로 참여하며 혈연 가족에게 의존하지 않는, 세대를 넘은 연대를 이루어냈다.

이 책에서 이주여성의 연대를 분석할 때는 프랑스 이주여성 연구의 '사회·문화 매개' 개념을 활용한다. '사회·문화 매개'는, 먼저 이주했거나 이주자 2세인 여성이 새로 이주한 여성, 이주하고 시간이 지났지만 주류 사회의 언어, 문화가 익숙하지 않아 생활에 곤란을 겪는 이주여성을 위해 언어 및 행정 서비스 관련 지식을 사용하여 생활을 지원하는 활동으로 정의할 수 있다. 사회·문화 매개는 생활을 지원받는 이주여성만 도움을 받는 것이 아니라 매개자인 여성도 이주한 사회의 공적 영역과 사적 영역 사이를 잇는 다리 역할을 해 주류 사회에 참가할 수 있다는 적극적 의미가 있다(Quiminal 2000; 이토 2000). 재일조선인 여성 역시 1세와 일본어 문해가 어려운 2세를 위해 후세대 여성 가족 구성원인 딸, 며느리 등이 일본의 공적 기관에 동행하는 경우가 많다. 야간중학교 운동 과정에서 재일조선인 여성을 위한 자주 학습 조직, 고령 여성을 돕는 생활 지원 시설이 설립됐는데, 후세대 여성은 여기에서 행정 수속, 지역 사회와 연락 등 일상생활에 필요한 지원을 하고 있다. 그동안 가족 안에서 후세대 여성이 담당했던 사회·문화 매개 역할이 가족 밖으로 옮겨져, 지자체의 생애교육과 개호보험 제도하에서 공적 성격을 띠게 됐다. 그런데 이때 고령 여성은 후세대 여성에게서 단순히 지원만 받는 것이 아니라 시설에서 교류하면서 조선의 언어, 문화, 생활, 재일조선인으로서 겪었던 역사적 경험을 후세대 여성에게 전달하는 역할도 한다. 이렇게 야간중학교 독립운동은 지역에 사는 여러 재일조선인 여성이 모이는 계기가 됐고, 국적, 소속 조직, 세대, 나이 차이를 넘어 여성들이 주체로서 활동하는 기반이 됐다.

지금까지 동오사카 야간중학교 독립운동을 분석하는 데 중요한 시간축인 생애과정, 식민에서 탈식민으로 이어지는 연속성, 세대를 살펴봤다.

다음으로는 재일조선인 여성의 '자율적' 운동을 분석하는 개념으로 하위의 대항 공론장, 여성운동 이론, 국민과 성별의 상관이론, 소수자 여성의 주체 이론을 살펴보겠다.

2) 하위의 대항 공론장

공론장public sphere[6]은 위르겐 하버마스(Habermas 1990)가 제기한 개념으로, 사람들이 대등한 입장에서 자유롭게 공통의 관심사를 토의할 때 생기는 시민사회 공간을 의미한다. 하버마스는 공론장을 국가, 자본주의 시장과 대립하는 제3의 정치, 사회, 경제, 문화 공간이라고 말한다. 서구 근대의 부르주아 교양 계층 사이에서 공적 의사소통의 장이 생성된 과정을, 책과 잡지, 신문 같은 매체의 발달을 중심으로 밝혔다. 또 시민이 자유롭게 의사소통하는 공간으로서 계몽회, 교양협회처럼 국가조직에 속하지 않는 단체를 중시했다. 공론장은 자유로운 토론으로 국가에 비판적인 의견이나 대안(공론 또는 여론)이 도출되는 시민사회 특유의 장소이며 공권력과 사적 영역 사이에 위치한다. 또한 하버마스는 여론의 담지자인 공중을 공론장의 주체로 명시했다.

그러나 프레이저(Fraser 1992)는 하버마스의 공론장을 비판적으로 검토하며 다음과 같이 지적했다. 첫째, 하버마스의 이론은 공론장이 국가와 명확히 구별되는 사회 공간이라는 점과, 공론장의 개방성 및 접근 가능성을 강조한다. 그러나 공론장은 부르주아의 등장을 성립 요건으로 하며, 따라서 필연적으로 계급, 젠더, 인종/민족, 섹슈얼리티에 따라 배제되거나 주변화된 사람들, 즉 여성, 동성애자, 비자립 남성, 농민, 외국인 등을 낳는다는 문제가 있다. 공론장은 모든 사람에게 열려 있지 않으며, 실제로 '부르주아 남성'으로 대표되는 '시민'만이 참가할 수 있을 뿐이다. 공개된 장소에서 일어나는 토의 자체가 서열을 유지한 채 '차이를 두는 전략'이었다고 말할 수 있다.[7] 특히 성별은 근대에서 공적 영역과 사적 영역을 분리하는 기준이었기 때문에 시민 공론장이 성립하는 핵심적 요소였다.[8] 하버마스는 "(중략) 정치적 공론장이 단지 우연히 남성에 의해 지배됐던 것이 아니라 그 구조와 사적 영역과의 관계에서 성적으로 고유하게 규정되어 있다는 의미에서도 여성의 배제가 정치적 공론장에 본질적 의미를 지닌다는 점이다"라는 캐롤 페이트먼의 테제에 동의하며, 배제된 '타자', 즉 페미니즘 운동이 공론장 구조를 내부에서 변화시킬 가능성을 시사한다(Habermas 1990).

프레이저의 또 다른 논점은 공론장의 상호관계다. 하버마스의 모델에서는 국가에 대립되는 하나의 공론장이 상정되지만, 사회적 불평등이 계속되는 상황에서 소수자 집단의 구성원이 포괄적 공론장에서 그/그녀들의 관심사, 요구, 목적, 전략을 의논하기란 지극히 어렵다. 이는 허구의 '우리'라는 이름으로 강자가 약자를 흡수하는 상황이라고 할 수 있다. 소수자는 다수자에게 감시받지 않은 채 대화하고 소수자 특유의 이해와 관심을 명확히 하기 위해 그/그녀들이 주인공인 또 하나의 공론장을 만들 필요가 있다. 실제로 부르주아 공론장이 만들어졌을 때, 그것에 대항하며 국민주의자, 농민, 엘리트 여성, 노동자 계급의 수많은 형태의 공론장이 생겨나고 서로 경합했다.[9]

프레이저는 소수자 집단이 만든 대안적 토의의 무대가 복수로 존재하는 상황을 '하위의 대항 공론장subaltern counterpublics'이라고 칭했다(Fraser 1992: 123). 하위의 대항 공론장은 중립적이고 공정하고 보편적인 질서의 공간을 전제하는 주류 공론장the public sphere과 대립하는 공론장이다. 소수자 집단의 구성원은 지배 집단에게 감시받지 않고 의사소통하는 장소에서, 자신들의 생각을 표현하는 정당한 목소리와 언어를 발견할 수 있다. 하위의 대항 공론장에서 종속 집단의 구성원은 자신들의 정체성, 이해와 관심, 요구를 대항적으로 해석하고 그것을 정식화한다.

하위의 대항 공론장은 대항 담론을 만들고 그것을 보급하는 토의의 장소다.[10]

하위의 대항 공론장은 주류 공론장과 떨어져 있지 않고 구성원은 잠재적으로 광범위한 공론장의 일부로서 자기를 의식한다. 그래서 하위의 대항 공론장은 소수자 집단의 토의 무대이면서 동시에 의견을 주류 공론장에 되던져 전체로 확대하고자 한다. 다시 말해 열린 언론 공간이며, 좀 더 광범위한 공론장을 지향한다.

프레이저는 단일한 공론장보다는 다원적 공론장$^{a \, multiplicity \, of \, publics}$이 참여의 평등이라는 이념을 실현한다고 주장한다. 다원적 공론장에서 프레이저가 중시하는 경합이란 '공론장의 상호관계'다. 즉, 복수의 서로 다른 공론장 사이에서 토의가 매개하는 상호작용이다. 여기서 프레이저가 상정하는 것은 다양한 공론장의 구성원이 문화적 경계를 넘어 대화하는 포괄적 무대다. 문화적 차이를 넘어 의사소통하기란 실제로 어렵다. 그러나 문화 정체성에 내재하는 여러 요소들은 다른 정체성과 공통되고 서로 중첩하는 부분이 있다. 그렇기 때문에 사람들이 여러 공론장에 참가할 수 있으며, 또 여러 공론장의 구성원이 같은 공론장에 속할 수 있는 것이다(Fraser 1992).

하위의 대항 공론장의 특징은 다원성, 참여의 평등, 개방성, 상호작용이다. 하지만 프레이저의 이 공론장 수정 모델도 완전하지는 않다. 요네야마는 "'공중^{public}'이 아무리 다양해도 대화와 논쟁에 참가할 수 없는 사람, 참가하기를 거부하는 사람까지 포함할 수는 없으며 다양성 찬양이 공론장의 선별, 배제, 주변화, 특수화의 과정을 문제시하는 것으로 이어지지도 않는다"(요네야마 2003: 42~43)고 말한다. 주류 공론장과 소수자 공론장을 대등하다고 보는 것부터가 현실적이지 않다. '하위의 대항 공론장'은 현실의 종속 관계, 중심-주변의 문제를 묻지 않는다고 요네야마는 비판한다.

프레이저의 공론장 이론은 성별, 인종, 섹슈얼리티와 같은 범주를 내적 동일성과 일관성을 갖춘 개별 집합으로 다루는 자유주의 다문화주의 사고방식과 친화적이다. 거기서 상정하는 것은 결국 국민국가 틀 안에 있는 하나의 공공 문화이고 하나의 공론장이다. 차이가 있는 소수자 문화는 '공공 문화'에 비해 '대안적'이거나 열등한 문화의 위치를 면치 못한다. 요네야마는 하버마스와 프레이저가 공통적으로 갖고 있는, '발화자 누구나 대화 테이블에 앉을 수 있다'는 의사소통의 전제에 문제가 있다고 본다.

프레이저의 이론은 공론장의 시야를 넓혀 역사적으로 배제된 여성, 인종/민족 소수자 등을 '시민'으로 포섭하고자 한다. 그 점에서 자유주의 다문화주의, 즉 공공 공간의 구성을 유지하면서 소수자의 자발적 참여를 촉진하고 다양성을 인정하는 이데올로기와 겹친다. 요네야마는 소수자를 시민으로 포섭하는 공론장이 암묵적으로 국가를 틀로 상정하는 점에 주목한다. 즉, 요네야마가 문제시하는 것은 '국민화된' 공론장이라는 이름의 커뮤니티다.

왜냐하면 탈식민주의 페미니즘 연구가 밝혔듯이, '국민'이나 '시민' 개념은 그 자체가 인종주의와 식민주의로 구성됐으며 인종화·성별화를 띠기 때문이다(Mohanty 1991; Lowe 1996; Bhattacharjee 1997; Stasiulis and Bakan 2003). 자유주의 논의는 국가정치와 공론장 및 시민성이 맺는 관계에 대한 비판적 시점을 결여하고 있고, 국적 및 이민과 관련된 제도와 정책이 선별의 장치로 기능하는 점을 간과한다(요네야마 2003: 43).

그렇다면 국가정치에 흡수되지 않고 소수자 집단을 포함하며 공적 의사소통을 할 수 있는 다원적 공론장은 어떻게 가능할까? 덧붙여 프레이저의 이론은 소수자 집단의 '하위의 대항 공론장'이 이미 형성되어 있다고 전제하는데, 이주여성처럼 인종/민족, 계급, 국적의 차이가 중층적으로 존재하는 억압 구조에 놓여 있고 집합적 기반이 부족한 사람들은 어떻게 자신들의 공론장을 만들 수 있을까? 특히 주류 사회의 주요 언어가 모어가 아니거나 문해 능력이 낮은 경우에는 의사소통 수단이 부족하여 공적 논의에 참가하기가 매우 어렵다. 그렇기 때문에 재일조선인 여성의 야간중학교 운동의 생성 요건과 전개 과정을 검토하는 것은, 하위의 대항 공론장이 안고 있는 이러한 문제들을 현실에 비추어 고찰하는 작업이 될 수 있다.

3) 여성운동과 성역할

이 책은 1990년대에 동오사카에서 일어난 야간중학교 운동을 재일조선인 여성이 자율적 운동을 형성한 사례로서 살펴본다. 1장에서는 전후에 있었던 재일조선인 여성의 운동을 자세히 살펴본다. 특히 맥신 몰리뉴의 논의에 근거해 여성운동의 자율성이라는 문제를 논하겠다. 몰리뉴는 찰스 틸리(Tilly 1978)를 따라 여성의 집합행동을 '공통 목적을 위한 연대'로 정의하고 여러 가지 형태의 여성운동을 폭넓게 파악했다(Molyneux 1998: 79). 여성운동은 일반적으로 젠더 이해관심,[11] 여성 착취 철폐, 다른 사회집단의 지배로부터 해방을 추구하는 움직임으로 이해되지만, 이 규정은 국가와 직접 연결되는 우익 성격의 여성 대중 동원, 즉 파시즘 또는 사회주의 국가의 여성 동원은 '여성운동'으로 간주하지 않는 경향이 있다. 그러나 몰리뉴는 근대에 많이 보이는 이러한 대중적 여성 동원을 배제하지 않고 여성 연대의 한 형태로 인정해, 그 정치 참여가 여성에게 어떤 의의가 있었는지를 고찰해야 한다고 주장한다. 이렇게 여성운동을 이해하는 방식은, 여성해방을 내건 운동뿐 아니라 여성의 다채로운 집합행동을 폭넓게 분석 대상으로 삼고, 여성이 '해방'을 어떤 형태로 실현하는지 다양한 과정을 검토하는 데 유용하다. 전후 재일조선인 여성의 집합행동 대부분은 국민과 관련된 민족운동이거나 지역 주민 인권운동에서 비롯되었고, 여성해방을 직접 주장하지도 않았으며, 또 상위 조직의 부수적인 형태가 많았다. 그러나 이러한 형태의 정치 참여가 여성의 사회적 지위에 일정하게 공헌한 것도 사실이다.

몰리뉴는 여성의 집합행동을 이론화하기 위해 자율성을 기준으로, ①독립운동independent movements, ②연계 결합associated linkage, ③지시 동원directed mobilization, 이렇게 세 가지 유형을 제시했다. 여기서 '자율성'이란 여성운동의 목적, 우선순위, 행동이 어떤 형태로 권위를 부여받았는가를 의미한다.

먼저 '독립운동'은 여성이 독자적 목표를 설정해 행동하고 독자적 조직을 형성한다. 여성운동을 인정하는 상위 권위가 없으며 다른 정치적 행위자의 지배를 받지 않는다. 이 운동 형태는 여성해방을 전면에 내건 페미니즘 여성운동과 가장 가까운데, 국민주의를 지향하는 여성운동처럼 운동 목적이 여성의 젠더 이해관심으로 직접 이어지지 않는 운동도 포함한다. 독립운동은 조직 내부에서 규칙 없는 권력 행사를 통해 독재로 이어질 가능성이 있으며, 반드시 여성의 역량 강화로 이어지지도 않는다. 또 그 '독립성'이 오히려 주변화와 정치적 영향력 저하를 초래할 때도 있다.

다음으로 '연계 결합'은 독자적 목적과 일정한 '자율성'이 있는 여성 조직이 폭넓은 문제의식을 공유하는 다른 정치조직과 연맹 관계를 맺는다. 상위 권위의 지시를 받지 않고 조직의 의제를 설정할 때 여성들이 권한을 쥔다. 정당 같은 외부 조직에 독자적 대표를 보낼 때도 있다. 연계 결합은 연대 조직과 협력할 때 결정권을 쥐고 있고, 독립 아니면 통합이라는 딜레마는 없지만 여성 조직이 의제를 설정하는 능력을 잃었을 때 연계 조직에 흡수될 가능성이 있다.

마지막으로 '지시 동원'은 권위 또는 주도권이 외부 조직에 있고 여성 조직이 상위 조직, 즉 정부 및 여타 기관의 통제를 받는다. 여성 조직은 상위 조직의 목표를 실현하기 위한 도구다. 이 형태는 첫 번째 유형의 독립운동 형태와 상반되지만 역사적으로 여성 동원의 주요한 형태였다. 이 여성 동원 역시 세 가지로 구분할 수 있다. ①여성의 이해관심과 관계없이 정권을 전복하는 일반적 목표를 달성하기 위해 여성이 동원된 경우. ②사회변화라는 목적 안에서 여성의 이해관심에 관심을 기울이는 경우. 사회주의 운동, 국민주의 운동 등 공동체 전체의 목표 달성을 해치지 않는 조건에서 여성의 권리를 지지하는 것이 그 예다. 정식 여성 조직으로 이해관심을 추진하지만 정작 여성의 이해관심을 결정하는 것은 상위 권위 조직이다. 마지막으로 ③국민주의나 종교의 이해관심 때문에 여성의 기득권을 폐지하는, 목표를 위해 여성을 동원하는 형태가 있다.

몰리뉴의 분석틀은 주류 사회운동 연구에서 주목하지 않았던 여성운동을 대상으로 운동 목표뿐 아니라 조직 구도도 분류하기 때문에, 운동의 표면에 나오기 힘든 성별 구조를 드러낸다. 여성운동이 주장하는 내용, 즉 여성해방인지 아닌지에 따른 가치 판단에 빠지지 않고 여성운동의 다양한 형태를 폭넓은 분석의 대상으로 삼을 수 있다.

더불어 여성운동을 분석할 때는 조직 구조뿐 아니라 운동을 통해 형성되는 주체에도 주의를 기울이고 성별 규범의 영향을 고찰하는 것이 중요하다. 소수자 여성은 그가 속한 인종/민족집단이 주류 사회에서 억압받는 위치에 있기 때문에 민족 커뮤니티와 가족이 차별의 피난처로서 갖는 상대적 중요성이 크다. 그 결과 그 속에 있는 성별 규범과 성별 분업의 구속을 받기 쉽다. 재일조선인 여성운동에서도 '여성'이라는 주체보다 재일조선인의 '어머니' 혹은 '아내'라는 가족 여성 역할이 운동의 전면에 나올 때가 많았다.

1960년대 이후 발전한 국민과 민족에 관한 사회이론은 근대 국민국가가 형성되는 과정에서 공통의 언어, 문화, 종교를 가지는 동질성이 특징인 공동체가 생기는 과정을 밝혔다. 그리고 1980년대 이후에 젠더 시점의 연구가 국민 및 민족 내부의 성별 구조와 성역할에 주목해 공동체가 성별을 기준으로 구조화됐음을 밝혔다(Yuval-Davis and Anthias 1989; Yuval-Davis 1993; Stasiulis and Yuval-Davis 1995; Enloe 1989). 또한 유발 데이비스와 플로야 안시아스는 국민^{nation}과 성별의 상관관계에 관한 이론에서 다음과 같은 다섯 가지 항목을 여성에게 부과되는 특수한 역할로 규정했다(Yuval-Davis and Anthias 1989: 6~7).

① 민족집단/국민 성원의 생물학적 재생산 역할
② 민족/국민집단의 경계를 재생산하는 역할
③ 민족집단/국민의 이데올로기를 재생산하고 문화를 전달하는 역할

④ 민족집단/국민의 차이를 상징

⑤ 민족, 경제, 정치, 군사 각 영역의 투쟁에 참가하는 주체[12]

국민과 성별의 상관이론은 다수자와 대립하는 일의적 집단으로 이해됐던 소수자 집단 내부의 차이에 주목하고, 여성이 공동체의 심리적 경계를 담당하는 특별한 역할을 맡는다고 주장한다. 문제는 여성이 그 근간을 담당하는데도 국민, 민족집단 안에서 비가시화된다는 점이며, 여기서 주체의 구성 과정이 성별화됐음을 알 수 있다.[13]

신시아 인로 역시 여성이 종족 국민주의[14] 운동에 관여할 때, 이들에게 커뮤니티를 기억하고 후세대를 육성하는 역할이 부과되는 점에 주목한다(Enloe 1989: 54~64). 억압을 받는 민족 소수자는 존속의 위기에 처할 때 후세대 재생산이 최우선 과제가 되기 쉽고 생식이 목적인 이성애 결혼과 '현모양처'를 규범으로 장려한다. 또 소수자 집단이 패권 문화를 향해 주장하는 고유한 '민족문화'는 여성에게 억압적일 때가 많다. 이처럼 국민주의 운동에 참여하는 것은 여성의 역량 강화에 역행할 수 있다(Yuval-Davis 1994a: 414). 국민주의 운동은 여성에게 주로 사적 영역을 담당하는 성역할을 부과함과 동시에, 관리되는 형태로나마 일정한 정치 참여의 가능성을 열어주며, 이 점에서 여성에게 양의적 의미가 있다고 말할 수 있다.

소수자 여성의 운동을 연구할 때, 우리는 1970년대 미국의 백인 여성, 멕시코계 여성, 아프리카계 여성의 해방운동을 고찰한 베니타 로스의 연구(Roth 2004)를 참고할 수 있다. 일반적으로 소수자 여성의 해방운동은 백인 여성의 여성해방 운동에 의해 촉발된 것으로 생각됐지만, 로스에 따르면 여러 민족과 계층에 속하는 여성들의 해방운동은 병행적으로 일어났다. 그 이유는 첫째, 백인 여성, 멕시코계 여성, 아프리카계 여성 커뮤니티 사이의 인종/민족, 계급 차이로 인해 여성들이 처한 사회적 위치가 모두 다르고, 경험이나 정체성도 서로 크게 다를 뿐 아니라 운동의 의제, 운동에 쓸 수 있는 자원의 차원에도 차이가 있기 때문이다. 그래서 백인 여성, 멕시코계 여성, 아프리카계 여성들은 영향을 주고받으면서도 서로 다른 궤적을 그렸다. 둘째, 여러 운동이 서로 경합하는 상황을 들 수 있다. 1960년대 이후 민권운동, 좌파운동, 여성운동 등은 미국 사회의 구조를 역동적으로 변화시켰다. 운동 단체를 미시 관점에서 보면 여성이 리더의 지위에 있는 때도 있었지만, 일상적 사무 등 운동을 추진해 나가는 데 없어서는 안 될 일을 담당했고 운동 내에 분명한 성별 분업이 있었다. 남성 활동가는 성별 질서에 이의를 제기하며 조직을 떠나는 여성에게 이런 움직임이 조직을 약화해 운동을 쇠퇴시킨다며 비판했다. 여성해방 운동에 가담한 여성은 일탈한 사람 또는 분리주의자, 배신자로 간주되곤 했다. 이런 배경 때문에 멕시코계 여성, 아프리카계 여성들은 백인 여성의 해방운동에 참가하지 않고 스스로 운동 조직(로스는 이것을 "one's own ethos"라고 부른다)을 설립해 남성 중심적 운동 단체와 공동체에서 일정한 정당성을 확보하고자 했다

(Roth 2004). 민권운동과 계급투쟁 같은 운동 내부의 성별 구조는 운동과 운동 사이의 대립 구조에 가려져 지금까지 간과됐지만, 소수자 여성운동의 생성 과정을 이해하는 데 빼놓을 수 없는 부분이다.

이 책 1장에서는 동오사카 야간중학교의 독립운동 분석에 앞서, 해방 후 재일조선인 여성의 여러 방향의 운동을, 상부조직(대부분 조선인 남성이 중심인 민족운동)의 자율성, 그리고 성역할에서의 자율성 두 가지를 교차시킨 분석틀에 따라 검토하겠다.

4) 소수자 여성, 억압의 교차성, 하위주체 여성

앞서 말했듯이 '소수자 여성'은 이 책의 핵심 개념 중 하나다. 소수자 여성은 단순히 수적으로 소수인 집단의 구성원이자 여성이라는 뜻이 아니다. 소수자 여성은 인종/민족, 성별, 계급 등 복수의 차이와 서열을 기준으로 중층적으로 억압받는 특유의 상황을 가리킨다. 소수자 여성은 아프리카계 미국인 페미니스트인 벨 훅스가 미국의 주류 여성해방 운동에 대항해 제기한 개념이다. 훅스는 백인 중산계급 여성이 주류인 여성해방 운동에서 비백인 여성이 배재됐다고 주장하고, 여성 간 차이[15]를 고려하지 않은 채 똑같이 남성의 억압을 받는 존재로서 연대하자는 '자매애'가 기만임을 간파했다(hooks 1984). 백인 여성이 우월한 인종에 속하는 것을 자각하지 않은 채 자기 체험을 일반화해 '여성'으로 발언하는 것은 '흑인 여성'이 안고 있는 문제를 지우는 것이다. 훅스의 문제 제기는 주류 여성운동의 인종차별을 비판하는 동시에, 소수자 여성이 직면한 문제로 주의를 환기했다. 나아가 '억압의 교차성intersectionality of oppressions' 개념으로 소수자 여성이 받는 억압을 이론화했다. 억압의 교차성이라는 개념은 인종/민족, 성별, 계급과 같은 차이와 억압의 축이 서로 상관적이며, 상호작용하면서 억압이 증폭하는 것을 말한다. 다시 말해 성별, 인종은 배타적으로 작용하지 않는다. 예를 들어 '흑인', '여성'처럼 단일한 범주를 사용하면 '흑인 여성'이 받는 다층적 억압의 문제가 지워진다. 소수자 여성이 직면한 문제는 어려움이 단순히 축적되기보다는 복수의 억압의 축이 교차하는 가운데 특유한 형태를 띠며 나타나기 때문에, 소수자 여성의 경험을 복수의 시점에서 분석할 필요가 있다(Crenshaw 1989, 1994; Chow 1996).

재일조선인 여성이 직면한 많은 어려움은 민족 질서와 성별 질서의 교차점에서 발생한다. 그렇기 때문에 재일조선인 민족운동, 그리고 일본인 여성이 중심인 여성해방운동 양쪽에서 목소리가 지워지고 배제됐다. 재일조선인 여성 특유의 어려움에 중점을 둔 운동은 1980년대 이후에서야 나타났다(1장 참조). 그 운동을 했던 사람들은 주로 2세 이후의 여성이었으며, 야간 중학교 운동처럼 1세와 전쟁 전에 태어난 2세 여성이 중심인 운동은 드물다고 할 수 있다.

마지막으로 이 책의 주체 개념을 서술하겠다. 사카모토에 따르면 사회학에서 주체subject는 타자의 지배를 받지 않는 자율성, 능동성, 책임, 의사 등을 갖춘 존재를 가리키며 근대 개인 혹은 시민의 기반이다. 주체에 관한 개념이 통일돼 있지는 않지만, 사회과학에서 보통 주체는 '근대에 성립하고 근대사회의 기본 단위로 여겨지는 자율적 개인'을 가리킨다(사카모토 2006: 60). 그리고 정체성이란 자기를 고유한 존재로 여기고 구체적 역할과 지위를 포함해 연속성과 동일성이 있는 존재로 여기는 것을 가리킨다.

정체성은 정체성 운동에서 늘 중요한 주제였다. 20세기 후반 계급투쟁을 대신해 민권운동, 여성운동, 동성애자, 여러 인종/민족 소수자의 문제 제기가 운동에서 주요한 위치를 점했다. 정체성 운동은 다수자에 의해 왜곡된 소수자의 상징을 긍정적인 것으로 바꾸고, 주류 사회를 향해 소수자인 자신들이 확립한 정체성을 인정하라고 요구했다. 그러나 정체성 정치의 과정은 민족, 젠더, 섹슈얼리티의 특징을 내재적이고 자명한 것으로 만들고 차이를 절대시하는 본질주의의 문제를 낳기도 했다(사카모토 2005: 189~215).

이에 대해 해체적 입장을 취하는 문화 연구는 이종혼합적이고 가변적인 정체성 개념을 제시했다. 스튜어트 홀에 따르면 주목해야 할 것은 정체성의 내용이 '무엇'인가가 아니라 '정체화(동일화)'의 과정이다. 정체성이란 '이미 그러한 것'이 아니라, 수행하며 '되는 것'이다(Hall 1996).

나는 '정체성'을 만나는 곳, 봉합하는 곳이란 뜻으로 사용한다.
즉, '호명'하는 시도와 말을 거는 시도, 특정한 담론의 사회적
주체인 우리를 어떤 장소에 초대하는 시도를 하는 담론·실천
과, 주체성을 생산하고 '말을 걸 수 있는' 주체로 우리를 구성
하는 과정이 만나는 곳, 즉 '봉합'하는 곳이란 의미다. 이렇게
정체성은 담론의 실천과 주체가 잠정적으로 접합하는 곳이다
(Hall 1996).

사회적 주체는 단독으로 주체가 되지 않는다. 그것은 '호명'
과, '말을 걸 수 있는' 주체로 자기를 담론적으로 구성하는 시도
속에서 정체성으로 나타난다. 루이 알튀세르는 주체를 사회질
서의 '호명'에 스스로 복종하는 사람으로 이론화했다. 이 이론
에 따르면 개인은 권력의 호명을 받고 호명된 타자와 동일시할
때, 이데올로기를 구성하는 구체적 주체로 성립한다. 달리 말
해 주체는 선험적으로 존재하지 않고, 특정한 이데올로기나 담
론의 대상이 되고 또 그에 복종할 때 '말을 걸 수 있는' 주체로
구성된다고 할 수 있다(Althusser 1970).[16]

주체가 권력 작용으로 구성된다고 한다면 권력의 대상조
차 되지 못한 사람들은 어떻게 개별적이고 구체적인 주체가 될
수 있을까. 이 문제를 가야트리 스피박의 '하위주체 여성subaltern
woman' 개념에 의거해 생각해보자. 서발턴subaltern은 '하위의', '종
속된'이란 의미이며 '종속 계급'으로 정의된다.[17] 스피박은 비가
시화된 민중 계급 중에서도 가부장제 이데올로기로 자기 정체

성을 박탈당한 여성을 '서발턴 여성', 즉 하위주체 여성으로 이름하며, 누가 물은 적 없고 따라서 말할 수 없고 침묵할 수밖에 없는, 침묵을 강요받은 존재라고 논했다(Spivak 1988). 인도의 서발턴 연구는 탈식민주의 역사학의 관점으로, 엘리트와 달리 '스스로를 대표/재현할 수 없는' 하층 사회집단을 발굴했지만 여성인 (성을 가진) 주체에는 아예 무관심했다. 여성은 인도의 반제국주의 저항운동에 남성과 함께 참여했지만 그 모습은 운동 담론에서 공허한 도구로만 사용됐다. 그렇다면 여성이야말로 서발턴이 놓인 구조의 근본과 관련한 문제이고, 우리는 하위주체 여성을 연구할 필요가 있다(Spivak 1985).

재일조선인 여성은 해방 후의 재분배와 정체성을 둘러싼 민족해방 투쟁에 활발히 참여했지만 운동의 해방 주체가 주로 남성이었으므로 해방 담론에서 배제되고 비가시화됐다. 스스로를 대표하지 못하고 발화할 수 없었던 재일조선인 여성은 바로 스피박이 말하는 하위주체 여성에 해당한다고 할 수 있다. 이들 여성은 과거 식민지 출신 또는 '여성'으로 간주되는 신체를 가졌기 때문에 타자화됐다. 하지만 공적 정치에서 스스로 말하는 '주체'를 확립하는 데 이들의 '자율적' 운동은 중요한 수단이 되지 않았을까. 이 지점에서 젠더 정체성을 '행위의 수행'을 통해 설명한 주디스 버틀러의 논의를 짚어보자. 버틀러는 좀 더 급진적으로 '여성'이라는 단일한 주체를 상정하는 것을 거부한다. 모든 정체성은 어떤 행위를 반복하며 수행적으로 구성된다. 그것은 항상 '하는 것'으로서, 행위에 선행하는 주체는 존재하지 않는다(Butler 1990).

동오사카 야간중학교 운동은 비가시화됐던 여성이 지역의 공공 공간에 처음으로 주체로서 출현한 사건이었다. 행정기관과 지역사회를 향해 민족 차별을 비판하는 행위를 반복함으로써 여성은 '재일조선인'이라는 운동 정체성과 대항 주체를 구성했다고 말할 수 있다.

'재일조선인 여성'은
어떤 존재인가

1) 재일조선인 여성 주체

재일조선인은 국적(한국, 조선, 일본, 기타), 교육(민족학교, 일본학교, 국제학교), 부모의 민족 배경과 배우자(재일조선인과 일본인, 그 밖의 민족 배경을 가진 사람들) 등의 면에서 다양하며 일반화할 수 없다. 이 책은 국적의 차이, 부모와 배우자의 민족 배경, 재일조선인이라는 민족 정체성의 유무와 관계없이 한반도에 뿌리를 둔 여성을 폭넓게 재일조선인 여성에 포함한다. 연구 대상인 동오사카 야간중학교 독립운동을 했던 이들은 일반적으로 '재일조선인'이라는 정체성을 주장했고, 대부분 여성이었음에도 운동 전면에 '여성'이라는 말을 내거는 경우는 적었다. 이점에 대해선 별도로 고찰하고(2장, 4장), 이 책에서는 '재일조선인 여성'을 사회적 분류로서 사용한다.

일반명사 '재일조선인 여성'이라는 말은 예전부터 있었지만 민족, 성별, 국적, 계급의 중층적 억압 구조에 놓인, 재일조선인 남성이나 일본인 여성과는 다른 독자적 존재라는 의미로 넓게 쓰인 것은 1980년대부터다. 그 시작은 2세 여성들이 재일조선인 사회와 가족의 가부장제[18]를 향해 문제 제기를 한 것이었다. 민족 언론에 실린 2세 여성의 좌담회 기록에서는, 어머니가 고생하여 가정을 지켰기 때문에 배타적인 일본 사회에서 민족사회가 간신히 유지될 수 있었던 점을 인정하며 1세와 다른 삶을 찾으려는 의식이 보인다.[19] 학교교육을 받은 2세 여성은 "낡은 조선의 풍습과 봉건사상 속에서 배움의 기회가 없었고, 사회적으로 경제적으로 사회의 좁은 틈에서 살아온"[20] 1세 여성의 고된 삶을 인정하면서도 여성을 열등한 위치에 두는 성별 질서의 부조리를 비판한 것이다. "남자들은 밖에서 받은 스트레스를 집에서 남자라고 거들먹거리며 풀 줄밖에 모른다. 빼앗긴 고향에 애착은 있어가지고 이미 본국에서는 옛날에 버렸던 관습, 인습을 계속 신주 모시듯 이어간다(김영순 1979: 131)." 교육을 받고 일본어를 구사하는 2세 여성들은, 가정에서나 재일조선인이 많이 운영하는 영세한 가내공업에서 여성에게 무상노동을 강요하고 나아가 일본 사회에서 받은 비인간적 대우를 폭력의 형태로 아내와 아이에게 휘두르는 동포 남성을 날카롭게 비판했다.

2세 여성이 단순히 재일조선인 사회 그리고 가정의 남성만 비판한 것은 아니다. 재일조선인 여성이 안고 있는 어려움은 과거 종주국이었던 일본 사회에서 재일조선인이 소수자로 존재하는 것과 결합됐다. 예를 들면 조국 분단과 민족사회의 정치적 대립으로 남편 집안에 소속감을 가질 것을 강요받은 재일조선인 여성은 남이나 북에 사는 가족과 자유롭게 소통하기 어려웠다. 재일조선인 남성은 일본 자본주의 시스템에서 가장 밑바닥에 위치한 저임금노동력이었고 아내는 불안정한 가정생활 때문에 고통받았다. 또 여성이 자기 희생을 미덕으로 여기고 현모양처 모델에 만족하는 것은 봉건제의 온존과 관계가 있으며 여성 스스로의 개혁이 필요하다는 인식도 생기기 시작했다 (윤가자 1987).

2세 여성을 중심으로 전개된 재일조선인 여성해방 이론의 배경에는 일본어라는 언어 능력의 획득도 있지만, 일본 페미니즘과 만나거나 서구에서 생활한 체험을 통해 여성들 스스로가 자기 상대화를 도모한 것 역시 중요하다. 민족 커뮤니티 바깥의 세계와 교류했던 젊은 세대 여성은 여성에게 인내를 강요하는 가부장제를 명백히 거부하기 시작했다.[21] 1990년대 초기에 한국에서 '일본군 위안부' 피해자가 실명을 밝히며 세상에 나타난 이후 재일조선인 여성이 해방을 요구하는 목소리는 더욱 커졌고,[22] '일본군위안부'피해자문제우리여성네트워크라는 운동 단체 형성으로 이어졌다(1장 참고).

재일조선인 여성은 현모양처를 요구하는 민족사회와 여성해방이 서로 모순되는 지점에서 갈등을 겪었기 때문에 가부장제를 비판했다. 후세대에게 '민족' 정체성의 획득은 중요한 과제인데, 그 과정에서 필연적으로 '동포'와 '민족'문화를 공유하는 과정을 밟는다. 또 '민족'문화에 내포된 여러 가지 모순과 성차별을 내면화한다. 남성에게는 '민족'문화, 정체성을 강조하는 것이 '자랑스러움'으로 이어질지 모르지만 여성은 성차별적인 '민족'문화 때문에 자기부정을 하게 된다(정영혜 1994). 재일조선인 여성에게는 일본 사회의 민족 억압뿐 아니라 남성이 지배하는 '가(家)'에서 해방되는 것이 민족해방만큼이나 중요했고, 가혹한 폭력 상황에 처해 있는 여성에게는 민족해방보다 큰 문제였다.

지금까지 2세 이후 여성들이 싹 틔운 재일조선인 여성 주체 이론의 형성을 개괄했다. 재일조선인 여성에 관한 실증적 연구는 아직 적으므로 제한적이지만, 다음으로는 주류 사회, 민족사회, 가족 차원에서 재일조선인 여성의 사회 상황을 선행 연구와 통계 자료를 통해 파악해 보겠다.

2) 주류 사회

재일조선인은 일본의 식민 지배와 그 붕괴에 큰 영향을 받았다. 한일합병 직전인 1909년에 재일조선인 인구는 790명이었는데 합병 후 10년 동안 3만 명으로 증가했고,[23] 1930년 약 30만 명, 1940년 약 100만 명에 달했다. 식민지 시기 조선에서 일본으로 인구가 이동하도록 강제한 원인으로 토지조사사업과 산미증식계획 등 식민지 통치에 따른 농촌 피폐를 들 수 있다. 동시에 이동을 끌어낸 원인으로는 일본의 급속한 공업화로 저임금노동자에 대한 수요가 높아진 점을 들 수 있다. 1930년대 말에는 일본 국가총동원법과 국민징용령이라는 강제 연행 형태로 조선인 다수가 일본 안팎에 배치됐으며, 패전 직전인 1944년에는 재일조선인 인구가 약 200만 명에 이르렀다. 1945년 8월 해방 후 많은 재일조선인이 고향으로 돌아갔고, 일본 패전 후의 혼란기와 한국전쟁을 거치며 재일조선인 인구는 약 55만 명으로 감소했다(모리타 1996: 33).

식민지 시기 조선인은 일본 국민이었다. 그러나 조선인에게는 일본에서 시행한 '호적법'과 다른 '조선 호적'[24]이 주어졌고 이들은 종주국 '일본인'과 구별된 엄격한 관리 대상이 됐다.[25] 일본의 식민지 정책은 조선인을 '일본 국민'으로 포섭하면서도 내지와 구별된 호적 제도를 통해 종주국 '일본인'에서는 배제하는 이율배반적인 것이었다(오구마 1998: 161).

해방 후 재일조선인의 법적 지위는 '이등 국민'에서 점차 완전한 '외국인'으로 바뀌었다. 우선 1945년 12월 부인참정권을 부여할 때 "호적법 적용을 받지 않는 사람의 선거권과 피선거권은 당분간 정지한다"라는 부칙이 추가되어, 일본 호적이 없는 조선인과 대만인은 선거권이 정지됐다.[26] 1947년에는 '외국인등록령'[27]이 "대만인과 조선인은 이 칙령의 적용에 따라 당분간 외국인으로 간주한다"라고 정했다. 또 외국인등록과 외국인등록증명서 휴대 및 제시가 의무화됐다. 1952년 4월 샌프란

시스코 강화조약이 발효했을 때 민사국장의 통달로 "조선인과 대만인은 내지에 있는 사람 모두 '일본 국적'을 상실한다"라고 전했다. 이러한 조치로 과거 식민지 출신자는 일본 영토에 거주하고 있으나 정식 시민이 아닌 집단이 됐고, 다른 외국인과 함께 법적 신분상 출입국관리법의 통제를 받게 됐다. 즉, 강제 퇴거의 가능성이 생겼고 출입국에 제한을 받았다. 또 외국인등록증의 상시 휴대와 지문날인[28]의 의무가 부과됐다. 또 비일본 국민이기 때문에 국내법이 정하는 권리에서 배제되는 것이 정당화됐다. 다시 말해 과거 식민지 출신자는 일본 법제도에 따라 납세 등 일본 국민과 같은 의무를 지면서도 일본 국민에게 보장된 권리를 주장할 근거는 사라진 것이다. 한일합병으로 인해 강제적으로 일본 국적이 부여됐다가 해방 후에는 국적을 선택할 권리도 없이 일률적으로 외국인이 된 재일조선인은 글자 그대로 '국적이라는 이름의 국경선'에 농락당했다(정영혜 2003: 106).

경제 면에서 살펴보자면 해방 후 오랫동안 많은 재일조선인들은 노동시장의 저변에서 불안정한 생활을 해야 했다. 국적 조항 때문에 공무원은 당연히 될 수 없었고, 민족 차별 때문에 일본 기업에 취직하기도 어려웠으며 어쩔 수 없이 곤궁한 생활을 해야 하는 이들이 부지기수였다.[29] 전형적인 직업으로는 일용직 육체노동자, 고깃집 등 음식점, 폐품 수거, 파친코 등 영세 기업과 자영업이었고 일반 기업에 근무하는 사무직 종사자는 소수였다. 당시의 혹독한 사회 상황은 1959년에 시작한 북한

귀국사업 때, 일본인 배우자를 포함해 10만 명에 가까운 재일조선인이 신천지를 찾겠다며 일본을 떠나 북한으로 향했던 일에서 드러난다.

경제상 어려움은 가정의 책임을 떠맡은 여성에게 더욱 큰 부담이 됐다. 극심한 가난 속에서 여성은 가사, 육아, 간호, 직장 일을 하며 가정을 유지했다. 여성이 가정을 유지하기 위해 기울였던 노력은 민족 차별의 '방파제' 역할을 했는데, 이것이 결과적으로 가부장제의 온존으로 이어졌음은 부인할 수 없다. 일자리를 구하지 못한 불만을 아내와 아이에게 폭력을 행사하는 방식으로 표출했던 남편과 아버지의 모습은 많은 재일조선인에게 익숙한 광경이다. 재일조선인 여성에게는 민족 차별은 물론 여성으로서 받는 억압까지 더해졌고 이들은 남성 이상으로 일본 사회에서 경제적·사회적으로 자립해 살 수 있는 조건을 빼앗기고 억압적인 가족에게 종속될 수밖에 없었다(송연옥 2005: 253~254). '난폭한 아버지, 인내하는 어머니', 즉 아버지의 폭력을 참으며 가족이 흩어지는 것을 필사적으로 막는 어머니의 모습은, 재일조선인 후세대가 예술 작품에서 자주 사용하는 모티브다(신숙옥, 조예호, 박화미, 정영혜 2000: 8).

취업 기회가 극히 제한됐기 때문에 재일조선인은 영세한 가내공업을 운영하는 경우가 많았다. 가족이 경영하는 기업에서는 필수적으로 온 가족이 일해야 하고 여성은 중요한 노동력이 된다. 우선 자영업자의 비율을 살펴보자. 2005년 인구조사에 따르면 15세 이상의 취업자에서 차지하는 비율은 11.0%[30]

이나 한국 및 조선 국적자로 한정하면 18.5%로 더 큰 비중을 차지한다.[31] 다음으로 야간중학교 독립운동에 참여했던 1세 여성과 전쟁 전에 태어난 2세 여성이 글자를 배웠던 1985년과 2005년 인구조사에서 일본 국적자와 한국 및 조선 국적자가 종사했던 산업 비율을 비교해보자. 1985년 남성은 한국 및 조선 국적자가 일본 국적자에 비해 건설업 및 도매·소매업, 음식점에서 일하는 이들이 현저히 많고 2005년에 격차가 약간 줄어들었을 뿐이다(그림-1a 및 1b). 여성은 1985년 당시 도매·소매업, 음식점에 취업한 사람이 44%로 절반가량을 차지하고 있으며, 28%인 일본인 여성과는 비율값에서 15%에 가까운 차이를 보인다(그림-2a). 2005년 통계에서도 도매·소매업, 음식점에 취업한 한국 및 조선 국적 여성은 42% 정도로 그다지 줄지 않았으나 29%인 일본인 여성의 수치와는 여전히 차이가 크다(그림-2b). 또 의료·복지, 교육, 서비스 등 여성이 비교적 높은 취업률을 보이는 산업에서도 한국 및 조선 국적 여성은 일본인 여성에 비해 낮은 수치를 보인다. 통계에서 한국 및 조선 국적 남성은 건설업에, 여성은 도매·소매업, 음식점에(아마 가족 종업원으로서) 종사하는 경향이 계속되고 있음을 알 수 있다.

정영혜에 따르면 재일조선인 남성은 취직 차별 때문에 이른바 '회사 인간'의 비애조차 맛보지 못했다(정영혜 1995: 65). 일본 여성은 기업 전사인 남편을 뒷바라지하는 아내로 '근대 가족 이데올로기'의 속박을 받았다고 하지만, 재일조선인 여성은 대다수가 음식점이나 슬리퍼, 고무를 만드는 영세하고 노동

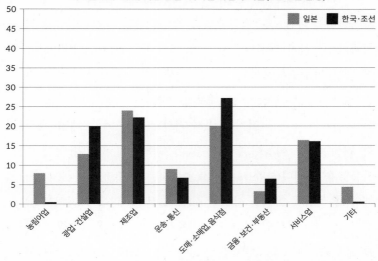

〈그림-1a〉 15세 이상 산업·국적별 취업자 비율(1985년 남성)

* 《1985년 인구조사 최종보고서 일본 인구(해설편)》〈표10~13〉과 《1990년 인구조사 외국인 인구·세대 수》〈표8〉을 토대로 필자가 작성.

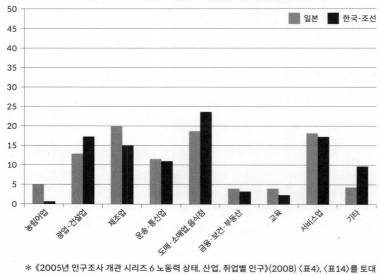

〈그림-1b〉 15세 이상 산업·국적별 취업자 비율(2005년 남성)

* 《2005년 인구조사 개관 시리즈 6 노동력 상태, 산업, 취업별 인구》(2008) 〈표4〉, 〈표14〉를 토대로 필자가 작성.

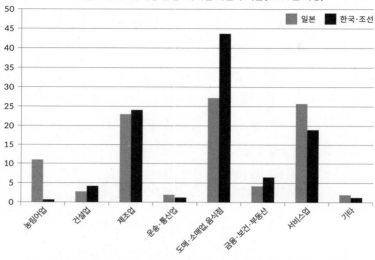

〈그림-2a〉 15세 이상 산업·국적별 취업자 비율(1985년 여성)

＊《1985년 인구조사 최종보고서 일본 인구》〈표10~13〉과《2000년 인구조사 외국인 인구·세대 수》〈표8〉을 토대로 필자가 작성.

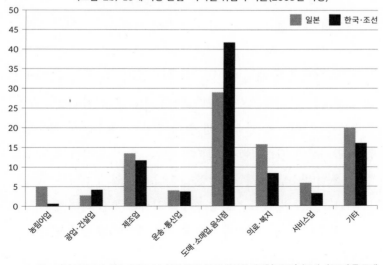

〈그림-2b〉 15세 이상 산업·국적별 취업자 비율(2005년 여성)

＊《2005년 인구조사 개관 시리즈 6 노동력 상태, 산업, 취업별 인구》(2008)〈표4〉,〈표14〉를 토대로 필자가 작성.

조건이 가혹한 가내공업에 종사했다. 차별을 받아 대기업 취직이 어려웠던 재일조선인 여성은 '몸치장을 하고 출근하는 직장 여성'이 된 동기를 보면서도 자신은 온 가족과 함께 열악한 노동조건에서 일해야 했다(김이사자 1994: 236~237). 필자의 조사에 협력해 준 한 2세 여성은 "재일(조선인)은 자영업이 많아서 여성은 필연적으로 남편을 도와야 하고 가사와 양육을 혼자서 해. 그러니 남녀평등은 무리지"라고 말했다.[32] 이렇듯 재일조선인은 남성은 '샐러리맨', 여성은 '전업주부'라는 태평양전쟁 후 일본의 경제성장 시기에 만들어진 근대 가족 모델과 떨어져 있다. 재일조선인 여성은 2세 이후의 세대에서도 공공기관은 물론이거니와 사기업에도 취직하기 어려웠기 때문에 생활과 취직 모두 남성 지배적인 가족에게 의존해야 했다. 여성은 가정에 있어야 한다는 고정관념 때문에 의무교육 이상의 학력을 갖지 못한 재일조선인 여성이 적지 않았다. 대부분 가내공업 아니면 접객업으로 선택지가 굉장히 제한됐기 때문에(송연옥 2002: 172) 경제적 자립이 어려웠다.

공적 영역에서 배제된 재일조선인은 여러 가지 형태로 이에 대항하는 인권운동을 벌였다. 특히 1970년대 이후에는 주로 2세가 주축이 된 민족 차별 철폐 운동이 가와사키, 오사카 등 재일조선인 거주지에서 일본인과 연대하며 활발히 일어났다. 채용을 취소당한 재일조선인 2세 남성이 일본 기업을 상대로 재판을 청구한 결과 전면승소하여 입사하게 된 히타치 취직 차별 사건이 분수령이 됐다.[33] 이후 재일조선인 운동은 민간기업뿐 아니라 공공기관 취직, 사회보장 분야 등에 국적 조항을 두는 것이 부당하다고 비판했다. 그 결과 국민연금, 국민건강보험, 아동수당, 공영주택 입주와 주택금융공사의 융자, 공립학교 및 국공립대학 교사, 지방공무원, 사법연수생 채용 등 여러 자격 조건에서 국적 조항이 철폐됐다. 1980년대에는 인권침해의 상징이었던 외국인등록 지문날인을 거부하는 운동이 일어났고, 수차례의 법 개정을 거쳐 2000년에 날인제도가 완전히 철폐됐다. 제도적 차별 철폐와 법적 지위 개선의 배경에는 관련 운동뿐 아니라 UN을 중심으로 한 인권보장에 대한 국제적 합의와 그에 따르는 국내의 법제도 정비가 있었다. 일본 정부는 국제인권규약에 가입(1979)하고 난민조약을 비준(1982)하면서 몇 차례에 걸쳐 외국인 처우에 관한 법을 개정했다. 1990년대 이후로는 지방참정권 획득이 재일조선인 운동의 중요한 과제가 됐다.

이렇게 해방 후 재일조선인 인권운동은 일본 국적을 취득해 똑같은 국민으로서 평등한 지위를 누리는 방향이 아니라, 한국 및 조선 국적을 갖고도 일본인과 동등한 권리를 누리는 방향을 추구해 왔다. 재일조선인 사회에서 일반적으로 귀화는 배신으로 여겨졌다. 이러한 배경에는 한일합병으로 조선인이 강제로 일본 국민에 편입됐던 역사, 일본의 귀화 정책이 오랫동안 다른 민족을 '일본인'으로 동화시켰던 역사가 있다.[34]

해방 후 재일조선인 운동은 공공기관에 있는 재일조선인과 다른 정주외국인의 지위를 높이고 생활을 개선하는 데 공헌했다. 공공기관의 민족 차별과 국적 차별을 철폐한 것은 '가정의 큰 기둥'이기를 기대받는 남성에게 취업과 사회보장의 기회가 눈에 띄게 열린 사건이었다. 그러나 가정의 책임을 떠맡은 여성은 '세대주'인 남성의 은혜를 받아야 했고, 그런 의미에서 인권운동이 재일조선인 여성에게 끼친 영향은 제한적이었다고 생각한다.

3) 민족사회

한반도는 식민지 권력에서 해방된 후 38선을 경계로 남과 북으로 분단됐다. 한국전쟁 후 현재에 이르기까지 휴전 상태로 군사 대치가 계속되고 있다. 해방 직후 분단된 한국과 북한은 단일민족을 강하게 지향했다. '민족은 하나'라는 구호 아래 전통문화를 강조하고 동질성과 일체감을 칭송하는 국민주의 담론이 반복되며 생활 속에 규범으로 자리 잡았다. '민족'을 뜻하는 조선어 '우리'는, '외부'를 만드는 동시에 내부의 차이와 격차를 은폐하며 사람들을 본질화하고 총체화하는 지배 담론이다. 이를테면 한국 사회에서 내부 차이를 억압하는 민족 담론은 성별 격차를 가리고 여성의 경험을 공공 공간에서 배제했다. 여성은 가부장제 사회관계 속에서 침묵을 강요받았고, 영화나 문학에서 무방비적인 순수함과 인내심을 가진 수동적이고 희생하는 존재로 재현됐다(김은실 2000; 임지현 2000).

일본에 거주하는 재일조선인은 한반도의 정치적 긴장에서 큰 영향을 받았다. 해방 후 재일조선인은 나라를 수립하는 운동에 참여했고, 남과 북을 지지하는 재일본대한민국민단(민단)과 재일본조선인총연합회(총련) 두 민족 조직을 만들었다. 즉, 본국의 분단이 재일조선인 사회에도 반영된 것이다. 두 나라 정부의 강한 영향을 받는 민족 조직은 동질한 민족 관념과 가부장제가 결합한 국민 통합 이데올로기를 발전시켰다. 한반도의 정치 상황에 덧붙여, 일본 사회가 재일조선인을 강하게 차별하고 배제할수록 재일조선인 사이에서는 가족, 종교, 민족사회가 상징적인 안식처가 됐고 가부장제 역시 필연적으로 강화됐다. 다시 말해 사회·경제 면에서 재일조선인을 소수자 집단으로 주변화하는 메커니즘은 민족사회 내부의 여성 차별을 강화했다(송연옥 2005).

과거 식민지 종주국에서 생활하는 재일조선인은 대항 주체를 형성하는 과정에서 민족문화를 본질화하고 민족 결속을 강화하는 경향을 보였다. 예를 들면 부계 혈통을 계승하는 제사는 친척과 가족의 유대를 확인하는 기회이자 민족 정체성을 드러내는 기호이다. 가족이 함께하는 제사에서는 나이와 상관없이 남성은 절을 하고 여성은 제사상을 차리고 식사를 준비하듯이 명확한 성역할이 존재한다. 마찬가지로 부계 혈통을 기준으로 남성으로만 구성되는 가계도인 족보도 재일조선인의 민족성을 보여주고 때로는 일본인보다 문화적으로 우월함을 드러내는 것으로 여겨졌다.[35]

성별을 나누는 문화의 강조는 재일조선인 특유의 현상은 아니다. 2절에서 논했듯이 대개 민족을 구성하는 근간에는 민족의 경계와 차이, 재생산, 성별 분리가 있다. 남성다움, 여성다움은 자명한 것이 아님에도 민족 소수자 공동체는 남성과 여성에게 구성원으로서 성별에 적합한 행동을 요구하고, 특히 여성에게는 민족문화의 전달자, 후세대 재생산의 역할을 요구한다(Yuval-Davis 1994a: 413). 후세대의 생물학적 재생산은 공동체 존속에 불가결하므로 종족 국민주의는 구성원의 생식·출산을 장려하고 생식과 직결된 결혼을 중시한다(Parker et al. 1992: 6). 뒤집어 말하면 비혼과 호모섹슈얼, 다른 민족 집단의 성원을 파트너로 선택한 사람에게는 집단의 '혈통'을 끊는다고 여겨져 부정적인 의미가 덧씌워진다. 이것은 재일조선인 민족사회에도 해당된다. 비혼 여성, 일본인 등 재일조선인이 아닌 사람과 결혼한 여성은 민족 규범에서 벗어난 존재로서 주변화되거나 배제되는 경향이 있었다.[36]

4) 가족

재일조선인 사회와 가족의 성별 질서를 비판할 때 조선의 '유교' 가부장제가 자주 예로 인용된다. 그러나 유교는 조선에서 오래전부터 내려온 '전통'이라고 말하기 어려운데, 조선왕조 때 유교 이데올로기가 국가 통치 이념으로 자리 잡은 이후에야

사회 규범이 됐을 뿐이다. 고려 시대에 족보와 성씨 불변 원칙이 고착됐는데 여성은 귀족층에서 재혼이 허락됐고 재산도 균등하게 상속받을 수 있었다. 장자 우대가 확립된 것은 17세기 중반 이후인데 그것 역시 조선 영토 전역에서 행해지지 않았고 근대 이후에도 함경도와 제주도에선 부친의 재산을 막내아들이 상속하는 말자상속이 나타나는 등, 여성의 지위는 일정하지 않았다(송연옥 2009). 유교 이데올로기가 국가 통치 이념이었던 조선왕조 때는 신분 계층 제도가 생겼고 공적 영역에서 여성을 철저하게 배제했으며 여성은 경제적 독립을 잃어갔다. 씨족 지배가 강화되고 부계 혈통 원리가 절대화되면서 여성은 남성 중심적 가족에게 깊이 종속됐다. 여성의 사회적 지위는 가정에 종속되어 시집에서 '며느리', '아내', '어머니'로서 의무를 다해야 했다. 여성은 관료나 부계 혈통 집단의 대표자가 될 수 없었다. 여성의 활동은 가정으로 제한됐고 가장이나 남편의 허락 없이 사회활동을 할 수 없었으며 외출이 제한되는 등 공적 영역에서 물리적으로 격리됐다(조한혜정 2002; 문옥표 1997; 자야 와르데나 2006: 266). '남녀유별', '삼종지도', '출가외인', '칠거지 악', '내외지분'은 조선의 유교 성별 규범을 나타내는 말이다.[37] 다만 집안의 계승자(아들)를 낳은 여성은 일정한 권한을 부여받아 '시어머니'로서 자식의 가정을 지배하는 등 여성이 가부장제 유지에 관여한 부분도 결코 적지 않다. 반면 남녀의 영역 구분에 따라 여성이 주체가 될 때도 있었으며, 종교나 문화 등 여성이 자유롭게 활동할 수 있는 여지도 생겨났다.

조선 시대에 확립된 '유교' 가부장제는 재일조선인에게 적지 않은 영향을 끼쳤다. 그러나 그것 역시 시대에 따라 변모했고, 식민 지배 시기에는 호적법을 도입해 가부장제를 제도화했다. 점진적인 산업화와 도시화가 일어나고, 일본식 교육이 행해졌다. 여성이 산업 임금노동자로서 공장제 생산에 참여하고 저임금노동력으로서 착취의 대상이 되기 시작한 것은 일본의 식민지 통치 이후다. 간호사, 초등학교 교사 등 전문직도 증가했지만 여성 노동력 대부분은 조선에 진출했던 일본의 섬유, 화학제조, 식품제조 등의 산업에 흡수됐다. 임금에는 민족과 성별 질서가 분명하게 드러나, 일본인 남성의 임금이 1이라면 조선인 성인 남성은 2분의 1, 조선인 성인 여성은 4분의 1 수준이었다(이이효재 1997: 350~351). 친족의 기능이 약화되고 토지를 잃은 다수의 농민들이 유민이 됐으며, 수많은 남성이 징용되거나 일자리를 찾아 농촌을 떠나 일본, 중국, 중국 동북부 등으로 흩어졌다. 남겨진 여성들은 임금노동을 하면서 자식을 키웠다. 남성의 부재로 가정은 실질적으로 여성이 지키게 됐다(조한혜정 2002).

당시 도일했던 조선인 대부분은 농촌 출신이었다. 먼저 남성이 공장노동자로서 홀로 건너가 어느 정도의 생활 기반이 잡히면 그 후에 여성과 어린이 등 가족이 함께 일본으로 이주하는 패턴이 많다. 조선에서나 일본에서나 여성이 가정의 재생산노동을 담당했다는 점은 크게 다르지 않았다. 그러나 언어와 문화가 다르고 민족 편견이 가득하던 일본 사회에서 남성 가족의 적은 수입으로 가정생활을 이어가기란 여간 힘들지 않았다. 그런 사회 조건 속에서 자기를 희생하는 '위대한 어머니'로서 1세 재일조선인 여성은 새로운 담론이 됐다고 말할 수 있다. 일본에 건너간 1세 여성은 일본어 소통이 어려워 취업 기회가 제한적이었기 때문에 가족 의존도가 상대적으로 높았다.

해방 후 세대교체가 일어나 2세와 3세가 중심 세대가 된 지 오래다. 재일조선인 2세가 쓴 소설 속에서 가족이 재현되는 방식을 분석한 정영혜는 재일조선인 가족의 폐쇄적 상황을 일본 사회와의 관계를 통해 고찰했다. 힘으로 가족을 복종시키려는 폭군 아버지, 인내하는 어머니, 그러한 '집*'을 증오하는 자식의 고뇌라는 이야기 속에서 '여성·어린이'는 (일반적으로 말하듯이) '아버지'의 보호를 받는 것이 아니라 '집'에 갇혀 있었다고 말한다. 그리고 '집'으로부터의 해방은 1980년대 반외국인 등록법 운동처럼 '평등'을 요구하는 시민운동 참가에 중요한 계기가 됐으며 일본인 지원자와 연대를 하는 데도 반영됐다고 말한다(정영혜 1986).

다음으로 재일조선인 결혼 상황에서 가족 변화의 추이를 고찰해보자. 〈그림-3〉은 재일조선인 혼인자 수의 추이를 나타낸다. 1980년대 초기에는 부부 모두 한국·조선 국적인 혼인자 수가 한국·조선 국적과 일본 국적이 결합한 혼인자 수보다 많았지만 1980년대 전반에 역전 현상이 일어났다. 그중에서도 남편이 일본인이고 아내가 한국·조선 국적인 혼인자 수가 그 반대의 결합보다 증가 속도가 빨랐다. 통계는 새로 이주한 한

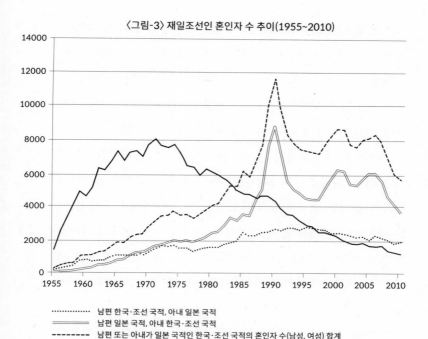

〈그림-3〉 재일조선인 혼인자 수 추이(1955~2010)

.... 남편 한국·조선 국적, 아내 일본 국적
────── 남편 일본 국적, 아내 한국·조선 국적
- - - - - 남편 또는 아내가 일본 국적인 한국·조선 국적의 혼인자 수(남성, 여성) 합계
────── 부부 모두 한국·조선 국적

국인 여성과 일본인 남성의 혼인도 포함하므로 재일조선인으로 한정할 수는 없으나 어느 정도의 경향을 보이고 있다. 일본인과의 결혼이 증가하는 경향은 재일조선인의 '민족'의식이 희박해지는 표시로 해석되기 쉽다. 하지만 하시모토(2010)는 재일조선인 젊은 세대의 배우자 선택에 관한 연구에서 그들이 일본인과 결혼할 때에도 다양한 민족문화 실천을 하고 있음을 시사한다. 그리고 일본인과의 결혼이 증가하면서 재일조선인 사회와 일본 사회의 교류가 한정적이었던 예전과 달리 현재는 다

른 민족과 결혼하는 '선택지'가 더욱 현실성을 띠게 됐다고 해석한다. 그러나 송연옥은 일본 남성과 한국·조선 국적 여성의 결혼이 증가하는 현상을 "재일 커뮤니티의 성차별 문화에 대항하고 성차별 철폐를 바라며, 그 실현의 장으로 일본인과 근대가족을 꾸리고자 하는 여성이 증가한 것과 관련이 있을 것"이라고 본다(송연옥 2005: 267).

재일조선인 여성이 놓인 상황은 하나가 아니며 국적, 세대, 출신 지역 및 생활 지역, 가족관계, 교육, 직업 등에 따라 크게 다르다. 이 절에서 살펴본 내용은 재일조선인 여성에 대한 부분적 고찰을 보여줄 뿐이지만, 일본 국가와 민족사회, 가족의 기반 구조인 가부장제가 여성의 활동을 강하게 구속했음은 확실하다. 특히 일본 사회에서 소수자 집단이 처한 불안정한 현실은 민족사회와 가족 내 가부장제를 강화하고 여성에게 부정적인 형식으로 작용하는 원인이었다고 말할 수 있다.

선행 연구

재일조선인의 운동 연구는 주로 역사학 분야에서 이루어졌고, 민족 조직의 전개를 중심으로 다루었다.[38] 민족 조직을 중심으로 다룬 재일조선인사는 재일조선인의 생활, 법적 처우와 함께 조직 지도층과 사건에 초점을 맞췄다. 도노무라(2004)는 재일조선인이 쓴 전후 운동을 논하며, 소설이나 신문 기사 등의 자료를 참조하여 민족 단체가 조국이나 원거리 국민주의(주 14 참조)에 포섭되지 않는 대중적 운동에서 생활자로서 지니는 의식을 추적한다.

다만 민족 조직에 초점을 맞춘 선행 연구는 지도층이 대부분 남성이었던만큼, 남성을 중심으로 역사를 기술했다. 이에 대해 김영·김부자(1993)는 해방 직후에 설립된 재일조선인 여성 단체의 설립 과정에 초점을 맞춰, 1차 자료와 인터뷰 조사에 근거해 여성의 독자적 과제와 활동을 상세하게 살펴보았다.

김영·김부자(1993)는 재일조선인 여성운동이 '민족', '재일', '여성'을 추구하는 성격을 지닌다고 봤다. '민족'과 '재일'은 가지무라(1993)가 말했듯이, 조선 본국 해방운동의 일부로서 일본 사회의 차별과 억압에 대항하여 기본적인 생활을 지키기 위한 인권운동의 성격을 띤다. '여성'은 제3의 성격을 띠며 여성의 독자적 과제를 실현하는 싸움을 덧붙인다.[39]

　사회학 분야에서는 1990년대 이후 재일조선인, 특히 젊은 세대의 정체성에 관한 실증 연구가 진전을 이뤘다.[40] 재일조선인에 관한 사회학 연구는 주로 민족의식의 형성에 관한 상호작용론의 시각에서, 일본 정부의 외국인 정책에 대항하는 민족운동에서 보이는 정체성 정치에 주목한다. 가시와자키(Kashiwazaki 2000)는 동화를 강요하는 국적 취득 제도와 배타적인 외국인 정책을 검토하며, 민족운동이 일본의 동화 혹은 배제 정책에 대항하는 과정에서 국적과 민족 정체성을 동일시하는 논리를 일본 국가와 공유한다고 밝혔다. 야마와키(2001)는 일본 사회에서 정주화의 진행으로 정체성 다양화를 논의했던 1970년대에 초점을 맞추며, 운동의 추진력이 한반도의 두 국가가 아닌 일본 사회 소속이 됐음을 운동 자료를 바탕으로 추적한다. 이러한 연구는 일본의 제도·정책과 재일조선인 운동의 담론으로 시민권 이론, 민족 이론을 사용하여, '민족'과 국적이 일치하는 국민국가 모델에 구속된 일본 국가와 재일조선인 운동 양쪽을 상대화한다.

　그러나 재일조선인 운동을 분석한 연구에서 정착국가와 민족 소수자의 대척점에 중점을 둔 접근으로는 재일조선인 집단 내부의 차이를 의식하기 어렵기 때문에 성별 격차와 여성의 집합행동이 무엇을 의미하는지 잘 보이지 않는다. 극히 적은 수의 연구 중에서 정영혜(1976)와 소니아 량(Ryang 1998)은 사회운동과 관련해 주체로서 재일조선인 여성을 논한다. 정영혜(1986)는 1980년대에 크게 일어났던 지문날인 거부 운동과 관련된 후세대 여성에게 초점을 맞춘다. 후세대 재일조선인에게 억압은 민족 차별뿐만 아니라 '아버지'가 폭력으로 지배하는 '집'이기도 하며, '집'에서 해방되는 것이 중대한 과제임을 그리고 있다. 정영혜는 후세대 여성인 양용자의 사례에서, 지문날인 거부 운동이 민족 차별을 고발할 뿐만 아니라 여성과 어린이를 억압하는 가부장제로부터 '개인'으로서 해방되는 의미가 있음을 주장한다. 문화인류학자 소니아 량(Ryang 1998)의 연구는 총련 사회의 1세 여성들이 총련 기관에서 조선어를 습득하며 조선민주주의 인민공화국의 국가 건설 이데올로기를 내면화함으로써 일본 국가에 대항하는 탈식민 여성 주체를 획득하는 과정을 극명하게 그린다. 량에 따르면 문해 학습을 통한 조선민주주의 인민공화국 국가 담론의 내면화는 1세 여성에게는 일종의 해방 주체를 형성하는 것으로 이어졌다. 내면화된 탈식민 여성 주체는 재일조선인에게 억압적인 일본 사회에서 살아가면서 현모양처 이데올로기를 적극적으로 받아들인다. 즉, 국민 담론으로 여성해방 주체를 형성하는 것은 담론에 각인된 가부장제와 손을 잡는 것이기도 했다.

동오사카 야간중학교 운동은 재일조선인 여성이 주체이고
또 그 기반이 일본의 공적 기관인 야간중학교라는 특징이 있
다. 이 운동을 검토하는 것은 여성이 어떻게 민족 조직의 성별
구조에 구속되지 않고 주류 공적 기관에 참여하는 것이 가능한
가를 밝히는 일이 될 것이다.

조사 방법

이 책은 1990년대에 동오사카에서 생성된 야간중학교 운동을 거시구조로 환원하지 않고 여성들이 운동을 통해 어떤 새로운 사회관계를 맺었는가를, 생애담 듣기라는 방법을 사용하여 개인의 주관적 '말하기'를 통해 미시 차원에서 분석한다. 연구 방법은 운동 참가자의 생애담을 중심으로 관계자를 인터뷰하고 참여관찰을 실시하였으며 그 질적 데이터를 분석했다. 생애담 분석에서는 집합적인 정치사회 과정과 일상생활의 주관적이고 개인적인 경험의 상관관계에 초점을 두고 새로운 재일조선인 여성 주체가 형성되는 과정을 밝혔다.[41]

연구 조사는 다음과 같은 순서로 진행됐다.

① 재일조선인 여성의 조직활동에 관한 조사
　(2000년 4월~2002년 3월)

첫 번째 조사로서 재일조선인 여성의 특정한 집합행동을 정하기 위해 민족 조직 여성 단체를 비롯해 재일조선인 여성이 중심인 모임 활동과 네트워크에 대한 폭넓은 정보와 1차 자료를 수집했다.

또 조직의 중핵 여성들을 대상으로 개별적인 설문조사 및 인터뷰 조사를 실시했다. 설문조사에서는 조직의 설립 경위와 취지, 활동 내용, 조직 구조, 구성원의 속성(성별, 세대, 출신 지역, 연령 등), 협력 관계에 있는 외부 단체를 물었다. 더불어 상세한 내용 파악을 위해 개인 인터뷰를 했다. 여성의 풀뿌리 네트워크 활동을 파악하기 위해 관서 지역과 수도권 거주지에서 열린 행사 및 서클 활동, 학습회, 친목회 등에 참가하여 필드워크와 인터뷰를 실시했다. 필자 개인이 조사한 곳은 도쿄, 가나가와, 오사카, 교토, 효고인데 약 20군데의 재일조선인 여성 단체와 접촉할 수 있었다. 정식 명칭이 있고 재일조선인 여성이 주요 구성원이며 상시적으로 활동을 하는 단체로 한정하니 11개 단체로 좁혀졌다. 이 조사에서 얻은 데이터를 분석하는 과정(1장 참조)에서 동오사카 야간중학교가 핵심인 운동을 재일조선인 1세 여성이 중심인 '자율적인' 사회운동으로 규정했다. 그리고 이 운동에 더 깊이 파고들어 조사와 연구를 진행하기로 했다.

② 동오사카 시립 다이헤지 야간중학교 독립운동 조사
    (2002년 3월~현재)

이 책의 중심 고찰 대상인 동오사카시 야간중학교 운동

은 운동 주체인 여성의 생애담, 관계자 인터뷰, 참여관찰, 1차 자료 등 질적 데이터를 수집했다. 생애담 수집과 참여관찰은 2003년 1월부터 3월까지 동오사카시에 머무르면서 집중적으로 진행했다. 참여관찰은 주로 야간중학교 독립운동의 무대가 됐던 동오사카 시립 다이혜지 야간중학교, 시립 조에 야간중학교, 우리서당(재일조선인 여성을 위한 자주 학습 기관)의 수업과 졸업식, 동창회, 데이하우스 및 데이서비스 사랑방(고령 재일조선인 여성을 위한 생활 지원 시설)에서 실시했다. 동오사카에 머무르며 평일엔 데이하우스 사랑방에서 점심을 함께 먹고 오후엔 레크리에이션 활동에 참가했다. 저녁엔 우리서당 수업이나 다이혜지 야간중학교와 조에 야간중학교 수업에 참가했다. 또 졸업식과 동창회, 학생회 행사, 긴키야간중학교학생회연합회 이벤트, 우리서당 주최의 시민 강좌나 행사 등에도 참가했다. 조에 야간중학교, 다이혜지 야간중학교, 우리서당, 사랑방은 동오사카시 산노세 지역에 있으므로 걸어서 또는 자전거로 이동할 수 있는 거리에 있다. 필자는 도쿄에 사는 한국 국적 3세로 오사카 재일조선인 커뮤니티와는 조사를 시작하기 전까지 큰 연결점이 없었다. 그래서 여성들과 이야기를 나누고 인간관계를 형성하면서 조사를 시작했다. 식사, 수업, 여타 활동을 함께하고 조선어와 오사카 방언이 섞인 대화를 나누었다. 거주지 안의 두터운 인간관계, 민족문화와 관습을 피부로 느끼고자 했다. 조선음식점, 목욕탕, 공원, 카페, 육아 시설 등 재일조선인 여성이 많이 모이는 곳에 다니면서 여성들의 생활세계를 이해하고자 노력했다. 2003년 4월 이후엔 불연속적으로 방문하며 운동 관계자와 행정 담당자 인터뷰 및 자료 수집을 계속했다. 또 2008년 10월에는 관서 야간중학교와 문해 교육 관계자가 합동으로 한국의 문해 교육 기관을 방문할 때 함께 참가했고 재일조선인과 한국 성인 여성의 문해 교류를 참여관찰했다.

야간중학교 독립운동에 참가한 여성의 생애담 수집과 인터뷰는 특별히 질문을 정하지 않고 조선에서 지낸 생활과 도일한 경위, 일본에서의 생활, 야간중학교 입학, 그리고 독립운동까지의 궤적을 자유롭게 말하도록 하는 반구조화 인터뷰(질적 연구의 인터뷰 방법 중 하나로 연구자가 질문을 정하되 연구 대상자의 반응을 통제하지 않는다.-옮긴이) 방법을 취했다. 주로 일본어로 조사를 했고 시작할 때 취지를 설명하고 질문 사항을 조사 대상자에게 보여줬다. 하지만 실제로는 대상자가 개인적인 생활 체험과 운동에 참여하게 된 경위, 운동에서 느꼈던 점, 현재 운동 당시를 되돌아보면 어떤 생각이 드는지 등을 자유롭게 말하는 형식이 됐다. 여성들은 이 방법으로 스스로의 경험과 생각을 되도록 자신의 목소리로 표현할 수 있었다. 생애담은 노트 필기와, 대상자 허락하에 음성을 녹취하여 문자화한 것을 분석 대상으로 삼았다.

조사는 운동 참여자나 지지자의 소개를 따라가는 스노우볼 샘플링 방법(모집단에 속하는 연구 대상을 찾기 어려울 때 처음 연구 대상자를 조사한 후 대상자의 소개를 받아 다른 연구 대상자를 표본으로 선택하는 사회과학 연구 방법-옮긴이)을 취해 실제로는 주로 운동의 중핵으로 활동한 14명 여성의 생애담을 듣게 됐다. 그런 의미에서 이 책의 연구는 한계를 갖는다. 그러나 이 책의 목적은 다이헤지 야간중학교 독립운동 전체를 나타내는 것이 아니라 재일조선인 여성의 자율적인 운동주체 형성의 과정을 밝히는 데 있으므로, 분석을 통해 그 목적을 거의 달성했다고 생각한다.

여성의 말하기는 정식화되고 고정화된 인생의 역사(생애사)라기보다는 도쿄에서 온 한국 국적 3세 동포 여성인 필자와의 대화에서 직조한 이야기(생애담)다. 그런 의미에서 여성의 말하기는 개별적인 말하기이며 다른 상황에서 필자가 아닌 다른 인물과 대화할 때에는 다른 이야기로 직조될 것이다. 말하기는 언어로 표현되는 것이 전부가 아니며 언제, 누구와, 어디에서, 어떤 상황에서 말하는가라는, 언어에 직접 드러나지 않는 요소에 큰 영향을 받는다. 그러한 한계를 고려하며 이 책은 다이헤지 야간중학교 독립운동에 관여한 여성들의 말하기를 역사사회 문맥에서 검토하고 여성들이 운동을 통해 사회와 쌓은 새로운 관계, 운동을 수행하며 형성한 주체를 살펴본다.

필자가 조사할 때 가장 주의를 기울였던 부분은 운동 단체 그리고 조사 대상자와의 관계 구축이다. 조사에 협력해준 분들은 필자를 기본적으로 한 사람의 동포 여성으로 받아들였고 재일조선인 여성의 사회운동을 밝힌다는 연구 취지를 이해했다. 조사는 연구자와 대상자 관계보다는, 필자가 한 사람의 재일조선인 여성으로서 이야기를 듣고 다른 여러 방면에서 활약하는 재일조선인 여성, 특히 1세 여성은 인생 선배로서 이야기를 들려주는 형태를 띠었다. 그러나 재일조선인은 하나가 아니기에, 민족 조직, 한반도의 태어난 지역, 국적, 거주지 특유의 두터운 인간관계 등을 배려하며 조사를 했다. 또 필자는 '동포 여성'이면서 동시에 연구자이기도 하고 당시에 아이를 키우는 대학원생이었기 때문에, 일반적인 재일조선인 특히 고령의 분들이 내면화한 성별 규범에서 떨어져 있었다. 그로 인해 필자에게 불편함을 느끼거나 여성은 가정에 전념해야 한다는 가치관으로 "얼른 집에 가세요"와 같은 태도를 취하는 분들도 있었다. 그래도 이 모든 것이 필자에게 귀한 체험이었고 이번 연구에 도움이 됐다.

애초부터 이번 연구의 출발에는, 일본 사회에서 살아가는 많은 재일조선인 여성이 일본 이름을 사용하는 등 대부분이 보이지 않는 존재이므로, 동포 여성이 어떻게 살고 있는지 현시점에서 서로 알기가 쉽지 않다는 부분이 있었다. 또 일본인 여성과 재일조선인 여성이 놓인 상황은 그 전제 조건이 크게 다르므로 일본 여성운동의 일부가 아닌 민족과 젠더 이론에 입각한 독자적 시점에서 재일조선인 여성이 주체가 된 운동을 연구할 필요를 느꼈다.

필자에 대해 말하자면, 가나가와현 신주택지에서 자라 초등학교부터 대학교까지 일본의 학교교육을 받았고 민족 조직에서 활동한 경력은 없는 전형적인 일본 출생의 재일조선인이다. 단 몇 년 동안 서구 사회에서 유학하고 생활한 경험이 있다는 점이 '보통의' 재일조선인과 조금 다를 수도 있다. 교류해 본 1세 여성은 지금은 돌아가신 두 분의 조모뿐이다. 핵가족에서 자랐지만 1년에 몇 번 조모님과 왕래하며 머물기도 하는 관계였다. 조모들의 생활을 엿보면서 일본어 회화가 힘든 외국인으로서 일본에 사는 일이 어떤 것인지 피부로 느껴지는 부분이 있었다. 조모들 역시 일본어를 몰랐다. 도쿄에 사는 조모는 가나가와현에 있는 필자의 집을 방문할 때, 역 이름이나 전철 구분을 못해 창밖의 풍경을 조심스럽게 읽으며 완행 전철을 타곤했다. 자신의 이름을 못 읽어서 다른 사람의 물건과 헷갈릴 우려가 있는 물건에는 이름이 아니라 동그라미 표시를 했다. 조모들은 집안일로 바쁘기도 해서 거의 외출을 하지 않았다. 필자의 어머니는 언제나 조선어로 조모의 말을 듣고 일본어로 대답을 했다. 어머니는 젊었을 때 조모들이 일본어를 전혀 모르는 상태로, 먼저 도일했던 조부에 기대 일본에 왔을 때 얼마나 힘들었을지 상상도 못하겠다고 말했다. 조모들은 신문을 통해 사회에서 일어나는 일을 알 수도 없었고, 편지도 읽지 못했으며 메모를 적지도 못했다. 기억력에만 기대야 했으므로 오히려 여러 가지를 세세하게 기억했던 것 같다.

이런 조모들만 봐왔던 필자는 1세 여성은 다 가정에만 속한 존재로 생각했다. 그래서 오사카에 있는 재일조선인 커뮤니티를 몇 번 방문했을 때 처음으로 다이헤지 야간중학교 독립운동 이야기를 듣고, '싸우는 1세 여성'이라는 존재에 굉장히 놀랐다. 동시에 그 운동을 알고 싶고 여성들을 만나고 싶다는 바람을 억누를 수 없었다.

이처럼 재일조선인 여성의 조직 활동에 관한 필자의 관심과 연구 동기는 여러 가지 개인적 체험에서 나왔는데, 이미 가지고 있던 지식과 체험은 연구에 그다지 도움이 되지 않았다고 할 수 있다. 연구가 깊이를 더해갈수록 재일조선인 여성이 놓인 상황이 상상 이상으로 모두 다르고 제각각 복잡한 역사성을 가지고 있음을 알게 됐다. 필자가 운동 경험이 없는 것은 운동을 이해하는 데 장단점이 있었다. 참여관찰과 인터뷰에서는 부권이 강한 가정환경에서 자란 공통 경험을 바탕으로 단도직입적인 이야기가 가능했고 언어화되지 않은 문화 코드를 이해하며 조사를 진행할 수 있었다. 반면 운동 경험이 없으므로 민족 조직의 구조, 엄격한 성별 질서를 이해하는 데 시간이 걸렸다. 그렇지만 조직에서 활동한 경력이 없는 것과 관서 거주지에 살지 않는 점 자체는 조사에 중대한 지장을 가져왔다기보다는 오히려 일종의 중립적 입장을 확보할 수 있게 했다.

조사 장소에서 필자는 '동포 여성'으로서 민족 경계 안에 있는 사람으로 이해됐으나 오사카 재일조선인 커뮤니티에 연고가 없다는 점에서 '외부 사람'이었다. 또 표준어를 쓰므로 '도쿄에서 온 사람'이었다. 즉, 조사할 때 필자라는 개인은 민족, 지역, 직업 등에서 차이를 낳는 경계의 안 혹은 바깥에 위치했다. 그 사실 자체가 불변하고 자명한 '재일조선인 여성'이라는 정체성은 존재하지 않음을 보여주었기에 흥미로운 체험이었다.

연구 구성

    책의 구성은 다음과 같다. 우선 1장에서는 해방 후 재일조선인 여성운동을 민족과 성별 시점에서 살펴본다. 여성운동, 국민과 성별의 교차에 관한 사회학 이론에 근거해, 재일조선인 여성의 운동 단체 형성을 조직의 '자율성'과 가족 성역할의 관계에서 분석한다. 이 분석으로 동오사카 다이헤지 야간중학교 독립운동과 그 후 운동 전개의 독자성 및 의의를 명확히 하는 것이 목표이다.

    2장에서는 사회운동 분야의 역동성에 분석의 초점을 맞춰 지역 차원에서 형성된 다원적인 하위의 대항 공론장을 살펴본다. 구체적으로는 다이헤지 야간중학교 독립운동의 생성과 전개 과정을, 관서 지역 여러 소수자가 상호작용하는 운동권과의 관계에서 분석한다. 관서 지역에서는 역사적으로 여러 소수자가 공권력에 대항한 운동이 있었다. 이 배경에서 지역과 밀착한 재일조선인 운동과 야간중학교 증설 시민운동의 영향을 받은 다이헤지 야간중학교 독립운동은 재일조선인 여성의 '배움의 장'을 요구하는 운동으로 발생했다. 이 운동을 지지했던 국적, 계급, 민족, 세대, 성별 등 다양한 운동들의 상호작용에 주목하여 재일조선인 여성이 주체인 '하위의 대항 공론장'의 생성과 전개를 살펴본다.

3장에서는 분석의 초점을 재일조선인 개인의 생애 과정이라는 미시 차원에 둔다. 구체적으로는 재일조선인 여성의 생애담을 기반으로, 비문해·비취학 경험에서 중노년이 되어 야간중학교에 입학하기까지의 과정을 분석한다. 재일조선인 1세 및 전쟁 전에 태어난 2세 여성에게서 특정한 형태로 나타나는, 공적 영역에서의 소외와 일본어 비문해의 문제를 드러내고, 야간중학교 입학이라는 개인적 행동의 의미를 가족 성역할과 가부장제와의 협상이라는 측면에서 밝힌다.

4장에서는 다이헤지 야간중학교 독립운동을 말하는 여성의 주관적인 '말하기'를 분석하여 운동 중에 형성된 대항 주체의 특징, 여성 개인에게 운동이 가지는 의미를 밝힌다. 더불어 운동을 통해 형성된 새로운 여성 주체를 공적 영역, 사적 영역, 민족사회 세 가지 차원에서 고찰한다.

5장에서는 야간중학교 독립운동 과정에서 생긴 재일조선인 여성의 하위의 대항 공론장 내부에서 서로 다른 민족, 성별 그리고 세대 사이에서 일어난 상호작용에 초점을 둔다. 구체적으로는 여성들이 '낮을 보내는 거처'이면서 생활 지원 시설인 사랑방에서 참여관찰한 것을 기반으로, 복수 세대 여성의 연대를 '사회·문화 매개' 개념을 중심으로 살펴본다. 이 자발적 조직은 공적/사적 영역의 중간에 위치한 사회공간이다. 이곳에서 세대를 넘은 연대를 하고 민족 자원을 활용해 서로를 돕는 것은 주류 사회에서 재일조선인 여성의 주체 형성에 공헌했다.

마지막 장에서는 동오사카 야간중학교 운동의 분석에 입각해 재일조선인 여성이 사회변혁의 주체로서 갖는 특징과 가능성을 논한다. 또한 분석에서 얻은 '하위의 대항 공론장' 이론의 함의를, 다원적이고 초국적인 사회공간의 창출이라는 관점에서 논한다.

1 장

재일조선인 여성의
운동 분석

민족 조직과 성별 규범에서 자율적인 운동

민족운동과
여성운동 사이에서

재일조선인 여성은 여러 분야에서 활동하며 특색 있는 운동을 벌였다. 그러나 여성의 운동을 보는 시점과 운동에 대한 관심은 해방 후 오랫동안 민족해방 운동의 그늘에 가려져 그다지 주목을 받지 못했다. 민족운동의 맥락에서 재일조선인 운동은 한국을 지지하는 재일본대한민국민단(민단)과 북한을 지지하는 재일본조선인총연합회(총련)로 나뉘어, 각각 '조국' 사회에 관여하며 일본 사회를 향해 법적 지위와 생활환경 개선을 요구해왔다. 1970년대 이후에는 일본에서 태어난 후세대를 중심으로 한반도의 '조국'에 기대지 않고 생활 장소인 일본 사회의 구성원으로서 인권운동을 전개했다. 다만 재일조선인 여성은 남성 중심의 민족운동에 소속된 여성 단체로서 활동할 때가 많았고 여성의 관심사는 비가시화됐다.

여성운동 맥락에서 보면, 일본 사회에서는 1970년대에 성별 분업과 언론의 여성 상품화, 친밀한 관계 속 남성우월주의를 고발하는 '우먼 리브(women's liberation movement)'가 큰 바람을 일으켰으나, 당시에 일본인 여성과 재일조선인 여성은 정치경제 조건에서 차이가 컸고 연대를 가능케 하는 공통 기반이 약했다. 재일조선인 여성과 일본 여성 사이에 차이를 전제로 한 연대 운동이 형성된 것은 일본 여성운동 일부가 역사경제적으로 일본과 깊은 관계에 있는 다른 아시아 나라에 관심을 돌려, 국제적 규모의 성별 격차 문제에 집중한 1980년대부터였다.[1]

즉, 해방 후 오랫동안 재일조선인 여성의 운동은 민족운동과 여성운동 양쪽에서 주변화되거나 그 사이에 끼어 있었다. 재일조선인 여성의 집합행동이 명확한 형태를 띠고 운동 분야에서 여성들이 자율적 주체로서 드러나기 시작한 것은 1990년대에 들어서다. 그 운동 안에 동오사카시 야간중학교 독립운동이 있다.

1장에서는 해방 후 재일조선인 여성이 중심이 된 운동을, 서론 2절에서 논한 여성운동의 자율성과 민족집단/국민 안에서 여성의 역할을 분석틀로 하여 조직 구조와 주체의 특징을 고찰한다. 필자는 2000년부터 재일조선인 여성의 집합행동을 조사했다. 1장에서 살펴볼 대상은 대외 명칭이 있고 취지와 활동 내용이 명확한, 이른바 정규 조직을 가진 활동 단체로 한정한다(표1-1).[2] 규모, 형태, 여성해방 지향의 유무에 따라 여러 종류의 단체가 있지만 여기서는 그 차이를 따지지 않고 재일조선인 여성이 기본적 성원으로 활동하는 운동 단체를 포괄적으로 다루고자 한다. 또한 조사는 수도권과 관서 지역에서 했으므로 다른 지역에 아직 파악하지 못한 운동과 조직이 존재하리라 생각한다. 단, 1장의 목적은 해방 후 생성된 재일조선인 여성의 운동 단체를 망라하고 체계화하는 것이 아니라, 운동을 통해 형성된 여성 주체를 규명하고 이를 성별과 민족의 시점으로 검토해 여성이 놓인 사회 상황을 밝히는 것에 있음을 미리 말해 두고 싶다.

〈표 1-1〉 재일조선인 여성의 구성원인 주요 운동 단체

	단체명	설립 연도	장소	구성원	취지	활동 내용
1	재일본조선민주여성동맹	1947년	전국 조직	총련계 여성	동포여성의 친목과 단결 추진	서클 활동, 민족 교육 지원, 상호부조, 인권운동
2	재일본대한민국부인회	1947년	전국 조직	민단계 여성	'현명한 부인과 어머니가 되고 민족의 교양과 문화를 몸에 익히며 조국의 발전과 세계평화·국제친선에 기여하기'(강령 일부)	서클 활동, 상호부조, 한일 여성 교류, 인권운동
3	어린이를 지키는 어머니회	1974년 (1995년 해산)	가나가와	재일조선인 어린이 어머니	민족 차별 철폐 운동	교류, 인권 학습, 차별 철폐 운동
4	재일한국민주여성회	1986년	도쿄, 오사카, 도카이	재일 한국청년 동맹 회원	한국 민주화와 조국통일, 여성해방 실현, 재일동포의 민주화 고양과 권익 보호, 반핵·반전·평화운동 등, 국내외 여성 단체와 연대	학습회, 문화 활동
5	조선여성사독서회	1984년 (1992년 휴회)	도쿄	총련계 여성	조선여성사 학습	학습회
6	메아리회	1991년	교토	재일조선인 어린이 보호자	공립학교 재일조선인 어린이의 인권 향상과 민족 교육 추진	친목, 어린이회 운영(조선어와 문화 전달), 공립학교에서 민족 교육과 다문화공생 추진
7	'일본군위안부'피해자문제 우리여성네트워크	1991년 (1998년 해산)	수도권	민족운동 경험자	'일본군위안부' 피해자문제의 진상 구명과 조기 해결, 재일조선인 여성의 주체 확립	'일본군위안부'에 관한 조사, 자료집 발행, 집회와 학습회 개최
8	조선인'일본군위안부'피해자문제를 생각하는모임	1991년	관서	후세대	'일본군위안부' 피해자문제의 진상 구명과 조기 해결, 재일조선인 여성의 주체 확립	'일본군위안부'에 관한 자료집 발행, 집회와 학습회 개최
9	지매	1998년	도쿄, 관서	후세대	재일조선인 여성의 자료 조직	워크숍, 공개 강좌, 긴급 전화 운영
10	NPO 법인 우리서당	1994년	오사카	야간중학교 졸업생	재일조선인 여성의 자주 학습 집단의 활동 중심지	야간 학습 기관 운영
11	재일대한기독교전국교회 여성연합회	1948년 (전신인 부인전도회는 1926년)	전국 조직	여성 교회인	교회인 여성의 지위와 권리 획득	전도, 케어 하우스 건설, 무국 방문, 민족 차별 철폐 운동

번호	단체명	소식지	조직 형태	협력 관계
1	재일본조선민주여성동맹	《조선여성》	재일본조선인총연합회 산하단체	일본민주여성협의회, 조선여성과연대하는 일본부인연락회
2	재일본대한민국부인회		재일본대한민국민단 산하단체	한일여성친선협회
3	어린이를 지키는 어머니회		독립 단체	청구사, 민족차별과투쟁하는연락협의회(민투련)
4	재일한국민주여성회	《민주여성》(도쿄), 《포라피》(오사카)	재일한국민주통일연합 관련 단체	한국여성단체연합
5	조선여성사독서회	《여성통신》	독립 단체	
6	메아리회	《메아리》	독립 단체	전국재일외국인교육연구협의회(전외협)
7	'일본군위안부'피해자문제 우리여성네트워크	《알림》	독립 단체	한국정신대문제대책협의회(정대협), '일본군위안부'해결을위한여성대회
8	조선인 '일본군위안부'피해자문제를생각 하는모임	《미라내통신》	독립 단체	한국정신대문제대책협의회(정대협), '일본군위안부'해결을 위한여성단체
9	자매	《찻라인 자매》	독립 단체	야간중학교
10	NPO법인 우리서당		독립 단체	야간중학교
11	재일대한기독교전국교회여성연합회	《그개》	재일 대한기독교회 내 조직	한국교회여성연합회(한국)

* 출전: 각 단체의 1차 자료, 웹사이트 정보, 관계자 인터뷰를 토대로 필자가 작성.

분석틀

1장에서는 서론 2절 3항에서 논한 몰리뉴의 여성운동의 자율성, 유발 데이비스와 안시아스의 종족 국민집단에서 여성의 역할에 관한 이론을 활용한다. 몰리뉴는 조직의 자율성을 기준으로 여성의 집합행동을 분석했다. 그리고 ①독립운동(independent movements), ②연계 결합(associated linkage), ③지시 동원(directed mobilization)을 제시했다. 여기서 말하는 '자율성'이란 여성운동의 목적, 우선순위, 행동이 어떤 형태로 권위를 부여받았는가를 뜻한다. '독립운동'형은 여성이 독자적인 조직과 목표로 활동한다. 상위 권위가 존재하지 않고 다른 정치 행위자의 지배를 받지 않는다. 다음으로 '연계 결합'형은 어느 정도 '자율성'을 가진 여성 조직이 문제의식을 공유하는 다른 정치조직과 연맹 관계를 맺는다. 상위 권위의 지시를 받지 않으며 조직과 의제 설정에서 여성이 통제한다. 마지막으로

'지시 동원'형은 권위 또는 주도권이 외부에 있고 여성 조직이 상위 조직의 통제를 받는다. 역사적으로 여성을 동원하는 주요 형태인 이 세 유형은 또다시 세 가지로 구분할 수 있다. ①여성의 이해관심과 관계없이 정권을 전복하는 일반적 목표를 달성하고자 여성을 동원한 경우. ②사회변화라는 목적 안에서 여성의 이해관심에 관심을 기울이는 경우. 사회주의, 국민주의 운동 등 공동체 전체의 목표 달성을 해치지 않는 조건에서 여성의 권리를 지지하는 것이 그 예이다. 단 여성의 이해관심을 결정하는 것은 상위의 권위 조직이다. 마지막으로 ③국민주의나 종교의 이해관심 때문에 여성의 기득권을 폐지하는, 목표를 위해 여성을 동원하는 형태이다.

국민과 성별의 상관이론을 제시한 유발 데이비스와 안시아스는 종족 국민집단과 국민국가가 여성을 남성과 동등한 존재로 취급하지 않을 뿐 아니라 여성에게 집단의 생물학적 재생산, 문화 재생산의 역할을 부여하는 것에 주목하여, 집단 기반에 있는 성별 구조에 문제를 제기했다(Yuval-Davis and Anthias 1989). 민족과 성별이 교차하는 억압적 상황에 놓인 소수자 여성은 국민주의 운동에 참가하여 민족 차별에서 해방되고자 하였으나 동시에 국민주의 운동의 성별 규범에 구속받기도 했다. 재일조선인 여성운동은 수십 년 동안 전근대, 식민 지배를 통한 근대화, 탈식민을 경험하고 거치는 과정에서 이상적인 여성상으로 현모양처를 채용할 때도 있었다. 아내와 어머니라는 성별 규범은 여성을 사적 영역으로 가두기도 했지만, 현모양처

〈그림1-1〉 운동 단체 분석틀

민족 조직에서의 자율성 성역할에서의 자율성	낮음	높음
낮음	현모양처 지향의 민족운동	모성 지향의 시민운동
높음	성평등 지향의 민족운동	탈냉전과 운동의 분화

이데올로기를 따른 운동은 남성 조직과 갈등을 피할 수 있었고 여성들이 정치에 참가할 수 있는 수단이 되기도 했다.

1장은 앞서 말한 여성운동의 자율성(남성 중심의 민족운동에서 자율성)과 가족 성역할에서 자율성을 분석틀로 한다. 두 가지 분석틀 외에도 운동 단체의 성격을 결정하는 원인이 있겠으나 1장에서는 재일조선인 여성이 성별 질서와 성역할을 어떻게 문제시하고 어떻게 운동을 통해 자율적 행위주체를 형성했는가에 한정해 고찰한다. 〈그림1-1〉에서 보듯이 각 분석틀을 네 가지로 나눌 수 있다. 이 네 가지 유형을 바탕으로 다음 절에서 재일조선인 여성의 운동을 살펴본다.

재일조선인
여성운동 단체 검토

1) 현모양처 지향의 민족운동

이 유형은 운동 단체 외부의 구속을 강하게 받거나 '어머니', '아내' 같은 가족 성역할이 강하게 규정되는 운동 단체를 가리킨다. 재일본조선민주여성동맹(여성동맹)과 재일본대한민국부인회(부인회)를 들 수 있다. 여성동맹과 부인회는 재일조선인 여성을 구성원으로 하는, 해방 후 가장 이른 시기에 설립된 여성 조직이다.[3] 또한 전국 재일조선인 민족 조직과 깊게 연결되어 있어서, 여성동맹은 재일본조선인총연합회(총련)[4] 산하, 부인회는 재일본대한민국민단(민단)[5] 산하에 있다. 민족 조직과 긴밀한 연결에서 알 수 있듯이 재일조선인 여성의 조직 활동은 상위 조직과 해방 후 한반도 분단에 영향을 받았다.

여성동맹은 총련계의 성인 여성을, 부인회는 민단계의 성

인 여성을 망라하고 대표하는 조직으로 스스로를 규정한다. 총
련과 민단의 하부 조직에는 여성 단체 외에도 청년, 학생, 상공
업자 단체가 있다. 총련과 민단은 상부 조직으로서 의사 결정
을 하고 하부 조직은 결정 사항을 따르며 조직의 특성에 맞는
활동을 해왔다.

여성동맹과 부인회의 생성 과정을 보자. 김영·김부자(1993)
에 따르면 일본 최초의 재일조선인 여성 조직은 1946년 2월
도쿄 아라카와에서 결성한 재일본조선인연맹(조련) 아라카와
지부 부녀부(아라카와 부녀부)였다. 아라카와 부녀부는 도쿄 아
라카와에 형성된 조선인 부락을 기반으로 했다. 조국으로 돌아
갈 준비를 하기 위해 한글 학습 야학을 운영하고, '재일조선인
여성의 민족성 회복과 계몽'이라는 기치를 내걸고 활동했다.
지역 활동뿐 아니라 조련과 공동으로 일본 정부와 미 점령군
(GHQ, General Headquarters)에 대항해 권리 투쟁도 했다. 아라
카와 부녀부가 생긴 후 전국에 여성지부가 생겼고 1946년 8월
17회 조련 중앙위원회에서 '재일조선부녀동맹'을 설치하기로
결정했다. 그리고 1947년 10월 도쿄에서 개최된 중앙대회에서
'재일본조선민주여성동맹'을 정식으로 결성했다. 결성 당시 선
언에서는 "우리 조선 여성의 생활은 말도 못할 정도로 비참했
다"라고 하며, "재일본 조선 여성은 민주여성동맹으로 단결하
고 민주주의 민족통일 전선인 조선인연맹의 일익을 맡고 조선
민족이 직면한 사명을 여성의 입장에서 관철한다"[6]라고 덧붙였
다. 민주적인 해방운동을 하고 여성의 지위도 개선하고자 하는

메시지가 강하게 나타나 있다.

여성동맹 강령을 보면 첫 문장이 '조선 여성의 정치적, 경제적, 사회적 완전해방을 기한다'로 시작하며 "진보적 민주주의 국가 건설과 발전에 헌신, 노력한다", "조선 여성의 문화 향상과 국제적 친선을 도모하고 세계 평화 확립에 기여한다"라고 덧붙인다(김영 2009: 112). 여기서 식민지 해방 직후 국민주의가 고양되는 가운데 국가 건설에 참가하며 여성의 지위 향상을 추진하자는 국민 여성 주체의 구축 과정을 구체적으로 볼 수 있다. 행동 강령으로는 다음과 같은 것들이 있다. 18세 이상의 성평등 선거권·피선거권 획득, 여성의 경제적 행동권과 자주권 확립, 공창·사창과 인신매매 철폐, 봉건 관습과 남존여비에 따른 여성 학대·폭행과 여타 모든 여성 차별 대우 철폐, 교육에서 남녀 차별 철폐, 일부일처제의 철저한 확립, 봉건 강제결혼 철폐와 자유결혼 장려, 간소한 관혼상제, 가정생활과 자녀 교육의 과학적 연구를 실행.[7] 이렇듯 결성 시 여성동맹은 성평등을 명확히 주장했다. 여성동맹 결성은 본국의 영향을 강하게 받았으며 위 강령은 남조선민주여성동맹의 전신인 부총(조선부녀총동맹)의 강령에서 발췌했다(김영·김부자 1993: 12).

다음으로 민단계 부인회를 보자. 여성동맹과 마찬가지로 재일조선인이 거주했던 도쿄 아라카와, 오사카 후세에서 처음으로 결성했다. 부인회 도쿄 본부는 1947년 8월에 결성됐다.[8] 외국인등록령이 공포됐을 때 민단 운동에 열성적으로 참여했던 오기문과 민단 간부 아내들이 함께 분노하며 만들었다. 또 교토 조선인 거주지에서도 민단계 여성들이 만든 조직을 1947년 민단 중앙이 인정했다(김영·김부자 1993: 15). 부인회 강령에는 현모양처 가치관, 계몽과 문화 향상, 조국의 발전과 국제친선이 있으며, 이 내용들이 현재까지 남아 있다(재일본대한민국부인회 1999; 재일본대한민국부인회 도쿄지방본부 1993).

전국을 총괄하는 부인회 중앙총본부는 1949년 6월에 민단 중앙총본부에서 결성됐다. 여성동맹과 비교하면, 상부 조직 의견과 여성 활동가 개인의 노력에 좌우되는 면이 크고 어디까지나 '여성의 본분'을 지키며 남성 이상으로 강한 의사와 애국심으로 활동한다는 취지다(김영·김부자 1993: 18). 결성 취지에는 다음과 같은 말이 있다.

> 그 나라, 그 사회는 가족 단위에서 출발한다. 정치와 주부는 직접 연결돼야 한다. 또 시대의 국민을 꽃피우는 데에도 주부의 힘이 필요하다. (중략) 남존여비라는 동양의 타성은 부녀자의 진로를 방해하고 나아가 생활의 근간이 돼야 하는 부녀자의 아름다운 장소까지 짓밟고 있다. (중략) 일부 여성은 남녀 동등한 권리를 외친 나머지 아름다운 여성의 본질까지 잃어버리고 중성화하는 경향까지 보인다(김영·김부자 1993: 17).

현모양처 찬양은 언뜻 대립 관계에 있던 여성동맹과 차이를 두기 위해서인 것 같기도 하다. 하지만 결성 취지에 쓰인 가정 존중과 남존여비 비판을 함께 고려하면, 근대 가족 규범에

따라 봉건 관습에 종속된 여성이 지위를 개선하기를 바랐다고
도 할 수 있다. 당시 많은 재일조선인 여성이 가난한 조선 농가
에서 태어났고 무학이었으며, 일본에서 가난한 가정을 유지하
기에 여념이 없었다. 훌륭한 차세대 국민을 육성하자, 자녀 교
육에 적합한 현명한 어머니가 되자는 슬로건은 여성은 무지몽
매해야 한다는 당시의 풍조에 비하면 획기적이었다. 당시 맥락
에서 현모양처는 '봉건' 가족에 종속된 여성을 해방하고 성평
등을 추진하는 사상이었다.

여성동맹도 부인회도 거주지의 풀뿌리 상호부조를 출발점
으로 삼고 남성이 인솔하는 민족 조직에 의존했다. 지역 차원
에서 발휘한 여성의 주도권은 전국 조직을 통합하는 과정에서
점차 사라져갔다. 남성중심주의 비판도 점점 그림자를 감추고
남성 중심의 민단 및 총련을 지탱하는 '내조' 역할을 했다. 여성
들은 조국 분단으로 인한 총련과 민단의 강한 반목에 몸을 던
졌다. 일상 활동에서 데모에 동원되거나 후방 역할을 했고 모
금과 서명 모으기 등이 중요한 부분을 차지했다. 데모나 집회
에서 젖먹이 아이를 등에 업고 아이 손을 끌며 항의하는 모습
은 압도적인 존재감을 주었다.

이상의 모습에서 알 수 있는 것은 당시 여성운동 주체의 모
호함이다. 조직 결성 시엔 여성이 주도권을 잡았고 여성동맹도
여성해방을 정면으로 주장했지만, 그 뒤로는 점차 남성 중심의
민족 조직에 따르는 '지시 동원'형이 됐다. 남성중심주의 비판
이 서서히 사라진 이유 역시, 미 점령군과 일본 정부가 재일조

선인 운동을 탄압하고 민족 차별을 일삼으며 한국전쟁 후에는 레드 콤플렉스 광풍이 불어 민족 조직 결속을 강조했기 때문이라고 한다(김영 2009: 116).

그러나 그런 외적 원인만 있는 것은 아니다. 당시 재일조선인 여성의 압도적인 다수는 글자를 읽고 쓰지 못했고, 경제적으로는 가족 남성에 의존했으며, 자율적으로 운동을 전개할 수 있는 자원이 결정적으로 부족하다는 내적 원인도 작용했을 터이다. 더욱이 성별 규범 때문에 공적 영역에서 여성이 배제됐고 여성은 남성 우위 민족 조직의 승인 없이는 공적 정치에 참가하기 어려웠다. 예를 들면 부인회지부 부부장이었던 여성은 "민단이 뒤에 후원자로 있으니 일본인 앞에서도 한국인의 자랑스러움을 잃지 않잖아. 그런 민단을 그늘에서 지탱해온 사람이 여성들이었어"라고 회고했다.[9] 현모양처 지향의 여성 단체는 언뜻 보면 남성이 지도하는 민족운동을 따른 것 같지만, 여성이 남성의 부속물로 취급되고 공적 영역의 주체로 인정받지 못했던 당시로서는 여성이 스스로를 대표하기 어려웠다. 그렇기 때문에 남성 조직에 의존하는 형태를 취하는 것 외에 달리 방법이 없었다.

조국의 재외국민으로서 하는 민족운동의 틀에서 여성은 국민 여성으로서 충성을 맹세하고 한반도 국가 건설에 공헌하고자 했다. 국가 건설 운동에 공헌하면서 여성은 민족 조직 안에서 어느 정도 지위를 향상할 수 있었다.

여성동맹과 부인회의 공통점은 둘 다 중앙집권적이고, 상호부조와 친목 활동이 일상적이며 서클 활동과 연수회가 조직의 기둥이라는 점 등이다. 현재 여성동맹은 도쿄에 중앙본부가 있다. 47개의 도도부현에 본부가, 그 밑에 약 3,000개의 지부가 있고 각 지부 밑에는 분회가 있다. 조직의 취지는 "민족의 심성을 대를 이으며 지키고 기른다"로, 총련계 여성 단결과 친목을 쌓는 활동을 한다. 동포 여성이 교류하는 장을 제공하고 어린이 민족 교육을 유지하는 활동, 관혼상제를 비롯한 상호부조가 주요 활동이다. 지역지부에서는 취미, 학습, 스포츠, 민요와 민족무용, 악기, 요리 등 민족문화를 배우는 서클활동을 한다.[10] 여성동맹은 총련계 민족 교육기관을 지원하는 데 특히 힘을 쏟았다. 이를테면 민족학교의 '어머니회'는 여성동맹과 밀접한 연결이 있으며 자치단체나 국가기관에 진정을 내는 활동을 한다. 바자회, 모금 운동을 하고 민족 교육을 운영, 유지한다.[11]

부인회도 도쿄에 중앙본부를 가지고 있고 도도부현 단위로 45개 지방본부, 그 밑에 시와 구 단위로 320개 지부가 있다. 강령으로는 재일한국인의 위대한 어머니와 올바른 아내가 될 것, 재일조선인 여성을 계몽하고 문화 향상에 기여할 것, 조국의 발전과 세계 평화·국제 친선에 기여할 것 등 세 가지가 있다. 일상 활동은 여성동맹과 겹치는 부분이 많다. 부인회가 하는 운동은 종종 상위 조직을 감내하는 힘 정도로 간주된다. 부인회는 북한으로 재일조선인을 보내는 귀국운동 저지, 지문날인 거부, 지방참정권 획득 운동 등에 적극적으로 관여했다.[12] 이렇게 여성 단체에 속한다는 것은 한국 국민 여성으로서 한국에 편입되는 것이기도 했다. 이를테면 2001년에 한국 여성부는 세계 각지에 있는 한국인 여성을 위해 네트워크를 구축하고 재외한국 여성이 한국에 기여하도록 하는 '한민족 여성네트워크' 행사를 열었는데, 여기에 재일본대한민국부인회 대표도 참석했다(대한민국여성부 2001).[13]

다음으로 가족 성역할과의 관계에서 여성동맹과 부인회를 고찰해보자. 두 여성 단체는 성인 여성을 회원 자격으로 한다. 민족 조직은 젊은 남성과 여성으로 구성된 청년 단체, 학생 단체, 상공인 단체 등 여러 산하단체를 거느린다. 총련과 민단은 상부 조직이자 대표 조직으로서, 성원을 대표하고 의사 결정을 한다. 수직 구조와 여성과 청소년 산하단체는 민족 조직이 가부장제 가족의 메타포임을 시사한다. 어떤 여성동맹 회원은 "총련은 남성조직이다. 그러니까 재일본조선인총연합회가 아니라 재일조선인'남성'총연합회라고 하는 게 옳다"라고 말했다.[14]

여성동맹과 부인회의 회원 자격인 '성인 여성'은 더 정확히 말하면 재일조선인 남성의 배우자 여성을 포괄하고 민족 배경(일본인 여성 포함)이나 연령, 세대를 묻지 않는다. 재일조선인 남성과 결혼한 일본인 여성도 두 여성 단체에 포함되므로 여기서 민족 개념의 남성중심주의를 엿볼 수 있다.[15] 젊은 여성은 청소년, 학생 단체에 속했다가 재일조선인 남성과 결혼하면 여성 단체로 이행하는 구조다. 결혼 이데올로기가 강해서 재일조선인 여성은 생물학적 재생산의 책임을 지고 소위 적령기 이후의 여성은 민족 조직 안에서 활동 장소를 찾기 어려운 주변화된 위치에 있었다.

여성동맹도 부인회도 '아내', '어머니' 같은 가족 성역할이 민족 활동의 기반이 됐다. 특히 '어머니' 역할이 조직 활동의 기반이다. 재일조선인 여성은 동포 남성과 결혼하고 자식, 더 정확히 말해 가계를 잇는 아들을 낳아 남편 가족을 모시는 사람으로 여겨졌다. 여성은 가족 영역을 보호할 책임이 있고 육아, 가사, 간호 같은 재생산노동을 했으며, 일본 노동시장에서 민족 차별을 받는 남성을 돕고 생계를 보조했다.

하지만 여성 단체는 남성에게 항상 종속적이지 않았고 여성의 권리를 주장했다. 여성 단체가 사적 영역 문제에 개입한 경우를 보자. 여성동맹의 시작이었던 아라카와 부녀부는 거주지 여성의 생활에 맞춰 야학을 운영하고 가정폭력과 부부 문제, 고부 문제에 개입하는 등 여성의 지위를 향상하는 데 적극적이었다. 여성동맹이 정식으로 발족했을 때 행동 강령은 성평등 이념을 드높게 노래했다. 식민 지배와 가부장제라는 중층적 차별에 힘들어했던 여성에게 성평등을 외치는 여성동맹은 한 줄기 희망이었고 여성도 민족사회의 일원임을 강하게 인식시키는 곳이었다.[16] 주부가 가정 밖에서 활동하는 것을 정당화하는 장소이기도 했다.[17]

그러나 조련의 민족운동 과정에서 성평등 이념은 민족해방의 그늘에 가려졌다. 여성동맹은 '애국운동의 든든한 두 바퀴 중 한 바퀴'로 칭송을 받고(재일본조선인총연합회 1991: 43), 국민주의 운동에서 남성의 중요한 파트너로 자리매김한다. 반면 집단 내부의 성별 질서 비판은 민족 결속을 분열시키고 조직을 취약하게 한다며 회피했다. 민족해방이 여성해방에 우선하는 상황은 바로 인로가 말하는 '지금이 아닌, 나중에Not now, later'의 논리였다(Enloe 1989: 62).

총련에서 여성에게 기대한 것은 '애국 모성'으로, 북한 나라 건설에 공헌하는 자녀를 낳고 기르는 역할이었다. 민족학교 지원은 여성동맹이 가장 힘을 쏟은 분야다. 기부금 모으기, 신입생 모집, 급식 운영 등 민족 교육 운영은 여성들의 무상노동에 빚진 바가 컸다고 평가된다. 여성들의 활동은 총련 내에서 높게 평가되지만, 달리 보면 여성이 자기 자신으로서 살기보다 '어머니'로서 살아야 한다는 현모양처 이데올로기가 강하다고도 할 수 있다. 많은 1세 여성에게 애국 모성에 몸을 맡기는 것은 식민 지배의 굴욕을 떨쳐버리는 민족해방 투쟁과 하나 되는 뜻깊은 기회이기도 했다(Ryang 1998).

다음으로 부인회를 보자. 설립 시 활동 목표는 '가정', '문화', '경제' 세 항목으로 나누어 어머니와 아내의 역할을 강조했다. '가정' 항목은 "봉건 관습의 가족제도를 타파"하면서도 "현명하고 위대한 부인과 어머니가 되도록, 평화롭고 즐거운 가정을 유지하도록 일상에서 노력하자"라고 쓰여 있다. '문화' 항목은 '삼종지도三從之道' 관습을 비판하면서 한글, 역사, 기술, 취미, 의식주에 관한 지식을 몸에 익힐 것을 제창하며 "부끄럽지 않은 부인과 어머니상을 확립"하고자 한다. '경제' 항목은 공동출자로 소비하고 신용조합에 참가할 것, 탁아소가 있는 작업장을 설치할 것을 제기한다(재일본대한민국부인회 1999; 재일본대한민국부인회 도쿄지방본부 1993). 부인회는 민단과 마찬가지로 총련에 대항하면서 지문날인 거부 운동과 지방참정권 획득 운동 등을 했다. 이 모든 것이 민족사회의 '어머니'로서 공헌하는 것이었다.

여성동맹과 부인회는 '어머니' 정체성을 강조하고 남성과 구별되는 형태로 정치 영역에 참여했다. '위대한 어머니' 담론은 민족운동과 가정에서 여성이 희생하는 것을 당연시했다. 또 일본 사회의 민족 차별은 공동체의 '어머니' 역할을 하도록 여성에게 요구하고 여성의 부담을 가중했다. 하지만 여성=어머니로 규정하는 여성운동은 일본 사회의 시민운동에서도 볼 수 있다.[18] 공적 영역의 주체가 지금보다 더 남성 중심적이었기에 여성이 운동의 자율적 주체로 활동할 수 있는 여지가 적었다.

한편 애국운동에서 여성이 현모양처 모델이 아닌 형태로 국민 주체를 형성한 예가 있다. 총련계 민족학교는 1950년대 말에 여성이 조선 의상을 고안하여, 조직과 관계없이 교복으로 착용하기 시작했다. 북한과 총련의 관계가 깊어지고 애국운동이 활발했던 시기에 민족학교의 여성 학생과 여성 교사가 치마저고리를 입은 것은 국민 여성 주체를 시각적으로 표현하는 시도였다고 볼 수 있다. 그러나 다음 절에서 확인하겠지만, 여성동맹과 마찬가지로 이 사례 또한 조직 간부가 여성들의 자발적 활동을 통제했고 주도권을 빼앗았다(한동현 2006). 여성의 자발적 활동이 싹틀 때 남성 중심 조직의 통제를 받았던 것이다.

2) 성평등 지향의 민족운동

여기에서는 남성 우위의 민족 조직에서는 자율성이 낮지만 가족 성역할에서는 자율성이 비교적 높은 운동을 다룬다. 바로 성평등을 민족운동 안에서 추구했던 재일한국민주여성회(여성회)다.

여성회는 한국 사회의 민주화와 통일이 운동 목표인 한국계 재일조선인 조직 재일한국민주통일연합(한통련)과 '회원 단체' 관계에 있는 여성 조직이다. 민단에서는 박정희 군사독재 정권 시기인 1973년에 자주 조직을 만들고자 한통련의 전신인 한국민주회복통일촉진국민의회(한민통)를 결성했다(1989년에 한통련이 됐다). 민단이 분열했을 때, 민단부인회 도쿄본부에서 독재정권에 대항했던 민주주의자 여성도 정직 처분을 받았으며 부인회를 이탈해 한민통에 참가했다.[19] 한통련 회원 단체로는 여성회 외에 청년 단체인 재일한국청년연합(한청)이 있다. 한통련, 여성회, 한청은 주로 도시 거주지를 기반으로 운동을 한다.

여성회의 설립 경위는 다음과 같다. 1986년 한국에서는 노동운동을 한 학생을 당국이 성고문했다는 고발이 있었다(부천경찰서 성고문 사건). 성고문 피해자인 권인숙의 고발은 국가가 자행한 여성 폭력의 상징이 되어 여성들의 저항운동을 촉발했다. 한국에서는 오랫동안 운동 목표가 통일이라는 '민족의 염원'으로 수렴됐고 여성이 남성에게 종속되는 문제는 뒤로 밀렸다. 성별 규범이 강한 탓에 여성 성폭력 피해자가 피해를 고발하기 어려운 사회에서 경찰을 유죄로 판결한 것은, 민주화 투쟁의 그늘에 가려졌던 여성운동을 크게 전진시키는 계기가 됐다. 당시 한국은 군사독재 정권이 농촌 개발 운동을 비롯한 '근대화' 프로젝트를 강행하는 과정에서 비혼 여성을 수출 진흥을 위한 제조 공장에 대거 투입했다. 1970년대의 민주화 투쟁에 이어, 1980년대에는 여성 노동자들이 국가 통제에 저항하는 운동을 활발하게 전개했다. 여성 노동자가 저항하는 목소리가 커질수록 가정과 직장에서 일어나는 성폭력도 비판 대상이 됐고 여성운동의 사회적 영향력도 커졌다.

부천경찰서 성고문 사건은 또한 한국 민주화 투쟁과 연대하던 한민통 운동이 통일이라는 민족 과제 밑에 가려졌던 여성 문제를 제기하는 계기가 됐다. 한민통에서 뜻을 모은 여성들은 1989년 11월 도쿄에서, 다음해에는 오사카에서 여성해방 목표를 내건 여성회를 결성했다.

전국 조직인 한민통은 조직 구조가 수직적이지만 여성회는 수평적이다. 오사카와 도쿄 여성회 회원은 각각 10명에서 20명 정도로 2세 기혼 여성이 대부분이다. 여성회의 운동 목표는 다섯 가지로, 한국 민주화와 조국통일, 여성해방, 재일조선인 권익 옹호, 한반도와 세계의 평화, 민주국가 단체와의 연대다.[20] 여성회는 조직상으로 한통련 관련 단체이며 몰리뉴의 유형에 따르면 '연계 결합'에 해당한다.

중요한 점은 여성회가 한국여성단체연합과 연대를 맺었던

점이다. 여성해방 이념을 조국의 여성 단체와 공유하는 것은 한민통 등 남성 우위의 조직에서 자율성을 확보하고 대립을 피하면서 운동의 정당성을 획득할 수 있도록 했다. 바꿔 말해 조국 여성과 연대함으로써 민족운동과 적대하지 않으면서 기존의 '민족해방 아니면 여성해방'이라는 양자택일 딜레마를 해소하고, 남성과 대등한 민족 주체를 형성할 수 있었다. 그 결과 성폭력, '일본군 위안부' 피해자 문제와 같이 남성이 잘 다루지 않는 성별 문제와 직면하기가 수월해졌다.

통일과 재일조선인 권익 향상을 내거는 여성회는 운동 이론이나 목표 면에서 한통련과 정치 지향점이 같다. 그러나 여성회는 명확하게 '여성해방'을 내걸었다는 특징이 있으며 남성 우월의 한통련과 선을 긋는 여성 단체로서 출발했다. 여성회는 한통련 활동에 명백한 성별 분업이 있는 점, 의사 결정은 남성이 하고 여성은 여러 허드렛일을 하는 점에 공식적으로 문제를 제기했다.

민단의 조직 방식을 따른 한통련은 남성이 간부 대부분을 독점하고 있었다. 한통련 청년 단체에서 운동에 공헌한 남성 회원은 성인 단체인 한통련에 상근 활동가로 취직할 수 있었는데 여성은 조직에 크게 공헌해도 조직에 남기 어려웠다. 오히려 여성 회원에게는 남성 활동가와 결혼하고 그 후에는 가정에 전념하며 경제나 정신적 측면에서 남편을 도울 것을 장려했다.[21] 여성회 결성은 이런 풍조에 의문을 가진 여성들이 한국 여성운동을 계기로 공식적으로 문제를 제기했다는 점에서 의미가 있다.

이상의 설립 배경에서 알 수 있듯이 여성회는 여성에게만 무상의 재생산노동을 부과하는 성별 분업과 현모양처 가치관에 비판적이었다. 어머니나 아내가 아니라 개인으로서 민족운동에 참여하고자 했던 여성회의 입장은 여성동맹과 부인회와 달리 가족 성역할에서 자율성이 높다고 할 수 있다. 여성회는 남북통일과 재일조선인 권익 문제에서는 한민통과 보조를 맞추었다. 다시 말해 여성해방이 아닌 사안에서는 운동 단체로서 독립성이 낮고 한통련에 의존하는 부분이 컸다. 여성회는 한통련이 주최하는 국내 행사에 참가하고 국외에서 하는 통일운동으로서 북한 축제에 한통련과 함께 참가하기도 했다. 또 소식지에서도 한통련과 같은 견해가 곳곳에 보인다. 1990년대에 한국에서 '일본군 위안부' 피해자 운동의 큰 물결이 일었을 때 자료를 번역, 출판하는 등 일본에서도 연대의 움직임을 넓히고자 노력했다. 또 2000년대에 들어 한국이 정부 주도의 국제화 정책으로서 세계한민족여성네트워크를 열[22] 때에도 함께했으며 재일조선인 여성 대표로서 한국 사회 성별 정치에도 개입했다. 이처럼 한국 사회의 민주화, 통일운동에 참가하고 '일본군 위안부' 피해자 운동과 연대한 여성회는 '조국'의 한국·조선 사회와 강하게 연결된 듯이 보인다. 한통련과 발맞춰 한반도 통일 문제에 관여한 여성회 활동은 디아스포라의 '원거리 국민주의'(Anderson 1992; 1998) 성격을 띤다. 그러므로 일반 재일조선인 여성의 상황이나 요구와 거리가 멀다고 볼 수 있다. 하지만 근래에는 한국, 다른 나라와 연대하는 모습이 많이 보인다. 오사카 여성회는 '일본군 위안부' 피해자 운동을 하는 한국정신대문제대책협의회와 연대하는 한편, 거주지 여성 수백 명을 대상으로 설문조사를 실시해 재일조선인 여성이 처한 상황을 파악하고 개선의 길을 찾는다.[23] 도쿄 여성회가 한민통과 끈을 유지하는 반면, 오사카 여성회는 한민통과 거리를 두고 이카이노에 거주하는 동포 여성이 자유롭게 모일 수 있는 공간을 만든다. 공개 연구회를 열거나 위민 인 블랙 운동(Women in Black, 이스라엘 여성이 자국의 팔레스타인에 대한 폭력에 반대하는 운동. 현재는 세계 각지에서 폭넓게 전개되고 있다.-옮긴이)에 참가하는 등 관서 지역에서 여성해방 운동과 적극적으로 연대한다. 오사카 여성회 활동은 이카이노 재일조선인 거주지를 기반으로 하며 일본, 한국, 북한의 풀뿌리 여성해방 운동과 연대하여 국민주의에 갇히지 않는 여성해방 운동 주체를 형성한다.

3) 모성 지향의 시민운동

이 항에서는 기존의 운동 단체 가운데 조직에서 자율성이 높고 가족 성별 규범에서는 자율성이 낮으며, 재일조선인 어머니들이 지역의 풀뿌리 활동을 기반으로 운동한 예를 살펴보겠다.

1970년대 들어 전후에 태어난 2세 재일조선인이 차별 철폐를 요구하는 운동이 오사카, 가와사키 등 재일조선인 거주지를 중심으로 일어났다. 그전까지 재일조선인 운동은 한반도에서 온 사람들이 이루는 국민 공동체 소속을 유지하는 운동이었고, 수직 구조의 전국 조직과 대중 동원이 뒤따랐다. 그러나 새로운 움직임은 전후에 태어난 2세를 중심으로 하여 한반도의 정치에 대한 관심은 상대적으로 옅었으며 일본 사회의 구성원이라는 점에 중점을 두어 '정주외국인'이라는 정체성을 주장했다. 1970년 가와사키에서는 히타치 소프트웨어에서 채용 합격을 통지받은 후에 취직이 취소된 2세 청년 박종석의 재판 투쟁을 돕는 시민들이 '박종석을 지지하는 모임'을 결성했다. 1975년 요코하마 지방법원 판결에서 전면승소한 것을 계기로 '민족 차별과 투쟁하는 연락협의회'(민투련)[24]가 만들어졌고 가와사키 남부의 사쿠라모토 재일조선인 거주지를 중심으로 교육, 공무담임권, 민간기업 취직, 외국인등록, 공영주택 입주 등 여러 분야에서 국적과 민족 차별 철폐 운동을 벌이고 있다. 전후에 태어난 재일조선인 청년이 새로운 운동을 전개한 배경으로는 1970년대 일본의 전공투(전국학생공동투쟁회의를 줄인 말. 1960년대 말에 일본 각 대학의 운동 단체가 연합했다.-옮긴이) 운동, 소비자 운동, 평화운동, 공해에 반대하는 운동 등 계급 운동이 아닌 새로운 사회운동이 활발해진 것을 들 수 있다.

동시다발적으로 각 거주지에서 일어난 2세 중심의 운동은 행정기관과 협상을 통해 지역 차원에서 시민 주체를 형성했다. 운동의 축이 국가에서 지역 차원으로 이행했고 각 지역에서 독립적으로 운동을 전개하면서도 민투련처럼 느슨한 네트워크를 형성했다.

가와사키의어린이를지키는어머니회(가와사키어머니회)는 가와사키 사쿠라모토 어린이집에 다니는 어린이의 어머니들이 친목회를 기반으로 1975년에 설립했다. 이 지역에서는 한국계 재일조선인 교회 중심인 사회복지법인 청구사가, 일본에서 태어난 재일조선인 어린이를 위해 민족 교육을 실천하는 어린이집을 경영했다. 청구사 어린이집은 재일조선인 어린이를 조선 이름으로 불렀다. 민족 어린이집에 자극을 받은 어머니들은 친목회를 열고 무용 같은 문화 활동을 하며 인권, 차별 문제, 일본과 조선의 역사를 학습했다. 어머니들 대부분은 운동 경험이 없는 2세 여성이었다. 어린이가 조선 이름을 사용하는 것을 계기로 어머니들도 조선 이름을 밝히고 '민족으로 살기'를 실천하고자 했다. 어린이가 지역 공립학교에서 민족을 이유로 괴롭힘을 받거나 민족 이름을 쓰지 말라고 부정당했을 땐 어머니들이 교사, 학부모교사연합회(PTA, parent-teacher association)와 끈질기게 협상했다. 가와사키어머니회는 어린이 민족 교육에서 출발해 지역에 사는 재일조선인의 인권 향상을 위한 활동도 했다. 예를 들면 대기업 잭스가 신용카드 발급 시 재일조선인을 차별한 것에 항의하는 운동을 하고 있다.[25]

이 밖에 교토에서도 재일조선인 어머니들이 풀뿌리 운동을 하고 있다. 1991년에 교토에서 만들어진 메아리회(정식 명칭은 니시교구재일아동학생보호자회)는 일본 공립학교에 다니는 재일조선인 어린이의 보호자 모임이다.[26] 주요 활동은 ①보호자끼리 친목을 다지는 매달 모임 개최, ②민족학교의 장인 어린이회(말과 문화 학습) 개최, ③학교교육에서 외국인 교육의 내실화 요구 등이다.[27] 학교에서 민족 이름을 사용하고 졸업증명서에 기재하는 생년월일을 일본의 천황제에 바탕을 둔 연호가 아닌 서력을 사용한 방식으로 표기하도록 요구했다. 또 일장기 게양과 기미가요 제창에 반대하고 교토시 교육위원회와 협상을 했다. 공립학교 교사가 구성한 전국재일외국인교육연구협의회(전외협)의 집회, 교토시 외국 국적 시민이 구성한 고문기관에서도 문제 제기를 했다. 1997년에는 유엔아동권리위원회에 보고서를 제출하는 일본 NGO 활동도 했다.

가와사키어머니회와 마찬가지로 메아리회 회원도 전후에 태어나 일본 학교 시스템에서 교육을 받은 2세, 3세 여성이다. 메아리회 회원은 고등학교나 대학에 다닐 때 조선 문화와 언어를 배우는 재일조선인 문화 서클(조선문화연구회 등)에서 활동한 경력이 있었다. 학생 때부터 민족으로 살기를 추구해온 여성들은 결혼을 하고 어머니가 된 후에는 매일매일 생활에 쫓겨 공적 영역의 정치 운동과 멀어졌다. 그러나 자녀가 일본 공립학교에서 민족 차별을 겪는 경험을 통해, 공교육 기관에서 재일조선인 어린이의 민족 정체성이 존중받을 수 있도록 환경을 정비하는 실천을 하게 됐다. 여성들도 일본 학교에서 교육을 받은 경험이 있기 때문에 어린이가 조선 이름을 쓰고 조선어와 조선 문화를 배우는 일의 소중함을 뼈저리게 알고 있었다. 이

러한 배경에서 어린이를 중심으로, 부모 입장에서 학교와 지역 학부모, 교육행정과 협상을 했다.[28]

가와사키어머니회, 메아리회 모두 청구사나 조선문화연구회의 운동으로 생겼지만 그 기반에는 '어머니' 역할이 있었다. 또 두 모임 모두 어린이집에 다니는 재일조선인 어린이의 어머니들 사이에서 형성됐고 어린이를 매개로 한 일상적 교류가 이루어진다. 상호 교류를 통해 과제를 공유하고 재일조선인이 놓인 사회 상황을 개혁하고자 한다. 미국 히스패닉계 이민 여성 연구는 사적 영역의 책임을 맡은 여성이 어린이 교육, 건강 의료, 주택 등 생활과 관련된 여러 영역에서 집합행동을 함으로써 지역사회의 일원으로 주체를 형성한 과정을 밝혔다. 모성에 바탕을 둔 여성의 정치적 주체화는 기존의 권리·의무 관계에 따른 시민의 개념과 법, 제도의 해석만으로는 이해할 수 없는, 공사 구분을 넘는 시민의 모습을 보인다(Coll 2010: 74). 가와사키어머니회와 메아리회 사례는 남성과 다르게 정치를 하며 모성성을 띠는 시민의 형태를 보여준다.

어머니 경험을 운동 기반으로 하는 새로운 운동은 재일조선인 여성에게 부과된 무거운 어머니 역할, 또 그로 인한 정치 활동의 제약을 보여준다. 서론 2절과 1장 서두에서 논했듯이 민족 집단의 후세대 육성, 즉 생물학적 재생산과 문화 재생산이 소수자 여성에게는 굉장히 무겁게 부과된 역할이다(Yuval-Davis and Anthias 1989). 일본은 소수자 집단의 어린이가 공교육에서 언어교육과 문화교육을 받을 권리가 확립되어 있지 않았다. 그래서 민족학교에 다니지 않는 한 어린이의 문화교육과 언어교육은 가정에서만 이루어지고 실질적으로는 어머니가 거의 전면적으로 책임지게 된다. 필자가 인터뷰한 한 메아리회 회원은 남편은 바깥일, 아내는 가사와 육아라는 성별 분업에 비판적이었지만 "민족 차별이 심한 일본 사회에서 재일조선인 남성은 자영업에 종사하는 경우가 많고 필연적으로 '가족'이라는 공동체 결속이 강해진다. 그러니 동포 남성과 결혼한 여성은 주부로서 남편과 가족을 돌보기에 전념할 수밖에 없고 아이에게 민족 교육을 할 책임을 과중하게 떠맡는다. 어머니만 양육 책임을 맡는 것이 이상하다고 생각하지만 아이는 계속 자라니까, 응급처치로 옛날 여성상을 연기하며 살았다. 하지만 아이가 또 나와 똑같아지는 건 아닌가 걱정도 있다"[29]고 말했다. 어머니라는 의식과 책임이 밑바탕에 깔려 있는 가와사키어머니회와 메아리회 운동은 여성동맹이나 부인회처럼 재일조선인 여성이 가족 성역할에 크게 제약받고 있음을 시사한다. 하지만 이 여성들이 현모양처 가치관, 여성을 가정 영역에 구속하는 성별 규범에 비판적이라는 데 주의할 필요가 있다. 조직 측면에서 말하면 남성이 부재하고 어머니만 회원이기 때문에 비로소 여성이 주도권을 쥘 수 있고 양육을 하는 사람의 시점에서 독립적 운동을 할 수 있다고 볼 수도 있다.

어머니의 입장에서 하는 활동은 아이가 성장하면서 쇠퇴하는 경우가 많다. 하지만 메아리회는 달랐다. 메아리회 회원은 교육 분야에서 인권 향상에 공헌한 경력으로, 교토시 외국 국

적 시민 정책 간담회와 교토시 인권 문화 추진 간담회의 위원
이 됐다. 전자는 외국 국적 시민의 지역사회 참여를 장려하고
'함께 사는 사회'를 만들고자 외국 국적 시민에 관한 문제를 조
사·심의한다. 또 시에서 해야 할 과제에 대해 시민에게 의견을
묻는다.[30] 메아리회 회원은 외국 국적 시민의 지역사회 참여를
촉구하는 교토시 간담회 위원으로서 지역 다문화 공생을 실현
하는 큰 역할을 한다. 여기서 우리는 어머니 입장과 역할에서
긴 풀뿌리 활동으로 공적 정치 영역에 참여하고 다문화공생 맥
락에서 시민 주체를 형성하는 과정을 볼 수 있다.

4) 탈냉전과 운동의 분화

마지막으로 기존의 민족운동과 분리된, 가족 성역할의 구
속이 덜한 운동 단체를 살펴보자.

조선여성사독서회(독서회)는 총련계 민족학교를 졸업한 여
성이 모여 1980년대 중반에 만들었다. 여성들은 총련이 북
한 정부에 의존하고 현모양처 가치관에 물든 것에 회의를 느
껴, 조직과 분리하여 여성 문제를 자유롭게 논의하고자 정기적
인 모임을 가졌다. 이름에서 알 수 있듯이 독서회는 한국 이화
여자대학교에서 발행한 《한국 여성사》를 강독하며 민족문화
에 내재한 성별 문제를 공부하고 지식을 쌓아갔다. 또 여성들
이 의견을 발표하는 장으로 일본어 뉴스레터를 발행했다. 독서

회는 비공식적 네트워크로서 운영했고 운동 자체는 미약했다.[31] 하지만 독서회는 뉴스레터를 통해 '여성해방'을 공통으로 지향하며 민주여성회 등 운동 단체, 개인 활동가 여성과 연대했다. 독서회라는 이 새로운 여성 네트워크는 1990년대 '일본군위안부'피해자문제우리여성네트워크 결성에도 참여했다.[32]

우리여성네트워크는 독서회를 매개로, 1990년대 초반에 한국에서 큰 물결을 일으켰던 '일본군 위안부' 피해자 문제에 관심을 가지며 출발했다. 1991년에 정식 결성된 우리여성네트워크는 그 후 일본에서 '일본군 위안부' 피해자 문제의 진상 규명과 빠른 해결을 위해 힘썼다. 또 재일조선인 여성이 처한 고유의 문제를 살피고자 했다. 한국에서 처음으로 자기가 '일본군 위안부' 피해자였음을 증언한 김학순의 증언 집회를 도쿄에서도 개최하고 운동 단체와 언론의 관심을 끌었다. 우리여성네트워크는 일본 사회에 본격적으로 '일본군 위안부' 피해자 문제를 제기했다. 또 일본의 전쟁 책임을 분명히 알리는 조선인'일본군위안부'피해자문제를생각하는모임, 재일한국민주여성회와 공동으로 긴급 전화 '일본군 위안부 피해자 110번'을 개설해 일본군의 정보를 수집했다. 집회를 열고 연대를 요청했으며 한국어로 된 운동 자료를 일본어로 번역하고 해외 조사를 열심히 진행했다.[33] 1970년대 이후 재일조선인 인권운동은 분단과 큰 상관없이 일본 지역사회의 일원으로서 시민권의 확대를 주장했다. 하지만 주장을 한 이들 대부분은 한국계 재일조선인이었다. 그와 달리 우리여성네트워크는 회원 국적이나 운동 경력이 다양한 점이 눈에 띈다. 우리여성네트워크가 결성됐던 1990년대 초반은 냉전이 끝나가며 재일조선인이 한반도의 정세에서 조금 자유로운 시기였다. 또 경제적으로 자립했거나 육아를 하면서 사회활동도 계속하는 2세 여성이 눈에 띄게 나타난 시기이기도 하다.

이처럼 우리여성네트워크의 첫 번째 특징은 다양한 재일조선인 여성이 네트워크를 형성한 점이다. 독서회 회원, 2항에서 살펴본 민주여성회에서 이탈한 활동가, 서구 유학을 다녀온 사람 등 국적, 소속 단체, 운동 경력 등이 다채롭다. 많은 회원이 남성 우위의 기존 민족운동에 포섭되지 않고 새로운 운동을 모색했다. 회원은 민족학교를 졸업한 사람, 일본 학교를 졸업한 사람, 서구와 한국에 유학을 다녀온 사람들을 포함하고, 그 다양성이 국제적인 네트워크 형성과 운동으로 이어진다.

우리여성네트워크는 한국정신대문제대책협의회, 일본 여성운동과 연대하며 조국의 여성이나 일본 여성과는 다른 '재일조선인 여성'이라는 입장에서 운동했다. 구성원의 다양성을 색동이라는 조선 전통 문양에 빗대어 존중했다. 회원이 가진 언어문화 배경의 다양성은 일본어, 한국어, 영어가 합쳐진 운동 단체 명칭에도 드러난다. 또 '우리여성'은 조선어로 동포 여성을 의미한다.

우리여성네트워크의 두 번째 특징은 '일본군 위안부' 피해자 문제 제기와 더불어, 민족과 성별이라는 이중 억압 구조에 있는 재일조선인 여성의 정체성을 문제로 드러낸 점이다. 식민 지배에 따른 민족 차별과 성차별을 고발하고 성폭력 피해자로서 스스로를 드러낸 '일본군 위안부' 피해자의 증언에 충격을 받아, '일본군 위안부' 피해자와 재일조선인 여성이 놓인 억압의 공통점을 찾았다. 이 문제의식은 "조선인 '일본군 위안부' 피해자 문제는 우리 재일동포 여성에게 '정체성의 원점을 찾는 문제'이기도 하다"[34]는 말에도 나타난다.[35] 우리여성네트워크의 운동은 전적으로 회원 각자의 자발성으로 일어났지만 점점 운동의 방향에 차이가 생겨 1998년에 발전적으로 해체했다. 우리여성네트워크 회원은 느슨한 네트워크를 유지하며 개별 주제를 다루는 운동 단체로 활동했다. 재일조선인 '일본군 위안부' 피해자 송신도를 지지하는 '재일위안부'피해자재판지원모임, '일본군 위안부' 피해자 가운데 재일조선인 여성이 안고 있는 문제를 찾는 자주 모임 '자매', 전쟁 성폭력을 드러내기 위해 2000년 12월에 여성국제전범법정(일본군 '위안부' 제도의 책임자를 재판하는 민간법정)을 개최한 전쟁과여성폭력에반대하는일본네트워크[VAWW-NET JAPAN] 등 국적과 언어문화 배경이 다른 운동 단체를 설립하는 데 중심 역할을 했다.

재일조선인 여성운동과 일본 여성운동은 1980년대 말에 동서 냉전 체제 붕괴를 계기로 전후 보상 문제가 새롭게 부상하며 커다란 변화를 맞았다. 일본 여성운동은 한국과 아시아 지역 여성과 연대하고 아시아여성회는 경제의 세계화를 비판하는 운동도 했다. 이 같은 일본 여성운동의 변화라는 배경이 있었기에 재일조선인 여성운동과 일본 여성운동이 연대할 수 있었다고 생각한다.

마지막으로 역시 1990년대에 일어난 오사카 야간중학교 독립운동을 살펴보자. 문제가 된 조에 야간중학교는 오사카 재일조선인 거주지 근처에 위치하고 1970년대에 학교를 개설한 이후 학생 대부분이 재일조선인 1세 아니면 2세 여성이었다. 조선 식민 지배 시기에 학령기를 맞이한 여성은 가난, 식민지, 여성은 학문을 할 필요가 없다는 통념 때문에 취학 기회를 얻지 못했고 문자를 읽고 쓸 수 없어 어려움을 겪었다. 여성은 학교에서 공부하는 오랜 꿈을 실현하기 위해 중노년이 되어서야 야간중학교 문을 두드렸고 '아이우에오'부터 일본어 문해 공부를 시작했다.

다이헤지 야간중학교 독립운동의 발단은 조에 야간중학교 학생 수가 늘어나자 동오사카시 교육위원회가 근처에 있는 다이헤지 야간중학교에 분교 교실을 설치해 강제적으로 학생을 이동시킨 사건이다. 정식 야간중학교가 아닌 분교는 교실과 교사의 수가 부족하고 모든 면에서 교육 환경 수준이 열악했다. 그러자 식민 지배 시기에 교육을 받지 못했던 여성들은 전후 보상이라는 관점에서 의무교육을 받을 권리를 요구하는 운동을 했다. 1993년 봄에 시작한 이 운동은 동오사카시와 오사카부 교육위원회에 요청을 하고 농성을 벌이고 서명운동을 했다. 2001년 봄에 독립학교를 실현하고 다이헤지 야간중학교를 개설하면서 일단락되었지만 야간중학교 운동은 지역 재일조선인 여성의 활동 기반으로 계속 이어졌다. 예를 들면 운동 과정에서 수업 이수 학년을 제한하여 학생이 반강제로 졸업을 할 수밖에 없었는데 그 대신 자주 학습 조직 '우리서당'을 발족했다. 또 졸업생이 고령화되면서 데이하우스와 데이서비스 운영 단체 '사랑방'을 설립했다. 우리서당과 사랑방은 야간중학교 독립운동에서 싸운 재일조선인 여성을 중심으로, 여러 세대의 여성과 새로 이주한 여성이 함께 모여 교류하는 곳이다. NPO 법인이 된 우리서당은 지역에 사는 재일조선인 여성을 대표하고 재일조선인 여성의 정체성과 이해관심을 나타내는 하나의 기관이다.

우리여성네트워크 운동과 다이헤지 야간중학교 독립운동의 공통 특징은 첫째, 식민 지배를 바라보는 역사사회 시점을 여성과 연결시킨 점이다. 탈식민 운동은, 냉전 붕괴 후 1990년대에 일본에서 전후 처리가 해결되지 않았고 과거 식민지에서 온 사람들이 그 해결을 식민지 종주국에 요구하는 목소리가 세계적으로 높아진 것과 관련이 있다. 둘째, 전쟁 전에 여성이기 때문에 충분한 교육 기회를 받지 못해 비문해로 남은 조선인 여성의 '현재 문제'를 다루는 점이다. 다만 다른 점은 우리여성네트워크는 현재의 문제를 여성해방과 연결시킨 반면, 다이헤지 야간중학교 독립운동에서는 성차별이 운동의 주요 쟁점은 아니다. 이 점은 나중에 다시 살펴보겠지만 어떻든 두 운동은 남성 중심의 민족운동에서 비가시화되고 무력화됐던 재일조선인 여성의 존재를 사회에 드러냈다. 해방 후 반세기가 지나는 동안 일어난 두 운동은, 주제는 다르지만 공공 공간에서 재일조선인 여성의 자율적인 운동을 형성했다는 의미가 있다. 또 운동이 정식으로 끝난 후에도 두 운동이 열어젖힌 시점은 다른 새로운 운동으로 계속 이어졌다.

결론

지금까지 재일조선인 여성의 해방 후 운동을 살펴보았다. 운동 단체가 설립된 경위, 조직과 구성원, 활동을 기존 조직과 성역할에서 얼마나 자율적인지에 중점을 두어 분석했다. 운동 단체의 생성을 시계열로 보면, 몰리뉴의 여성운동 유형 가운데 지시 동원에서 연계 결합으로, 그리고 독립운동으로 이행했음을 알 수 있다. 또 정체성이 '아내', '어머니'라는 강한 가족 성역할에서 점점 여성이라는 개인으로 변화한 것이 보인다. 그러나 이는 결코 단선적인 발전은 아니며 현재도 여러 유형에 해당하는 운동이 활발히 일어나고 있다. 이 점을 고려하며 분석에서 얻은 몇 가지 고찰을 정리해보자.

첫째, 여성 운동 단체에 중점을 둔 분석은 남성이 의사결정권을 쥔 민족운동을 상대화할 수 있는 시점을 제공한다. 전후 재일조선인 운동 연구는 민족운동을 국가와 국가의 대립으로 파악했다. 전후 재일조선인의 운동은 국민을 기준으로 일본 국가와 대립했고 국적, 국민, 민족을 동일시하는 모습을 보였다. 이러한 특성은 일본 국가와 민족운동 양쪽 모두 가지고 있었다(Kashiwazaki 2000). 그러나 동화 아니면 배제라는 양자택일 정책이 실시되는 동안 재일조선인은 외국 국적자의 입장에서 독자적인 시민권 운동을 전개했다. 1970년대 이후 '정주 외국인'이라는 정체성이 형성되면서 지역사회의 구성원으로서 일본 국민과 평등한 권리를 요구하는 운동을 한 것이다. 이러한 재일조선인의 시민권 운동을 T. H. 마셜의 시민권 개념(T. H. Marshall 1992)을 적용해서 풀이해보자면, 처음에는 시민 권리와 사회적 권리에서 출발해 점차 정치적 권리 실현으로 옮겨 갔다고 할 수 있다. 이 권리 확대는 특히 지방자치단체와 밀접한 관계를 맺으며 일어났다(미조구치 2000). 외국인등록법, 민족교육, 공무담임권, 공영주택 입주 문제 등에서 운동은 국가와 지방자치단체 공권력에 대항하며 변화를 전면적으로 요구했다. 이러한 운동은 국가 대 재일조선인, 다수자 대 소수자라는 구도로 재일조선인 운동을 이해하고자 하는 연구에도 반영됐다. 하지만 정착국가와 민족 소수자라는 대립 구도는 공적 영역의 정치에만 주목했을 때 보이는 구도이다. 공적 영역과 표리 관계에 있는 사적 영역을 가리면 사적 영역에서 여성이 수행하는 역할이 보이지 않는다. 기존의 민족 조직과 깊은 관계에 있는 재일조선인 여성 단체를 말할 때 성별을 경시하면, 여성 단체가 남성 중심의 민족운동을 따라간다는 표면적이고 소극적인 평가밖에 할 수 없으며 여성 정치 활동의 의의를 충분히 이해할 수 없다. 재일조선인 여성의 운동이 일어난 배경, 운동에서 추구한 이해관심, 또 개인에게 운동이 갖는 의의, 다른 운동에 미친 영향은 무엇이었는가. 이러한 것들을 이해하기 위해서는 재일조선인과 일본 국가라는 대립 관계가 아니라 국가, 민족 공동체, 가족 등 사회적 범주와 주류 공론장의 운동 및 성별 구조까지 모두 살펴볼 필요가 있다.

둘째, 재일조선인 여성 운동 단체는 적어도 1980년대까지는 남성 중심의 운동 조직에서 완전히 자유롭지 않았고, 민족 사회의 성별 구조 영향을 강하게 받았다. 1980년대부터 변화가 생겼는데 그 원인 가운데 하나로, 우선 재일조선인을 둘러싼 커다란 구조의 변화를 들 수 있다. 1980년대 이후 새로 이주한 한국인이 증가하고 1980년대 말에 냉전 체제가 붕괴한 것이 결정적이었다. 점점 한국 또는 조선 국적에 근거해 민족 정체성을 확립하는 경향이 열어졌다. 또 1980년대 후반부터 국민국가가 흔들리면서, 가부장제 조직에 의문을 가진 여성이 국적과 조직을 횡단하며 자유롭게 발언의 장을 만들었다. 또 1980년대 운동에서 일어난 이 변화가 여성 단체의 변화도 초래했다. 1960년대부터 개인의 자발성을 기반으로 한 소규모의 수평적인 네트워크형 운동이 나타나 운동의 분화가 일어났다. 일찍이 계급이나 민족 단위의 대중운동은 여성이 안고 있는 문제를 제기하면 운동이 약해진다고 간주하기 일쑤였다. 그런데 이러한 운동에 변화가 일어나, 재일조선인 여성이 자율적 네트

워크를 만들고 국적과 소속 조직의 차이를 넘은 연대를 하게
됐으며 운동을 통해 사회구조의 변화를 요구하는 여성 주체를
형성할 수 있게 됐다. 다음으로 세대라는 요소를 들 수 있다.
주류 사회에서 주류 언어를 운용할 능력이 있는 2세 이후의 여
성은 성적 억압에 대한 불만을 포함해, 일본어 매체에 자유롭
게 의견을 발표하고 공적인 장소에서 활발히 발언했다. 우리여
성네트워크는 고학력 2세와 3세 여성, 다이헤지 야간중학교 독
립운동은 야간중학교에서 일본어 문해 교육을 받은 1세 여성
이 중심이었다. 후자는 다음 장에서 자세히 살펴볼 것이다. 우
리여성네트워크는 일본어, 조선어, 영어 등 복수의 언어 능력
을 운동의 자원으로 활용하고 한국 여성운동과 일본 운동의 다
리 역할을 했다. 또 전쟁 성폭력을 멈추라는 국제 여성 연대에
서도 중요한 역할을 수행했다. 마지막으로 일본 여성운동의 변
화도 1980년대 변화의 한 요소다. 아시아여성회처럼 일본 여
성 문제뿐 아니라 페미니즘 맥락에서 아시아의 정치경제 격차
문제에 주목한 운동이 새로이 형성됐다. 이는 일본 여성운동과
재일조선인 여성처럼 국민국가 틈새에 있는 존재가 연대할 수
있는 밑바탕이 됐다.

다이헤지 야간중학교
독립운동의
생성과 전개

관서 지역의 지역 운동과 상호작용

재일조선인 여성이 주체가 된
사회변혁 운동

앞서 1장에서는 민족 조직과 가족 성역할에서 얼마나 자율적인가의 관점으로, 해방 후 재일조선인 여성의 운동 단체를 분석했다. 동오사카 다이헤지 야간중학교 독립운동이 '민족'의 격차 혹은 억압을 운동의 쟁점으로 잡은 것은 기존의 재일조선인 여성운동과 같다. 하지만 조직적으로 민족운동의 영향을 받지 않고, 여성이 '어머니'나 '아내'가 아니라 자기 자신으로서 교육받을 권리를 위해 싸웠던 점은 기존의 재일조선인 여성운동과 다르다. 그렇다면 상대적으로 자율성이 높았던 이 운동이 어떻게 가능했을까?

2장에서는 운동의 상호작용에 초점을 맞춰 관서 지역의 소수자 운동, 민족운동, 야간중학교 증설 운동의 관련성을 살펴본다. 야간중학교 독립운동은 1990년대 동오사카시 공립 야간중학교에서 학생 수(절반이 중노년 재일조선인 여성)가 급증한 일이 발단이 됐다. 시 교육위원회는 근처 중학교에 분교 교실을 설치하여 학생 일부를 이동시켰다. 분교 교실은 이른바 가설 야간중학교로 시설이 열악한데다 교사 수도 부족했기 때문에 학습에 큰 지장을 초래했다. 그래서 학생회에서 토의하여 교육 환경을 개선하기 위해 분교 교실이 정규 야간중학교가 되도록 교육행정에 요구하는 운동을 시작했다. 학생은 '분교 교실' 행정 조치를 민족 차별로 간주하고 재일조선인이 의무교육을 받을 권리를 전후 보상 차원에서 요구했다. 8년 동안 운동을 한 결과, 2001년에 다이헤지 야간중학교가 정식 학교가 되면서 운동은 성공리에 마침표를 찍었다.

그런데 이 운동에 앞서 관서 지역에서는 풀뿌리 사회운동이 여럿 있었고 그 운동의 상호작용을 통해 공권력에 대항하는 운동 공간이 형성됐다. 출신 배경, 계급, 민족 질서 때문에 소수자가 된 사람들은 주거, 교육, 취업 등 일상생활 문제에서 행정 기관과 협상하며 관서 도시에서 공권력에 대항하는 일정한 영향력을 키웠다. 관서 지역은 피차별 부락민과 일용직 노동자가 거주하고, 오키나와와 아마미 군도 등 주변화된 지역 출신자의 인권운동이 자리 잡았다. 재일조선인의 민족운동과 비문해자·저학력자를 위한 야간중학교 증설 운동 등 도시 하층부 사람들의 여러 운동은 프레이저(1992)가 말하는 하위의 대항 공론장으로서 사회 변화를 일으켰다. 이 운동은 관서 지역에서 역사적으로 형성됐고 정치, 경제, 문화 면에서 소외된 사람들을 한 집단으로 가시화했으며 재분배와 정체성 인정의 측면에서 일정한 효과를 거두었다. 1990년대의 야간중학교 독립운동도 개별적으로 형성, 전개됐다기보다는 역동적인 소수자 운동이 형성한 대항 공간을 기반으로 일어났고, 또 그 운동 공간을 더욱 발전시켰다고 볼 수 있다. 동시에 운동의 상호작용으로 형성된 '다원적 공론장ª multiplicity of publics'의 한 주체로서, 그동안 비가시화됐던 재일조선인 여성의 정체성을 드러냈다.

이 장에서는 관서 지역에서 소수자 운동이 역사적으로 형성된 과정을 개괄하고, 도시 구조에 일정한 변화를 일으키며 대항 공론장을 형성한 흔적을 쫓는다. 그다음으로 소수자 운동 중에서도 특히 다이헤지 야간중학교 독립운동에 큰 영향을 끼친 운동으로, 재일조선인 거주지에서 형성된 민족운동과 야간중학교 증설 운동을 지역적인 맥락에서 살펴본다. 이러한 검토를 통해 다이헤지 야간중학교 독립운동이 형성되고 전개된 과정을 밝힐 수 있을 것이다. 마지막으로 다이헤지 야간중학교 독립운동으로 재일조선인 여성이 중심이 되어 형성한 하위의 대항 공론장을, 다양한 운동과의 상호작용 측면에서 고찰한다.

관서 도시 지역의
소수자 운동

관서 도시 지역에는 메이지 시대 이전부터 피차별 부락민
(일본 중세의 신분제도에서 최하층에 위치한 계층으로 주로 도살업에 종
사했다. 오늘날에도 여전히 차별받는다.-옮긴이)이 거주했다. 또 근대
일본 국가의 영토로 포섭된 오키나와, 아마미 군도, 한반도에
거주하던 많은 사람이 자본주의 산업화 과정에서 산업 발전에
필요한 노동력으로 유입됐다. 오사카, 고베, 나라, 교토 등의 도
시에는 피차별 부락민, 오키나와 출신, 재일조선인, 일용직 노
동자가 거주하는데 지리적으로는 도시 중심부에 살고 있다. 이
들은 도시정비계획의 대상으로 주체성을 무시당한 채 소수자
집단을 형성해갔다. 이렇게 '분리 거주'하는 양상은 오사카에서
특히 강하게 나타났는데, 전후에 임시 막사에 살거나 불법점거
형태로 다른 지역과 시각적으로 구별되는 소수자 거주 지구를
형성했다. 이를테면 오사카 니시나리구의 '가마가사키·아이린

지구'에는 남성 일용직 노동자와 노숙자가 거주하고, 이쿠노구, 히가시나리구, 니시나리구, 동오사카시에는 재일조선인이 많이 모여 산다. 또 다이쇼구에는 오키나와에서 온 사람들이 집중적으로 거주하며 독자적인 커뮤니티를 형성했다.[1] 이와 같은 소수자 거주지는 생활 정비가 낙후되어 대부분의 소수자 집합행동이 지역과 밀착한 생활 개선 운동으로 나타났다. 즉, 거주지를 전제로, 열악한 생활환경을 개선하기 위해 구체적 목표를 정해 지방자치단체를 상대로 끈질긴 풀뿌리 운동을 했다.

미즈우치(2005a; 2005b)는 소수자 운동이 행정기관에 개입한 것에 초점을 맞춰 전후 오사카 도시의 사회적 배제와 포섭이라는 문제를 논한다. 미즈우치에 따르면 오사카의 부락민, 재일조선인, 오키나와 출신자, 가마가사키의 남성 일용직 노동자의 운동은 거주지와 분리할 수 없는 특유의 성격을 갖고, 공권력에 대항하는 과정에서 독자적인 행위주체를 형성했다. 미즈우치는 행정기관에 차별 책임을 묻는 과정에서, '공'과 '민'이 경합하면서 새로운 '공적인 것'이 만들어진 과정을 다음과 같이 서술한다.

우선 부락 해방 운동을 보면 1950년대 중반부터 전쟁 피해지역인 임시 막사 주민이 열악한 생활환경을 개선해달라고 요구했다. 행정기관의 강제 철거에 반발해, 니시나리구에서는 그 보상으로 공영주택을 건설하고 불법점거 주민에게 공동 수도를 설치해달라고 요구했다. 경찰의 방해 속에 농성 운동을 한 결과, 집세가 저렴한 공영주택이 대대적으로 지어졌다. 열악한 생활환경 개선과 주택 공급을 요구한 투쟁에는 전쟁 전에 형성된 부락 해방 운동의 논리가 작용했다. 부락 해방 운동은 임시 막사에 살거나 불법점거로 사는 생활 자체가 사회적 차별에 기인하며 이를 개선하지 않는 행정기관은 태만하다고 비판했다. 그 결과 일정한 개선을 이끌어내고, 동화대책(同和對策, 일본 정부에서 1969년에 제정한 동화대책사업특별조치법에 따라 실시한 부락민 주거 환경 개선 정책 및 교육정책-옮긴이)을 세우는 데 필요한 예산을 획득했다.

오키나와에서 이주한 사람은 전쟁 전부터 다이쇼구에 가장 많이 거주하여 저습 지대에 작은 주택과 부락이 밀집했다. '구붕과'(クブングヮー, 오키나와 방언으로 '움푹 파인 땅'이라는 뜻)에 형성된 오키나와 이주자의 거주지는 '본토'의 '저변'에 위치한 오키나와의 현실을 상징했다. 1970년대에는 오키나와에서 이주한 교사가 주도권을 잡고 2세 등 젊은 세대를 중심으로 열악한 주택 환경과 취직 차별의 개선을 요구하는 투쟁을 했다. 이 운동 역시 부락 해방 운동에서 큰 영향을 받아,[2] 차별이라는 문제를 본토 권력의 '우치나 야마토구치'(沖縄大和口, 오키나와 방언으로 오키나와라는 뜻) 지배로 이해했다. 이 논리에 따라 관서 오키나와 해방 동맹은 오사카시와 협상하여 강제 철거 보상을 받아냈다.

일용직 노동자와 노숙자 문제는 오사카가 경제성장을 하면서 남성 노동자를 흡수한 '도야 거리=가마가사키·아이린 지구'에서 집약적으로 나타난다. 1970년 오사카 만국박람회에 따른 건설 열풍으로 대량 고용된 남성 일용직 노동자는, 부락민이나 오키나와 이주자와 달리 항구적인 공영주택보다 취직, 간이 숙박처럼 생활에 최소한으로 필요한 자원을 요구했다. 행정기관도 민간 간이 숙박을 증설하거나 재활 상담소를 설치하는 등 한정적으로 개입했다. 일용직 노동자는 공영주택을 요구하는 대신에 노동 착취를 일삼는 기업과 폭력단, 경찰을 비판하고 이에 대한 불만과 분노를 '폭동'이라는 형태로 드러냈다. 일용직 노동자의 직접행동은 노동운동, 일본의 신좌익 학생운동과 연대했고 1960년대에는 폭력수배사(노동자에게 일을 알선하는 대가로 임금 일부를 가로챘던 폭력단을 가리킨다.-옮긴이)추방가마가사키공동투쟁회의에서 투쟁했다.

관서 지역에는 재일조선인 역시 많이 거주한다. 전쟁 전에는 노동쟁의와 친일 성격의 융화 운동이 일어났다. 전후에는 외국인등록, 민족학교 탄압, 강제귀국, 한국전쟁을 둘러싸고 공권력에 대항하는 운동을 했다(양영후 1994). 뒤에서 자세히 논하겠지만 민족학교 폐쇄에 저항한 한신교육투쟁은 교육 분야에서 상징적인 민족 저항으로 남아 있으며 다이헤지 야간중학교 독립운동에 영향을 끼쳤다. 운동의 무대였던 야간중학교는 오사카 동부에서 동오사카시에 걸친 재일조선인 거주지에 위치한다. 동오사카시와 인접한 이쿠노구는 인구 4분의 1이 한국·조선 국적이고 그중 한 지명인 이카이노는 일본에서 재일조선인 거주지의 대명사 격이 됐다.

재일조선인 역시 생활환경이 열악했지만 다른 소수자 집단과 달리 전후에도 귀국 희망자가 많았다. 또 1952년 평화조약이 체결된 후에는 일본 국적을 박탈당한 '외국인' 지위가 됐기 때문에 일본 행정기관에 생활환경 개선을 요구하기 어려운 상황이었다.[3] 이렇게 일본 행정기관과 협상 통로가 없던 재일조선인은 금융, 보험, 교육, 언론 등 생활의 필요를 충족시키는 기관을 스스로 설립·발전시키는 데 힘을 쏟았다. 바꿔 말해 행정기관에 요구하는 대신 친척과 동포끼리 상호부조하여 전후의 혹독한 생활을 견뎌냈다.

이러한 흐름이 변화한 계기가 1970년대에 시작된 재일조선인 후세대 중심의 권익 옹호 운동이다. '귀국'이 아닌 '정주'를 전제로 한 새로운 운동은 공영주택 입주 자격, 아동수당, 연금 지급, 공무담임권 등에서 국적 조항의 철폐를 요구하고 일정한 성과를 올렸다. 공영주택 입주 자격에서 국적 조항 철폐 요구는, 동화 지구(동화대책의 대상이 된 지역-옮긴이)에 재일조선인이 많이 거주했으므로 동화사업과 관련이 깊은 부락 해방운동 단체가 지원했다. 또 1970년대에 니시나리구 공립 초등학교에서 일본 최초로 민족학급을 설치했는데, 공교육에서 민족교육을 권리로 요구하는 운동은 피차별 부락민 차별을 없애는 '해방 교육'에 영향을 받았다.

지금까지 주로 미즈우치의 연구에 따라, 오사카 소수자 집단이 공적 영역에 문제를 제기한 운동을 개괄했다. 미즈우치의 연구가 시사하는 점은 피차별 부락민, 재일조선인, 오키나와 이주자라는 특정한 정체성이 그들이 거주하는 '장소'와 밀접한 연관이 있다는 점, 또 생활 개선 운동 같은 지역 차원의 저항 역시 정체성을 기반으로 일어난다는 점이다. 여기서 중요한 것은 소수자 운동이 상호작용을 하며, 주택 문제나 교육 환경의 자원 분배를 둘러싼 문제에서 일정한 성과를 올렸다는 사실이다. 특히 전쟁 전부터 시작한 부락 해방 운동은 이론, 방법, 인적 네트워크 등 두텁게 축적된 운동 자원이 다른 소수자 운동에 커다란 영향을 미쳤다.

소수자 운동을 살펴볼 때 개별적으로 접근을 하면 일본 주류 사회와 이에 대항하는 소수자 집단으로 대립 구도를 강조하기 쉽다. 그러나 관서 지역 사례에서 보듯이, 다수자와 소수자뿐 아니라 소수자끼리 상호작용을 하는 운동의 새로운 움직임에 주목하는 것이 중요하다. 소수자 운동은 상호작용을 하며 주류 사회에 대항하고, 그 운동 과정에서 다원적인 '하위의 대항 공론장'이 성립한다.[4] 관서 지역에서는 주변화된 소수자가 공권력과 대치하는 과정에서 오사카 도시의 '공공성'을 구축했다. 이 공공성은 프레이저가 말한 '다원적 공론장'과 겹치는 지점이 있다. 그것은 소수자 운동의 상호작용을 통해 민족, 지역, 계급 등 다양한 요소가 교차하는 시민의 공간이다.

1990년대에 일어난 다이헤지 야간중학교 독립운동은 관서 지역에서 소수자 운동의 상호작용으로 형성된 공론장을 기반으로 일어났다. 또 다양한 정체성에 재일조선인 여성이라는 새로운 요소를 더하며 다원성을 더욱 증대했다고 할 수 있다.

재일조선인 거주지와
민족운동

2010년 현재 오사카에 거주하는 한국·조선 국적자는 약 12만 7,000명이고 외국인등록자 수 21만 명 중 약 60%를 차지한다.[5] 오사카 동부 이쿠노구에 특히 많으며 예전에는 이곳 인구 4분의 1이 한국·조선 국적이었다.[6] 다이헤지 야간중학교 독립운동의 무대였던 동오사카시에는 한국·조선 국적자가 약 1만 3,000명 거주하며, 이는 외국인등록자 수의 약 80%에 해당한다.[7]

관서 지역은 재일조선인 인구가 많아 야간중학교에서도 1세와 2세 재일조선인 여성이 학생 대부분을 차지했다. 이러한 배경에서 다이헤지 야간중학교 독립운동은 재일조선인의 민족운동 성격을 띤다.

조에 야간중학교는 오사카 동부에서 동오사카시에 걸친 재일조선인 거주지에 위치한다(그림2-1). 1980년대 말에는 전국

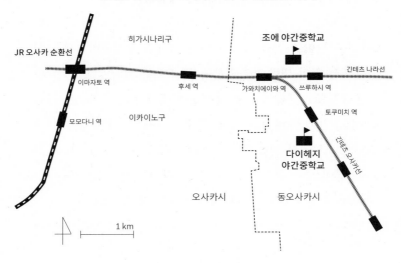

〈그림2-1〉 오사카·이카이노 지구와 야간중학교 위치

JR 오사카 순환선
히가시나리구
조에 야간중학교
긴테츠 나라선
이마자토 역
후세 역
가와치에이와 역
쓰루하시 역
모모다니 역
이카이노구
토쿠미치 역
다이헤지
야간중학교
긴테츠 오사카선
오사카시
동오사카시
1 km

에서 재일조선인 학생 수가 가장 많은 야간중학교였다. 1972
년 야간중학교를 처음 개설했을 때 재일조선인 학생 수는 2%
에 못 미쳤으나 2년 뒤에는 97%를 차지했다(조에 중학교 야간학
급 1989: 222). 재일조선인 학생은 대부분 입소문으로 야간중학
교를 알게 됐고, 동오사카시나 근처 이쿠노구, 히가시나리구에
서 자전거를 타거나 걸어서 학교에 다녔다.[8]

오사카에 재일조선인 거주지가 만들어진 배경을 보자. 전
쟁 전 한신 지역은 자본주의 공업화의 급속한 진전으로 저임금
노동자가 필요했다. 중심 도시인 오사카는 다이쇼 시대와 쇼와
시대에 걸쳐 교통과 항만 등 도시 인프라를 크게 정비했고 토
목 노동자 수요가 높았다. 식민 지배하에 있던 조선에서는 한

일합병 후 토지조사사업으로, 많은 자영농이 경작지를 몰수당하고 소작농으로 전락했다. 또 1918년에 일본에서 쌀 가격 담합에 주민들이 반발한 쌀 소동이 일어나자 산미증식계획을 실시해 조선 쌀이 대량으로 일본에 공급됐다. 그 결과 조선 농민은 궁핍해졌고 생활의 길을 찾아 중국 동북부와 일본으로 많이 이동했다. 1923년에 제주도와 오사카를 잇는 직항 항로가 생기면서, 조선에서 많은 사람이 방적 공장, 유리 공장, 고무 공장 등 영세 하청 공장에서 일하기 위해 오사카로 건너갔다(스기하라 1996; 1998). 남성이 먼저 혼자 일본으로 가고 가족 여성이 뒤따라 일본으로 가는 형태가 많았다. 그런데 관서 지역에는 기시와다 방적 공장이나 사카이 방적 공장에서, 또는 해녀로 일하고자 혼자 도일해온 여성 노동자가 적지 않았다(양영후 1994; 김찬정 1980; 스기하라 1998). 1942년 말 조선인 거주자 약 41만 명으로 오사카가 조선의 '경성' 다음으로 조선인이 가장 많은 도시였다(미조구치 2002: 61). 조선인이 거주하는 지역은 대부분 하수도나 전기 등 기본적인 인프라가 부족하고 일반적으로 일본인이 기피하는 생활환경이었다.

앞서 2절에서 말했듯이 관서 지역은 조선인이 따로 모여 거주하는 곳이다. 오사카 동부에 펼쳐진 재일조선인 거주지는 가시적으로 드러난 민족 생활 공간이다. 오사카 순환선 쓰루하시 역 동쪽에 있는 이카이노 지구는 조선음식점, 식품, 잡화, 침구, 의복, 가구, 책 등을 파는 상점, 부동산, 금융기관이 모여 있다. 총련, 민단, 한통련 같은 민족 조직, 기독교, 불교 등 종교 민족 단체, 동향 친목 단체 도민회 등 민족 공간과 네트워크가 많이 형성됐다. 총련계 초등학교, 중학교, 고등학교도 오사카 동부에서 동오사카시에 걸쳐 위치한다. 또 비닐이나 플라스틱 가공, 폐품 수거, 봉제 등 가족이나 친인척이 경영하는 소규모 회사도 많이 보인다. 길에는 직장과 집이 같은 건물에 있는 영세 기업과 상점이 보이고 식당에서 일하는 재일조선인 여성의 모습이 눈에 띈다. 공원에서는 아침 일찍 중노년 여성이 모여 체조를 하고 낮에는 남성들이 바둑과 장기를 둔다.

이카이노는 재일조선인에게 기본적인 의식주를 제공하고 정치, 경제, 교육, 신앙, 문화, 금융 등 다방면에서 민족 자본을 축적했다. 이렇게 절반이나마 자족하는 사회는, 출신지와 국적으로 일본 주류 사회에서 배제되어 공적 지원의 수혜를 받지 못한 사람들이 상호부조를 하며 형성됐다.

재일조선인이 거주하는 이카이노에서는 민족운동이 활발히 일어났다. 외국인등록, 강제귀국, 지문날인, 참정권 등 여러 이슈에서 민족운동이 일어났는데 그중에서도 교육은 중요한 운동이었다. 전후 오사카에서 가장 큰 사건은 한신교육투쟁이라고 전해진다. 이 투쟁은 당시 문부성이 민족학교를 탄압한 것에 항의하며 전국 규모로 일어났다. 그중 오사카는 특히 항의가 격렬했으며, 이 투쟁이 오사카 민족운동의 시작이라고 알려졌다. 역시 교육 투쟁 가운데 하나였던 다이혜지 야간중학교 독립운동은 '제2의 한신교육투쟁'으로 불리며 공권력에 대항하는 운동의 연속으로 스스로를 강조했다.

먼저 한신교육투쟁을 간략히 살펴보자. 해방 직후 조선으로 귀국하기 위한 준비로 재일조선인이 조선어를 가르치는 국어강습소가 전국적으로 만들어졌고, 이는 나중에 조선학교가 됐다. 오사카에 1947년에 이미 민족 교육을 하는 초등학교와 중학교가 80군데 이상 있었고 학생 수는 1만 명을 조금 넘었다. 당시 조선인연맹은 일본 공산당과 깊게 연결되어 있었기 때문에, 미 점령군과 일본 당국은 조선인연맹 산하에 있는 민족학교를 적대시했다. 문부성은 조선학교를 '각종학교'로 분류했는데 6·3제 의무교육제도(패전 후 문부성이 실시한 의무교육제도로 초등학교 6년, 중학교 3년이다.-옮긴이) 실시 이후 규제를 강화했다. 1948년 1월 문부성 학교교육국장은 학령기 조선인 학생은 도도부현 감독청의 인가를 받은 공립 또는 사립 초등학교에 다녀야 한다고 통달했다. 공립학교를 빌려서 사용한 민족 교육 장소는 대여가 중단되고, 장소를 갖고 있던 민족학교도 4월 15일부터 폐쇄해야 했다. 학생은 모두 공립학교에 입학시키라는 지령이 내렸다. 이러한 조치에 민족학교는 "민족교육의 자주성을 파괴하고 조선의 언어·역사·문화를 말살하려는 짓"이라고 성명을 내고, 오사카부에 진정을 내 행정기관과 협상했다. 1948년 4월 23일에는 조토, 이쿠노, 히가시나리, 후세 등에서 조선인 학부모와 학생 1만 5,000여 명이 오사카 오테마에 공원에 모여 집회를 했다. 오사카부청과의 협상이 침체 상태에 빠지면서 약 4,000명의 조선인이 부청으로 밀려들었는데, 그중 179명이 검거됐다. 투쟁하던 재일조선인 소년이 경찰이 쏜 총에 맞아 사망한 사건은 일본 당국의 탄압과 이에 격렬히 저항한 재일조선인의 이야기를 보여준다(양영후 1994: 77~88; 미조구치 2002: 160~163; 박삼석 1997: 158~160; 우리학교를짓는모임 2001: 63~67). 다이헤지 야간중학교 독립운동을 한 재일조선인 여성은 한신교육투쟁을 생생히 기억하는 세대다.

한신교육투쟁 이후에도 여러 운동이 있었는데 특히 1970년대부터는 후세대 재일조선인을 중심으로 지역과 밀착한 운동이 일어났다. 이 운동은 작품 출판, 언어문화 서클, '이쿠노 민족문화제'[9] 등의 문화 활동부터, 공립학교에 민족학급 설치, 재일조선인 사회 안에서도 소수자라 할 수 있는 고령자와 장애인을 지원하는 실제적인 돌봄까지 여러 분야에 걸쳐 있다. 관서 지역의 재일조선인 운동은 교육, 특히 공립학교에서 재일조선인 어린이 학생을 위해 민족 교육을 추진하는 것으로 두드러진 성과를 올렸다. 다카쓰키무궁화모임, 재일조선인 강사 모임인 민족교육촉진협의회 등 어린이회 활동을 기반으로 조직을 만들었다(가시와자키 2002b). 또 오사카 내에는 2010년 기준 방과 후 수업으로 조선의 언어와 민족문화를 배우는 민족학급이 170군데가 넘는 공립학교에 설치돼 있고 참여 학생 수는 약 2,800명에 이른다.[10] 민족학급 강사는 재일조선인 후세대가 맡으며 지역별로 강사회와 보호자 연락회가 있다. 민족학급은 학교에서 빈번히 일어나는 민족 차별에 대항하고 재일조선인 어린이 학생에게 조선의 언어와 문화를 가르치는 등 민족 정체성을 육성하기 위해 노력해왔다. 한편 민족 교육을 두고 행정기관과 벌인 협상은, 지역에 사는 재일조선인에게 재분배와 정체성 인정의 성격을 갖는다. 이 흐름에서 보면, 다이헤지 야간중학교 독립운동은 교육 투쟁을 통해 중노년 재일조선인 여성의 인권 향상과 정체성 인정을 요구한 운동이었다고 할 수 있다.

▼
4

야간중학교
증설 운동

1) 야간중학교 폐지 조치와 증설 운동

다이헤지 야간중학교 독립운동은 재일조선인 민족운동이
자 1960년대 말에 전국 특히 관서 지역에서 활발히 일어난 공
립 야간중학교 증설 시민운동의 성격을 띤다. 야간중학교 증설
운동이란 여러 배경으로 인해 취학과 문해교육의 기회가 없었
던 사람들에게 교육을 보장하자는 운동으로, 공립 야간중학교
의 증설과 확대를 요구하는 풀뿌리 운동이다. 시민과 야간중학
교 교사, 연구자, 운동가 등 폭넓은 계층의 사람이 참가하고, 야
간중학교를 기초로 도시 하층부 사람이 겪는 사회적 배제 문제
에 오랫동안 집중했다.

공립 야간중학교"란 학령기에 의무교육을 받을 수 없었던
사람들이 교육을 받을 수 있는 권리를 보장하기 위해 설치한

학교로, 야간에 수업을 하는 공적 교육기관이다. 지역 교육위원회가 야간중학교 운영의 주체다. 야간중학교 입학자는 정해진 과정을 밟으면 일반 중학교를 졸업한 것과 같은 자격을 갖는다.

공립 야간중학교는 1947년 6·3제 의무교육제도를 실시했을 때 만들어졌다. 이 새로운 제도가 실시된 후에도 전후 얼마 동안은 생활이 가난해 장기 결석을 하는 사람이 많았다. 이러한 학생을 돕기 위해 현장 교사들이 행정 조치를 기다리지 않고 뜻을 모아, 오사카 시립 이쿠노 제2중학교 내에 '야간학급'이라는 야간중학교를 만들었다. 그 뒤 고베, 요코하마, 교토, 나라, 히로시마, 도쿄, 나고야, 후쿠오카에서도 야간중학교 설립이 이어졌다. 그러나 당시 문부성은 학교교육법이 인정하지 않는다는 이유를 들며 야간중학교에 소극적인 태도를 취했다.[12] 1950년대 중반에는 전국 야간중학교가 87개로 재적 학생 수는 5,208명에 달했다. 하지만 노동성이 학령기 어린이가 노동을 하느라 일반 중학교에 다니지 못하는 것을 문제시하여 압력을 넣고 문부성이 반대한 까닭에 1968년에는 야간중학교 수가 21개로 줄었고 재적 학생 수도 416명으로 감소했다.[13] 일본 정부는 전후 복구와 고도 경제성장이 일어날 때 문해 문제는 이미 해결했다는 입장이었다.[14] 1966년에는 행정관리청이 권고를 내렸다. 야간중학교는 학교교육법이 인정하지 않는 임시 조치이며, 낮에 일을 하고 야간에 학교를 다니는 것은 의무교육의 취지에 어긋나므로 야간중학교는 조기 폐지해야 한다는 내용이

었다. 이 권고로 인해 야간중학교는 결정적으로 쇠퇴한 것처럼 보였다.[15]

그러나 1960년대 말에 한 야간중학교 학생이 시작한 운동이 이 쇠퇴에 제동을 걸었다. 비문해자의 존재를 무시한 행정관리청의 폐지 권고에 분노를 느낀 다카노 마사오는 1967년에 모교에서 제작한 기록영화 〈야간중학생〉을 각지에서 상영하면서, 야간중학교 폐지에 반대하고 증설을 요구하는 운동을 시작했다. 다카노는 중국에서 인도된 전쟁고아다. 떠돌다 정착한 도쿄 우에노에서 폐품 수거상이었던 한 재일조선인 남성에게서 17세 때 처음으로 글자를 배웠다. 21세 때 아라카와구 제9중학교 야간학급에 입학해 '차별 없는 사회'를 처음으로 만나고 '친구'가 생겼다고 한다(다카노 1993). 다카노는 전국을 돌아다니며 "글과 말을 빼앗기는 것은 '공기를 빼앗기는 것'과 같다!"라고 외쳤다. 오사카에서 열린 기록영화 상영회에는 1만명 가까이 참석했고 커다란 시민운동 물결로 퍼지는 계기가 됐다. 실제로 이 운동 후에 야간중학교가 증가했다. 1969년에 오사카시 덴노지 중학교 야간학급 개설을 계기로, '야간중학교를키우는 모임'(1970년 발족)을 중심으로 운동이 일어나 학교 10개를 새로 지었다. 새로 개설한 전국 20개 야간중학교 중 오사카에 11개가 있다.[16]

야간중학교 개설과 관련한 시민단체는 전국 30개이고, 공립 야간중학교가 아닌 시민이 자원봉사로 만든 '자주 야간중학교'는 10개가 조금 넘는다.[17] 자주 야간중학교는 홋카이도에서 오키나와에 걸쳐 전국에 있으며 마을회관 등의 장소에서 한 학교마다 약 10명에서 100명의 학생이 공부한다.[18] 지역에 따라 학교 운영 방식이 다르다. 반드시 공립학교를 지향하지 않는 곳도 있고, 일정한 과정을 마치면 해당 중학교에서 졸업증명서를 수여하는 곳도 있다.[19] 또 관서 지역에는 부락해방동맹이나 다른 자원봉사자가 만든 '문해학급'이 많다. 현직 교사, 학생, 시민, 운동 지지자가 가르치고 운영 자금은 회비 또는 모임 및 바자회 수익으로 충당한다.

일본 정부는 일본이 99% 문해율을 달성했다고 주장하며 비문해 또는 저학력자가 사회적으로 배제되는 문제를 회피했다. 이에 대항하는 시민운동이 각지에서 일어났고, 전국 연계도 만들어졌다(마츠도에야간중학교를만드는시민회 2003; 야간중학교증설운동전국교류집회 1986, 1994, 1997). 야간중학교증설운동전국교류집회는 1982년 이후 매년 열린다.[20] 야간중학교를 지원하는 시민운동은 시민, 교사, 학생이 각자의 입장에서 참가하고 때로는 격렬한 대립을 거치기도 했다. 야간중학교 증설 운동은 특정한 소수자의 이해를 대표하기보다는 일본 주류 사회에서 배제되고 주변화된 여러 소수자의 목소리 없는 목소리를 모은 운동이다. 야간중학교 학생은 출신 배경이 다른 소수자로 구성됐으며 같은 의무교육과정이라 해도 주간 공립 중학교와는 전혀 상황이 다르다. 그중에서도 재일조선인 여성은 학생 대다수를 차지해, 야간중학교 시민운동에 큰 영향을 미치고 있다.

2) 야간중학교 학생의 다양성과 재일조선인 여성

공립 야간중학교는 2011년 현재 수도권과 관동 지역을 중심으로 전국 35개가 있으며 학생 수는 3,031명이다.[21] 야간중학교에 다니는 학생은 1960년대 중반까지는 주로 전후 혼란과 경제 궁핍으로 할 수 없이 장기 결석을 해야 했던 사람과 취학하지 못한 사람, 또 중국 귀환자(일본 제국의 패전 직후 중국에 잔류하던 일본인이 있었는데 일본 정부의 미온적 정책으로 주로 1970년대 이후에 본국 일본으로 귀환했다. 여성과 아이 비율이 높았다.-옮긴이)가 많았다. 1970년대부터는 야간중학교 증설로 학생 수가 다시 늘었지만, 중국 귀환자, 재일조선인, 난민, 남미에서 온 일본계 이주자, 새 이주자 등 일본어를 모어로 하지 않는, 이주 배경이 다양한 사람이 다수를 차지했다. 부락민 차별이나 가난 때문에 취학을 단념한 일본인, 집안 사정이나 학교에서 받는 따돌림 때문에 학교를 그만둔 사람, 중학교 졸업에 해당하는 학력을 갖추지 못한 채 졸업한 일본인 '형식 졸업생'도 늘었다. 〈그림 2-2〉는 야간중학교 연구대회에서 발표한 이주 배경별 전국 학생 수에 기초해 작성했다. 그림을 보면, 1990년대 중반까지 재일조선인이 가장 많고 그 이후부터는 새 이주자가 증가했음을 알 수 있다.

1954년 이후 매년 열리는 전국 야간중학교 연구대회는 1970년대에는 중국 귀환자 문제를 다루었다. 1977년 23회 대회부터는 재일조선인과 관련한 분과회 '외국인 교육에 관한 문

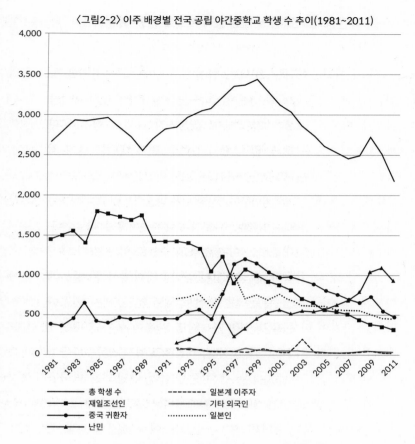

〈그림2-2〉 이주 배경별 전국 공립 야간중학교 학생 수 추이(1981~2011)

총 학생 수 ──────
재일조선인 ─■─
중국 귀환자 ─●─
난민 ─▲─
일본계 이주자 ┄┄┄┄
기타 외국인 ─────
일본인 ⋯⋯⋯⋯

* 《전국 야간중학교 연구대회 대회자료》 연도별 책자를 토대로 필자가 작성.[22]

제'가 설치됐다. 분과회 첫 회에서는 재일조선인 학생 가운데 고령 여성이 많고 대부분 야근을 비롯한 노동을 하는 점, 대다수가 저학력인 점, 고령으로 인한 건강 문제와 학습 효율 문제, 본명을 사용할 것인지 여부를 토론했다.[23] 1981년에 열린 27

<표2-1> 지역·이주 배경별 공립 야간중학교 학생 수(1993)

	도쿄	가나가와	지바	교토	나라	오사카	효고	히로시마	전국
한국·조선인	43	4	0	59	43	1,134	95	20	1,398
일본인	92	13	7	21	99	421	47	18	718
중국 귀환자	172	2	1	0	54	291	5	12	537
일본계 이주자	12	11	7	0	19	20	0	0	69
기타 국적자	36	5	2	15	45	64	10	9	186
난민	21	5	5	0	0	19	6	0	57
합계	376	41	22	95	260	1,949	163	59	2.965

회 대회에서는 야간중학교 교육이 학생의 다양한 실태를 어떻게 고려할지를 주제로 토론했다(전국야간중학교연구대회실행위원회 2004). 야간중학교는 국적, 성장 과정, 학력, 연령 면에서 일반 중학교보다 훨씬 다양했다. 다양한 학생 구성은 일본 사회의 근현대사를 비추는 거울이라 할 수 있다. 다이헤지 야간중학교 독립운동이 시작된 1993년에는 〈표2-1〉과 〈그림2-3〉이 보여주듯이 재일조선인 학생이 거의 절반이었다. 오사카는 학생 약 60%가 재일조선인이었다. 연령별 비율(〈그림2-4〉)을 보면 60대가 27%로 가장 많고 50대 이상이 60% 이상을 차지한다. 성별 비율은 여성이 80%, 남성이 20%로 여성이 압도적으로 많다(〈그림2-5〉). 이를 통해 야간중학교 학생 대다수로서 재일조선인 여성의 존재가 얼마나 큰지 알 수 있다.

야간중학교 입학자 대부분은 의무교육을 받지 못했거나 글

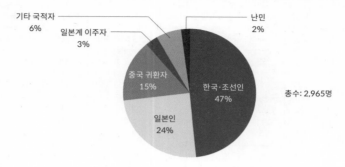

〈그림2-3〉운동 발생 시 전국 야간중학교 학생 이주 배경별 비율(1993)

기타 국적자 6%
일본계 이주자 3%
난민 2%
중국 귀환자 15%
한국·조선인 47%
일본인 24%

총수: 2,965명

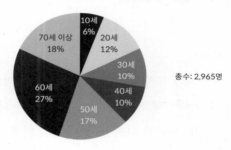

〈그림2-4〉운동 발생 시 전국 야간중학교 학생 연령별 비율(1993)

10세 6%
20세 12%
30세 10%
40세 10%
50세 17%
60세 27%
70세 이상 18%

총수: 2,965명

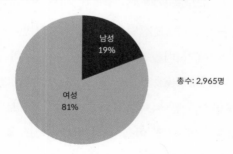

〈그림2-5〉운동 발생 시 전국 야간중학교 학생 성별 비율(1993)

남성 19%
여성 81%

총수: 2,965명

＊〈표2-1〉,〈그림2-3〉,〈그림2-4〉,〈그림2-5〉는《제39회 전국 야간중학교 연구대회 대회
  자료》(1993)를 토대로 필자가 작성.

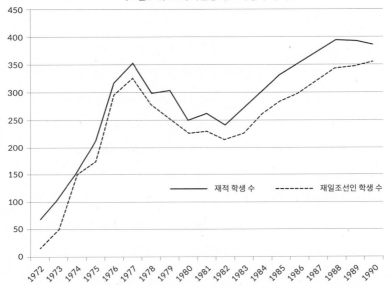

〈그림2-6〉조에 야간중학교 학생 수 추이

* 1972~1988년은《어른 중학생》, 1989~1990년은《전국 야간중학교 연구대회 대회자료》를 토대로 필자가 작성.

자를 읽고 쓰지 못해 부당한 취급과 차별을 받아 자존심을 다친 경험을 가지고 있다. "야간중학교는 (중략) 의무교육에서 버려지고 글과 말을 빼앗기고 생활을 위협받은 사람들이 교육 요구를 외치자 교사들이 선의를 가지고 다급하게 공부 장소를 만든 것이 그 시작"이며, "가혹한 현실에 급히 대응한 제도"였다(야간중학교증설운동전국교류집회 1997: 205). 야간중학교 증설 운동은 이러한 인식에서 출발해, 정부에 야간중학교 증설과 확충을 요구했다. 헌법에서 기본권으로 정한 교육받을 권리를 근거로, 야간중학교는 의무교육을 받지 못한 것을 보상하는 장이라고 주장했다.[24] 야간중학교를 지원하는 시민운동 역시 재일조선인과 중국 귀환자가 많이 입학한 현실에 입각해, "야간중학교는 교육 측면에서 전후 보상"이라고 주장했다. 즉, 야간중학교를 지원하는 시민운동은 중국 귀환자와 재일조선인에게 일본 정부의 공적 보상이 이루어지지 않은 상황에서, 이들을 일본 정부의 침략전쟁과 식민지 정책의 희생자로 규정한다. 또한 야간중학교 교육을 하나의 전후 처리로 규정한다.[25]

부락해방동맹은 관서 지역을 중심으로 문해학급을 운영하며, 비문해가 사회적 배제로 이어지는 문제에 주목했다.[26] 야간중학교 독립운동은 이론과 실천 면에서 부락 해방운동의 영향을 받았다. 증설 운동을 이끈 다카노 마사오는 기록영화 〈야간중학생〉 상영회를 열면서 지역 부락 해방운동과 만났다. 부락 차별의 가혹한 현실을 접하고, 부락 해방운동의 봉기를 선언한 '수평사 선언'(1922년 부락민이 차별 철폐와 해방을 외치며 만든 전국 수평사에서 채택한 창립 선언. 일본 최초의 인권 선언으로 불린다.–옮긴이)에 충격을 받은 다카노는 차별받는 사람들을 동정하지 않고 그들의 자립을 돕는 것을 운동의 기본으로 삼는다(다카노 1975; 1993).[27] 차별과 멸시를 받는 야간중학교 학생에게 인권을 교육하는 것은 동화교육(동화대책의 일환으로 부락민이 고등교육에 진학할 수 있도록 제도적으로 장려하고 학교에서 인권을 가르치며 해방교육이라고도 불린다.–옮긴이)에서 많은 영향을 받았다. 1970년대 중반에 나라에서 일어난 야간중학교 증설 운동은, '차별 해방'

을 '배움'의 목표로 하는 부락 해방운동의 문해학급 설치에 영향을 받아 야간중학교를 반차별과 해방의 중심지로 삼았다.[28] 1993년에 일어난 동오사카시 중노년 재일조선인 여성의 야간중학교 독립운동 역시 문해 운동과 관련이 있다. 1990년에 이미 UN이 정한 세계문해의해를 맞아, 조에 야간중학교 학생회, 동오사카시 교직원조합, 동화문제(동화 지구 부락민 출신이라는 이유로 차별을 받는 문제─옮긴이)에 대처하는 헤비쿠사·아라모토 문해학급이 세계문해의해추진동오사카연락회를 결성했다. 이렇듯 동오사카시 야간중학교 학생의 저항운동은 돌연히 일어난 것이 아니다. 관서 지역의 사회적 맥락에서 만들어진 '문해' 시민운동의 연대가 그 기반에 있었다.

야간중학교 증설 운동은 소수자 운동으로서 부락 해방운동과 관련을 맺으며, 일본의 권리 주체인 '국민' 개념을 다시 묻는 시각을 얻었다. 야간중학교 증설 운동의 목적은 소수자가 학력과 문해 능력을 높여 주류 사회에 진입하는 것이 아니라, 획득한 말과 글자로 주류 사회에 대항하는 담론을 만드는 것이다. 다이헤지 야간중학교 독립운동은 관서 지역의 소수자 운동, 특히 민족운동과 야간중학교 증설 운동을 계승했다. 그동안 시민운동이 축적한 이론과 인적 자원, 조직 자원으로 재일조선인 여성의 역사적 경험과 생활에서 나온 요구를 외친 점이 이 운동의 독자성이다.

다이헤지 야간중학교 독립운동의
생성과 전개

1) 조에 야간중학교와 분교 교실

동오사카 시립 조에 중학교 야간학급은 1960년대 말에 활발히 일어난 야간중학교 증설 운동으로 1972년에 만들어졌다. 덴노지 야간중학교, 기시키 야간중학교에 이어 오사카에서 세 번째로 개설한 야간중학교다. 처음 만들어졌을 때 학급은 3개, 입학한 학생은 63명(여성 29명, 남성 34명)이었고 이 중 조선인은 12명으로 2%에 못 미쳤다. 1974년에 학생 수 156명 중 재일조선인이 151명으로 79%를 차지한 이후 재일조선인이 학생 대다수가 됐다(〈그림2-6〉). 학생 평균 연령은 개교 시 37세였으나 10년 후인 1982년에는 58세였다.[29] 1990년에 접어들면 학생 수가 약 400명에 달하고, 조에 중학교 주간 학생 수를 넘게 된다. 조에 야간중학교는 전국에서 가장 큰 학교이고 또 학생 대부분이 중노년 재일조선인 여성이었다. 당시 오사카에는 오사카시 남부 덴노지 야간중학교 등 야간중학교가 모여 있었다. 동오사카시의 조에 야간중학교는 재일조선인이 거주하는 이쿠노구, 히가시나리구에서 자전거로 통학할 수 있는 거리에 있었기에 '원거리 통학'을 하는 학생이 많았다.

학생 수가 증가해 시설이 부족해지자 근처 주간 학생 방과후활동에도 영향을 끼쳤다. 1980년대 말부터 긴키야간중학교연락협의회와 세계문해의해추진동오사카연락회가 동오사카시에 야간중학교를 한 군데 더 만들도록 시 교육위원회에 요청서를 제출했다. 하지만 문제는 방치됐다. 그런데 1992년 6월에 "야간중학교에 넘쳐나는 학생들"이라는 제목의 기사가 오사카 《산케이신문》(자료1)에 실리자 상황이 급변했다. 기사는 조에 야간중학교 학생이 400명을 넘는다며 "주간 학생보다 많은 전대미문의 역전 현상"이라고 보도했다. 기사는 또 학생이 "전쟁과 경제적 이유로 의무교육을 받지 못한 재일한국·조선인이 중심"이고, 고령자가 3년 안에 졸업을 못하고 '유급' 학생이 되어 학생 수가 증가했다는 점, 시설 문제로 주간 학생의 서클활동과 학부모교사연합회의 합의에 문제가 생긴다는 점, 주간 학생 학부모교사연합회와 교장이 공동으로 야간중학교를 분리·증설하도록 시 교육위원회에 요청서를 제출한 점 등을 보도했다. 보도를 계기로 주간 학생 학부모교사연합회와 시 교육위원회가 조에 야간중학교 학생 수 증가 문제에 어떻게 대처할지 회의했다. 이 신문 기사의 어떤 점이 지역 주민의 반발을 일으켰을까? 필자의 조사에 따르면 학생 대부분이 재일조선인이라고 한 발언이 문제였다. 야간중학교 학생과 교사는 그 발언이 재일조선인이 눈에 띄는 걸 꺼림칙하게 여기는 지역 주민, 특히 주간 학생 보호자를 자극했다고 증언했다. 야간중학교 학생과 관계자는 상황이 급변한 배경에 지역사회의 재일조선인 멸시가 있음을 알았다.

보도를 계기로 시 의회에서도 조에 야간중학교 학생 수 증가를 급하게 해결해야 할 과제로 제출했다.[30] 다음해 1993년 2월, 새 연도가 4월부터 바뀌기 전에 동오사카시 교육위원회는 "4월부터 다이헤지 분교 교실을 개설하여 규모를 적절히 조정하고", "시 외부자의 입학을 제한"한다고 방침을 내놓았다. 4월이 되자 조에 중학교에서 남쪽으로 1km 떨어진 다이헤지 중학교에 분교 교실을 만들고 근처 이쿠노구 등에서 다니는 원거리 입학을 제한했다. 조에 야간중학교 학생 378명 중 긴테츠선 남쪽에 살던 121명이 분교로 옮겼다. 신입생 58명을 더 받아 총 179명으로 '조에 중학교 야간학급 다이헤지 분교 교실'이 열렸다.

앞서 말했듯 조에야간중학교학생회는 긴키야간중학교학생회연합회와 문해 시민운동과 함께 동오사카시 교육위원회에 두 번째 야간중학교를 개설해달라고 요구했다. 이 요구를 교육위원회가 방치하고 있는데도 신문 기사로 학생 수 증가가 '문제시'되고 학생 의사와 상관없이 분교가 결정됐다. 갑작스런 행정 조치는 부자연스럽게 보였다. 하지만 그것보다 교육 환경이 악화된 것이 문제였다. 분교 교실은 학교 건물이 없고 학생은 180명이 넘는데 교실은 3개뿐이었다. 교실에서는 어깨가 서로 닿을 만큼 가까이 앉고 복도에도 책상을 내놓고 앉았다. 통학 수단인 자전거를 세울 곳도 없고 학생 전용 입구도 변변치 않았다. 조명이 없어 체육 시간에 운동장을 쓸 수도 없고 보건교사도 없었으며 교감도 없었다. 실제 분교의 모습을 본 재일조선인 여성은 자존심이 상했다. 아무리 행정이 열악해도 그런 처리는 오랫동안 지역에서 재일조선인으로 멸시받으며 산 여성에게 민족 차별로밖에 보이지 않았다.[31]

2) 야간중학교 독립운동의 전개

분교가 만들어진 후 학생회에서는 환경이 열악하다고 불만을 토로했다. 결론은 분교를 하나의 독립 야간중학교로 변경하도록 교육위원회에 요구하는 운동을 하자는 것이었다. 그러면 교감도 파견되고 보건실도 배치되는 등 환경이 개선될 것이라고 보았다. 재일조선인 여성은 무엇보다 일본인과 동등하게 '배울 권리'를 동오사카시 교육위원회에서 인정받기를 원했다. 재일조선인 학생은 이 운동을 '제2의 한신교육투쟁'으로 선언했다. 50년 전에 국가 권력에 대항한 운동과 관련짓는 것은 이 운동이 곧 민족운동이기도 하다는 걸 보여준다.

학생 대부분을 차지했던 1세 및 2세 재일조선인 여성은 시 교육위원회에 요청을 하고 선전지를 돌리고 서명운동을 하고 집회를 열었다. 재일조선인 여성이 시 교육위원회 앞에서 당당히 '권리'를 주장하는 모습이 신문과 티브이에 보도됐다(자료2; 자료3). 야간중학교 교사의 기록,[32] 신문 기사, 야간중학교 학생 및 교사 인터뷰를 바탕으로 운동을 재현해 서술해보겠다.

1993년 9월에 학생들은 3주에 걸쳐 분교 독립, 교실 확충, 교원 확충, 시 외부자 입학 제한 철폐를 요구하는 진정서를 냈다. 긴키야간중학교학생회연합회도 학생을 중심으로 약 5만 명의 서명을 모아 오사카부 교육위원회에 요청서를 냈다. 하지만 9월 말에 시 교육위원회는 모든 항목에 '곤란하다'는 대답을 내리고 야간중학교 학생과 직접 협상하기를 거부했다. 이에 학생들은 농성을 하기로 했다. 10월 4일부터 7일까지 사흘간 '선생 늘려라', '교실 늘려라', '다이헤지 독립' 등을 외쳤다. 시위 팻말을 목에 걸고 약 40명의 학생이 시 교육위원회 앞에서 공무원이 출근하는 오전 8시에서 퇴근하는 오후 5시까지 교대로 농성을 했다. 야간중학교 학생과 교사 외에도 인권운동가, 공립학교 조선인 강사, 조선인 강사가 인솔하는 후세대 학생, 지역에 사는 재일조선인이 농성을 응원했다. 긴키야간중학교학생회연합회, 민족교육촉진협의회, 부락해방오사카부민공동투쟁회의, 한일문제를생각하는동오사카시민회 등이 연대를 표했다. 긴키 조선음식점에서는 식사를 보조했다. 조선인 강사 지휘로 〈아리랑〉을 합창했고 "이겨라"라는 말로 선창을 했다.

학생과 직접 협상하기를 거부했던 시 교육위원회와 운동

측을 대표한 세계문해의해추진동오사카연락회가 10월 8일 협상을 했다. 야에노사토 노동회관은 야간중학교 학생, 교사, 긴키야간중학교학생회연합회, 문해학급 관계자 등 200명이 넘는 인원으로 꽉 찼다. 거기에서 '다이헤지 분교 교실 독립', '교실 확충', '조에 중학교 야간학급과 분교 교실에 교원 확충'을 요구했다. 학생들은 호소했다. "이 이상 괴롭히지 마라. 인간 모두를 사랑하고 선생을 늘려라", "말을 뺏긴 아픔을 알아라. 지금 상태는 너무 불안하다", "겨우 글자를 터득했다. 더 공부하고 싶다. 입학 제한을 멈춰라". 두 시간의 협상 끝에 시 교육위원회는 독립학교로 인정하기 곤란하다는 대답을 철회하고, 야간중학교를 증설하고 교원을 배치하는 권한을 가진 오사카부 교육위원회에 다이헤지 분교를 독립학교로 만들도록 신청하겠다고 약속했다. 그러나 오사카부 교육위원회는, 학교 설치 권한을 가진 시가 계획을 세우면 시와 이야기하고 현 실태도 고려하여 판단하겠지만 '현재로서는 어렵다'는 대답을 했다. 결국 다이헤지 분교의 교실 확충은 공간이 없어 곤란하다는 이유로 합의에 이르지 못했다.[33]

시 교육위원회와 협상한 후에도 학생은 야간중학교의 열악함을 알리는 운동을 계속했다. 1993년 11월에는 조에 야간중학교와 다이헤지 분교가 합동으로 '야간중학교 페스티벌'을 5일간 열었다. 주간 초·중·고등학교 학생, 민족학급 학생, 학생의 가족, 졸업생, 시민에게 분교의 열악함을 알리고 야간중학교 문제에 공감해달라고 촉구했다.[34] 비록 시 교육위원회가 다이혜지 분교를 독립학교로 만들도록 신청하겠다고 약속했지만, 오사카부 교육위원회는 당시 일본어 습득이나 문해만을 위한 입학은 인정하지 않고 수업 이수 학년도 3년을 고수했기 때문에 신청이 통과된다는 보장은 없었다.

다음해 1994년 2월 오사카부 교육위원회는 오사카 야간중학교에 관한 규정을 정했다. 일본어 습득이나 문해만 목적인 입학은 인정하지 않는다, 입학 허가는 시 교육위원회가 하고 적절한 재적 관리를 한다는 내용 등이었다. 수업 이수 학년은 9년을 제시했다. '이수 기간 9년'이 긴 것 같지만 재일조선인 여성은 대부분 고령이라 학습 진도가 더디다. 또 대부분 가사와 일을 병행한다. 초등학교조차 나오지 못한 사람이 중학교 과정에 입학했기 때문에 학습하는 데 시간이 걸리고, 본인이 아프거나 가족 돌봄노동에 바빠서 결석할 때도 많다. 그래서 야간중학교 독립운동을 시작했을 때 조에 야간중학교에는 재적 기간 10년이 넘는 학생이 상당수 있었다. 시 교육위원회는 다이혜지 분교를 독립학교로 하는 것을 과제로 삼고, 수업 이수 기간 제한을 강화하기 위해 재적 기간 10년이 넘는 학생에게 졸업을 재촉했다. 최장 기간 18년 동안 재학한 학생을 포함해, 조에 야간중학교 학생 53명은 분교가 독립학교가 되리라 확신하고 1994년 3월에 졸업하기로 했다.

하지만 이 학생들이 1994년 봄에 졸업했을 때, 분교는 아직 독립학교가 되지 못한 상태였다. 동오사카시 교육위원회가 오사카부 교육위원회에 '독립학교 신청'을 한 것이 1994년

3월 27일이므로 분교가 그해에 독립 야간중학교로 재출발하기는 사실상 불가능했다. 학생들은 더없이 실망했고 분노했으며 불신이 컸다. 야간중학교 독립운동은 더욱 열기를 띠었다. 야간중학교 학생회는 여러 방법을 써서 시 교육위원회에 항의했다. 1995년부터 1998년까지는 이수 기간 9년 제한에 대해 졸업생들이 거부 운동을 벌여서 졸업식을 거행하지 못했다. 재일조선인 여성에게 졸업식은 꿈과도 같았다. 친한 사람들에게 둘러싸여 축하를 받으며 졸업을 하는 자신의 모습을 늘 그려보곤 했다. 그런 졸업식을 거부하는 데는 고뇌가 뒤따랐다. 시 교육위원회에 보낸 학생회 항의문에는 학생들의 분노가 서려 있었다. "이대로 포기할 순 없습니다. 가만히 입 다물고 있지 않겠습니다. 다이헤지가 독립학교가 되지 않는다면 졸업도 없습니다. 우리는 세상 사람들이 흔히 말하듯이 학교에 놀러 가는 것도 아니고 취미로 가는 것도 아닙니다(자료5)."

독립학교를 성취한 2001년 4월까지 동오사카시 교육위원회와 오사카부 교육위원회 양쪽에 항의했지만 좀처럼 운동이 진전되지 않았고 학생회도 괴로워했다. 시 교육위원회는 재적관리를 엄격하게 했고 장기간 재적한 학생은 졸업을 강제했다. 학생들 사이에서 '운동 때문에 공부가 안 된다'는 불만도 쏟아져 나왔다. 학생회는 운동 방침을 어떻게 정할지 격렬한 논쟁을 벌였다. 왜 야간중학교를 다녀야 하는지, 그것이 일본 사회에 사는 재일조선인에게 어떤 의의가 있는지 계속 자문했다.

현실적으로 다이헤지 분교를 독립학교로 만들라고 행정기

©서아귀

관에 요청하는 문제, 이수 기간 때문에 강제로 졸업해야 하는
재일조선인 여성에게 배움의 장을 마련하는 문제, 이 두 가지
측면이 있었다. 운동 지지자들은 조에 야간중학교에 자주 교육
기관 우리서당을 만들었다(〈사진2-1〉). 우리서당의 주제는 '배
우는 사람에게서 배우기'다. 학생이 교사한테 일방적으로 배
우는 관계가 아니라, 학생인 재일조선인 여성의 긴 인생 경험
과 지혜를 후세대 재일조선인과 일본인이 배우는 쌍방향 교류
를 지향한다. 우리서당 수업은 조에 야간중학교와 다이헤지 야
간중학교 두 군데에서 한다. 야간중학교 독립운동에 적극 나선
여성이 각 학교에서 20명 정도 모여 학습을 지속하고 네트워
크를 형성했다. 우리서당에 다니는 학생은 야간중학교를 강제

로 졸업한 후에도 열심히 야간중학교 독립운동을 했다. 역무원이 우리서당 학생에게 폭언을 퍼부은 사건이 일어났을 때도 항의 운동을 했다.[35] 이처럼 우리서당은 단순한 학습 기관이 아니라 재일조선인 여성의 권익을 지키는 기관이다. 우리서당 이사회는 일본인과 재일조선인이 운영한다. 또 생애교육기관으로서 공적 부조를 받고 다른 야간중학교의 일본인 강사, 재일조선인 강사가 자원봉사로 교육을 담당한다.

1998~1999년에 민족교육촉진협의회와 세계문해의해추진동오사카연락회의 힘을 빌려 행정기관과 협상하면서, 침체됐던 운동에 변화가 보였다. 특히 세계문해의해추진동오사카연락회가 협상할 때 동오사카시 교육위원회의 책임을 명확히 했고, 오사카부 교육위원회에 '독립학교 신청'을 할 수 있었다. 8년에 걸친 긴 싸움 끝에 2001년 4월, 다이헤지 야간중학교가 만들어졌다. 다이헤지 야간중학교 독립운동은 학생이 승리한 운동이고 운동의 성과는 현재까지 살아 있다.

운동 단체의 상호작용과
하위의 대항 공론장

다이헤지 야간중학교 독립운동은 다이헤지 분교 학생과 조에 야간중학교 학생이 중심 역할을 했다. 야간중학교 교사들도 지원했고 그 밖에 긴키야간중학교학생회연합회, 교직원조합, 한국과 일본 시민들, 민족 조직, 부락 해방운동 등 여러 운동 단체가 관여했다. 다이헤지 야간중학교 독립운동은 지역 차원의 운동이 유기적 상호작용을 하고 재일조선인 여성을 중심으로 다원적 공론장을 형성하는 과정이었다. 〈그림2-7〉은 운동이 상호작용을 하여 형성한 야간중학교 재일조선인 여성의 하위 대항 공론장을 나타낸다. 이 절에서는 여러 운동 단체가 어떤 형태로 다이헤지 야간중학교 독립운동에 관여했는지 알아보자.

야간중학교와 문해 문제는 긴키야간중학교학생회연합회, 세계문해의해추진동오사카연락회가 관여했다. 긴키야간중학

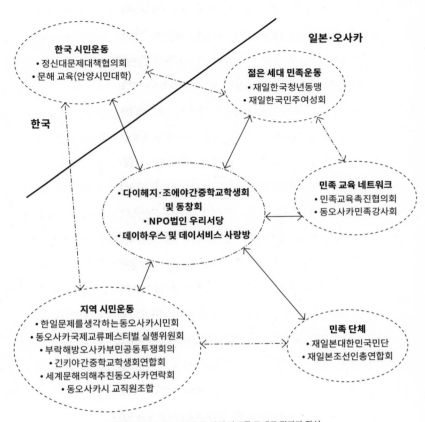

* 운동 관계자 인터뷰와 운동 단체 자료를 토대로 필자가 작성.

교학생회연합회는 이름 그대로 긴키 지역의 야간중학교 학생
회의 연합이다. 세계문해의해추진동오사카연락회는 1990년
세계문해의해를 계기로 부락 해방운동이 운영하는 문해학급,
동오사카시 교직원조합, 야간중학교 학생회가 모여 결성했다.

결성할 때부터 야간중학교 학생의 이익을 대표하는 네트워크로서, 조에 야간중학교에 이어 두 번째 야간중학교 다이헤지 야간중학교를 만들도록 동오사카시에 요구했다. 또 야간중학교 교사가 가입한 교직원조합은 교육위원회와 협상할 때 중요한 역할을 했다.

또 한국 민주화 투쟁을 지원한 시민 단체 한일문제를생각하는동오사카시민회가 있다. 1977년에 만들어진 이 단체는, 동오사카시에서 태어나고 자란 재일한국인이 한국 독재정권 시기에 한국으로 유학간 뒤 정치범으로 투옥된 사건에 항의했다. 한일문제를생각하는동오사카시민회는 한반도의 정치와 재일조선인 인권을 중심으로 시민의 입장에서 활동했다. 정치범 구출, 외국인등록법 개정, 한국 일본계 회사의 노동자 투쟁 지원, 북한과 교류, 동오사카시 외국 국적 주민의 인권 향상에 힘썼다. 이 단체의 대표인 고 고다 사토루는 교회 목사로 1970년대부터 시민운동과 행정을 잇는 다리 역할을 했다. 이 경력으로 다이헤지 야간중학교 독립운동에서도 행정기관과 협상할 때 자주 학습 기관 우리서당의 초대 대표를 맡기도 했다.

다이헤지 야간중학교 독립운동에 관여한 민족운동 단체로는 동오사카민족강사회와 민족교육촉진협의회가 있다. 둘 다 민족교육을 하는 후세대 조선인 네트워크로서 운동을 지원했다. 후세대 조선인에게 이 운동은 '할머니의 투쟁'이었고 세대를 넘은 민족 연대를 가능하게 한 매개였다. 다이헤지 야간중학교 독립운동을 하는 과정에서 우리서당과 데이하우스 사랑방을 설립했다. 사랑방에는 지역에서 민족운동을 한 재일한국청년동맹과, 재일한국민주여성회 오사카본부의 후세대 여성이 자원봉사 교사와 유급 스태프로 일한다. 민단과 총련은 다이헤지 야간중학교 독립운동에 직접 관여하지는 않았지만 한일시민회와 관련이 있었고 행정기관이 무시할 수 없는 존재였다.[36]

그 밖에 부락해방오사카부민공동투쟁회의는 부락해방동맹 오사카부연합회, 일본노동조합총연합회 오사카부연합회, 전일본자치단체노동조합 오사카본부 등 27개 단체의 연합체로, 역시 지지를 표명했다.

2001년 봄에 다이헤지 야간중학교가 독립학교가 되면서 독립운동은 일단락을 지었다. 우리서당은 여전히 독립운동의 이념을 계승하는 재일조선인 여성의 교육기관으로, 또 재일조선인 여성의 권익을 지키는 기관으로 계속 활동하고 있다. 2002년부터는 한국 문해 교육 기관과 교류하고 있다. 한국에서는 한국전쟁과 가난으로 교육을 받지 못한 성인 여성을 위한 문해 교육 운동이 활발하다. '문해文解'는 문자를 알고 해방된다는 뜻이다. 한국 성인 여성과 재일조선인 여성은 공통적으로 식민 지배와 전쟁을 경험했고 여성이기 때문에 비문해 문제를 안고 있다. 그래서 우리서당과 관서 지역 야간중학교는 서울 근교의 문해 교육기관 안양시민대학과 한일문해교류를 하고 있다[37].

다이헤지 야간중학교 독립운동은 관서 지역의 여러 운동 단체와 연대하며 일어났다. 이를 대항 공론장 이론으로 설명해

보자. 여성은 다이헤지 야간중학교 독립을 외치며 지역의 뿌리 깊은 민족 차별을 고발하고 대항 운동을 일으켰다. 운동을 통해 여성은 재일조선인을 억압하는 구조에 문제를 제기하고 권리 주체로서 행정기관에 교육받을 권리를 요구했다. 가족, 민족 조직, 지역사회에서 비가시화됐던 재일조선인 여성이 운동을 통해 처음으로 사회적 존재로 드러났다. '싸우는 어머니', '싸우는 할머니' 모습은 가족 안에서만 활동한다는 재일조선인 여성의 고정된 이미지를 흐트러뜨렸다.

다이헤지 야간중학교 독립운동을 지원하는 운동 단체의 상호작용은 재일조선인 여성이 행위주체로 활동하는 데 중요한 요소다. 시민 공론장은 하나의 사회이자 중층적으로 배치된 하나의 공간으로 이해된다(하나다 1996: 30~31). 재일조선인 여성이 주체인 공론장은 민족 공동체와 여러 면에서 다른 개방적이고 다원적이고 고정적이지 않은 사회다. 공론장이 공통 관심사를 가진 사람들 사이에서 형성되는 담론 공간이라면, 공동체는 통합을 위해 본질 가치, 문화 공유를 요구하고 단일한 소속과 충성을 요구한다. 애국심과 동포애가 통합을 매개하고, 동화/배제의 원리가 필수적이다. 반면 공론장은 복수의 조직, 집단과 다원적으로 관계를 맺을 수 있는 열린 공간이다(사이토 2000: 5~7). 야간중학교를 중심으로 한 운동 공간은 하나의 하위 대항 공론장이며 복수의 운동 단체가 형성했다. 소수자의 인권 향상을 지향하는 대항 공론장이기도 하다. 재일조선인 여성이 만든 하위의 대항 공론장은 관서 지역의 소수자 운동, 한

국 문해 운동과 연대하여 이루어진 것이며, 그런 의미에서 탈
국민국가로 인식할 수 있다.

성별 측면에서 말하자면, 1장에서 논했듯이 그동안 재일조
선인 여성은 민족 공동체와 민족운동의 남성 상위 구조에서 하
위에 있었고 자율적 운동을 할 여지가 적었다. 다이헤지 야간
중학교 독립운동은 '민족'이 재일조선인 여성의 집합 정체성
이었다. 여성해방이라는 관점이 표면에 드러나지는 않았지만
야간중학교를 중심으로 한 운동 공간은 재일조선인 남성이 부
재[38]하기 때문에 여성이 가부장제의 구속을 받지 않고 능동적
으로 활동할 수 있었다. 일본인 남성도 야간중학교 교사와 운
동 지원자로서 운동에 관여했지만 운동에서 성별보다 민족이
중요하게 작용했기 때문인지 재일조선인 여성이 남성 하위에
위치하지는 않았다. 다이헤지 야간중학교 독립운동은 민족 공
동체와 거리를 두었기 때문에 여성이 시민 공론장의 행위주체
가 될 수 있었다. 요약하면, 재일조선인 여성은 다이헤지 야간
중학교 독립운동에서 여성해방을 주장하지는 않았지만 실질적
으로는 가부장제에서 어느 정도 해방된 주체를 형성했다.[39]

3 장

재일조선 여성의
생애과정

비문해·비취학 시절부터 야간중학교에 입학하기까지

야간중학교에서 배우는
중노년 재일조선인 여성

2장에서는 관서 지역 여러 소수자 운동의 상호작용 측면에서 다이헤지 야간중학교 독립운동의 과정을 분석했다면, 3장에서는 다이헤지 야간중학교 독립운동을 한 재일조선인 여성 개인의 생애과정을 다룬다. 거듭 강조했듯이, 야간중학교에 다니는 재일조선인은 1세와 전쟁 전에 태어난 2세 여성이 압도적으로 많다. 그래서 식민 지배 시기부터 탈식민 시기까지 계속된 민족과 계급 문제, 그리고 이들과 밀접하게 연관된 성별 규범에 비추어 재일조선인 여성이 가진 비문해와 저학력 문제에 접근하고자 한다. 이를 위해 중노년으로 야간중학교에 입학하기까지 과정을 생애과정 관점으로 분석하겠다.

1990년대까지 오사카 공립 야간중학교에는 중노년의 한국·조선 국적 여성이 많았다. 여성 대부분은 50대 후반이나 60대 나이에 야간중학교 문을 두드린다. 야간중학교는 태어나서 처음으로 '자기가 다니는' 학교다. 식민지하 조선에서는 교육이 제도로서 존재하기는 했지만, '내지' 일본과 달리 의무교육이 아니었다. 특히 농촌에서는 학교를 다닐 수 있는 계층이 한정돼 있었기 때문에 비문해와 저학력 비율이 높았다. 재일조선인 1세는 일본으로 건너간 후에도 가난하고 노동을 했으므로 취학에서 소외됐다. 하지만 가난과 민족 차별만으로는 왜 여성 비문해자와 야간중학교 학생 비율이 높은지 전부 설명할 수 없다.

이 사실을 통계로 살펴보자. 도노무라는 1920년대부터 1930년대까지 일본 재일조선인의 문해율과 학업 상황을 조사했다. 조사에 따르면, 문해자이고 교육을 받았던 사람 가운데 남성은 5~7%인 반면 여성은 1~2%다(도노무라 2004: 80~82). 1930년대에 한반도에서는 조선인 비문해율이 남성은 64%, 여성은 82%였다(도노무라 2004: 78). 현재 재일조선인의 상황은 '재일코리안 고령자 복지를 향상하는 모임 오사카지부'의 실태조사(70세 이상의 재일조선인 300명 대상)를 참고로 알 수 있다. 이 조사에 따르면, 일본어 문장을 읽을 수 있는 사람은 남성이 86.5%, 여성은 그 3분의 1 정도인 29.4%다. 문장 뜻까지 이해할 수 있는 사람 비율은 더 적다.[1] 조사에서 알 수 있듯 재일조선인 비문해에는 성별 격차가 크다.

재일조선인 여성의 비문해 문제에는 여러 요소가 얽혀 있다. 먼저 한반도와 일본의 정치 상황이 그 배경에 있다. 거기에 더해 여성이 남성보다 하위에 위치한 성별 질서가 있으며, 민족 질서와 계급 질서 또한 서로 복잡한 영향을 끼친다. 비문해는 이 모든 것들로 인해 생긴 문제다. 가족이 먹고살기 위해 남성은 바깥일을 해야 하고 여성은 가사, 육아, 간호를 무상노동으로 해야 한다. 빈약한 자원은 딸보다 아들 교육에 쏟기 마련이었다. 재일조선인 여성은 교육 기회에서 소외됐기에 생활상 큰 불이익을 당했다. 야간중학교 입학은 이렇듯 여러 억압을 겪어온 재일조선인 여성이 한 개인으로서 간신히 선택하고 실현한 주체적 행위다. 다이헤지 야간중학교 독립운동에는 재일조선인 여성이 긴 세월 동안 쌓은 경험과 감정이 녹아 있다.

필자는 다이헤지 야간중학교 독립운동을 한 재일조선인 여성의 생애과정을 연구했다. 여성의 '말하기'에는 생애과정, 즉 살아온 궤적이 드러난다. 생애과정이란, 이와카미(2003: 34)의 정의에 따르면 "생애에 걸친 여러 역할과 경력이 뭉치로 묶인 궤적"이다. 사람은 특정한 사회 안에서 태어나 사회와 부딪치며 여러 역할을 맡고 연기한다. 생애과정 연구는, 나이를 먹으며 점점 다른 단계로 넘어가는 '생애주기' 시각 연구와는 다르다. 주로 가족보다 개인이 분석 대상이며, 적극적이든 소극적이든 자기가 맡은 '역할'을 개인이 어떻게 수행해왔는지에 주목한다. 역사사회 상황이 삶을 규정할지라도, 개인이 사회와 부딪치며 어떻게 자기 삶을 규정하는지를 중시한다(이와카미 2003: 32~36). '개인'이라는 분석 대상과 역사사회 맥락을 중시하는 생애과정 접근은 재일조선인 여성의 비문해와 저학력 문제, 또 중노년의 나이에 야간중학교에 입학한 행위를 분석하는

데 유용하다.

3장에서는 동오사카시 다이혜지 야간중학교 독립운동을
한 재일조선인 여성 14명의 생애과정을 분석하겠다. 〈표3-1〉
에 조사를 도와주신 분들의 간단한 이력을 표시했다.[2] 생애과
정 연구 기간은 2001년 10월부터 2005년 6월까지다. 재일조
선인 여성의 학습 기관 우리서당의 협조를 얻어, 야간중학교
독립운동을 한 재일조선인 여성 14명을 연구 대상으로 했다.
또 운동과 관계한 야간중학교 교사, 운동가, 재일조선인 후세
대 여성, 동오사카시의 교육위원회 및 건강복지부 담당자도 인
터뷰했다.

이들의 생애과정 연구를 통해 비문해와 저학력에 나타난
성별화를 민족 차별과 교차시키며 살펴보고자 한다. 또 여성이
공적 영역에서 소외되고 가족에게 의존하는 문제를 비문해와
관련해서 살펴본다. 마지막으로 중노년의 나이에 야간중학교
에 입학한 의미를, 가족 성역할 변화와 '가부장제와 협상' 측면
에서 밝힌다.

이름	세대	일본에 건너온 해	일본에 건너온 나이	야간중학교 이전 학력	야간중학교 입학 나이	학생회 활동	독립운동 당시 했던 노동
오복덕	1세	1941	18	없음	68	학급임원	부업
박인석	1세	1945	13	없음	55	학생회장, 서기, 기타 임원	가내공업
신윤정	1세	1948	27	서당 (조선)	72		
박윤경	1세	1938	16	서당, 야학 (조선)	58	학생회장, 동창회장	가내공업
임용길	1세	1931	8	야학 (일본)	57		부업(다듬질)
김정예	1세	1939	21	없음	61		부업(우산 가공)
강우자	2세			초등학교 1학년	53	학생회장, 긴키야간중학교 학생회연합회 회장	
진순남	1세	1932	6	없음	59	학급임원	부업(고무 가공)
이거련	1세	1940	18	없음	62	학생회장	
이갑생	1세	1942	18	서당(조선)	67		기계공
정남선	1세	1928	12	야학(일본)	60		부업(신발 가공)
김억련	1세	1940	19	초등학교 1학년, 야학(조선)	70		
송월선	1세	1948	22	조선어 강습소 (일본)	70		
안귀수	1세	1932	8	없음	70	긴키야간중학교 학생회연합회 부회장 및 회장, 동창회 회장	

비문해·비취학의
성별화

생애과정을 연구할 때 대상자 연령은 60대 후반에서 80대 후반이었고 80대가 과반수다. 2세 1명을 제외하고는 모두 재일조선인 1세였다. 야간중학교 입학 시 연령은 50대가 5명, 60대가 5명, 70대가 4명이다. 다이헤지 야간중학교 독립운동을 시작한 1993년 당시 여성 대부분은 70대였다.

절반 이상인 7명이 제주도에서 왔으며, 경상도에서 온 사람이 4명, 전라도에서 온 사람이 2명, 충청도에서 온 사람이 1명이었다. 대부분 농촌에서 태어났다. 일본에 건너올 당시 나이는 6세부터 27세까지로 미성년자였던 사람은 10명이다. 일본에 건너온 계기로는 노동, 취학, 가족과 합류 등을 들 수 있다. 제주 4·3항쟁[3] 피난민도 1명 있다. 그리고 14명 모두 기혼자(사별과 이혼을 포함)였다. 이 사실은 결혼 제도가 재일조선인 여성의 사회적 지위에 강하게 작용함을 보여준다.

생활 상황은 혼자 사는 사람이 5명이고 나머지는 남편이나 아들 부부와 같이 살았다. 혼자 살아도 1명을 제외하고는 모두 자식의 가족이 근처에 살며 일상적으로 왕래했다. 노동 상황은 14명 중 부업을 하거나 가내공업을 돕는 사람이 8명이었다. 신발, 가방, 고무 제품 가공이나 재봉을 했는데, 이는 오사카에 사는 재일조선인이 하는 전형적인 노동이었다. 재일조선인 1세 대부분은 국적 조항 때문에 일본 국민연금 제도에서 배제됐고 고령이어도 먹고살기 위해 일을 한다. 일도 하고 가족도 보살피고 때로는 몸이 아파도 힘들게 야간중학교에 다니는 실정이다.

조선에서 태어난 1세는 조선어, 특히 서울과 평양의 '표준어'가 아닌 지역 사투리를 모어로 한다. 조선보다 일본에서 생활한 세월이 길지만 일본어를 이해하는 정도는 사람마다 다르며 간단한 회화 정도만 할 수 있는 사람도 많다. 1세 여성은 하루하루 노동으로 힘든 생활을 하기에 일본어를 배울 여유가 없었다. 또 오사카 재일조선인 거주지에 살고 가족 중심의 생활을 하기에, 일본에 살면서도 일본 주류 사회와 거리가 있을 수밖에 없었다.

1세와 2세는 일본어를 말할 수 있어도 글자를 읽고 쓰지 못하는 사람이 많다. 일본어와 조선어 모두 읽고 쓰기를 전혀 배운 적 없는 사람도 적지 않다. 일본에서 태어난 2세 여성은 조선어보다 일본어를 능숙하게 말하지만 대부분 초등학교 정도의 저학력으로 읽고 쓰기가 수월하지는 않다.

비문해자는 글자를 읽고 쓸 수 있는 사람에게 부탁을 해야 한다. 설사 그가 성차별이나 민족 차별을 하는 사람이라 해도 말이다. 글자를 읽거나 써달라고 하거나 말뜻을 설명해달라고 하고, 간단한 쪽지나 개인적 편지도 대신 써주길 부탁해야 한다. 비문해는 성별화된 공사 구분으로 인한 문제다. 비문해자는 비문해의 불편함과 고통을 글자로 표현할 수 없다. 특히 여성은 가정에 있어야 마땅하고 '밖'에서 일할 필요가 없다고 간주하므로(실제로는 장시간 저임금노동을 많이 하지만 생계 책임자로 인식되지 않는다) 글자를 배울 필요도 없다고 여겨졌다.

필자의 연구에서 야간중학교 전에 교육기관과 학습 기관에 다닌 적이 있는 사람은 14명 중 8명이었다. 그중 서당에서 문해와 산수를 배운 적 있는 사람이 3명이었다. 식민지 조선에서 초등학교 교육을 받은 1명은 1년도 채 다니지 못했다. 그 밖에 전쟁 전 또는 전후에 야간학교나 총련이 운영하는 국어강습소에서 한글과 일본어를 배운 사람이 5명이다. 6명은 전혀 학교를 다닌 적이 없다. 여성 대부분은 '여자'라는 이유로 학령기에 학교를 다니지 못했고 글자 읽고 쓰기를 배울 기회에서 소외됐다. 이것을 생애과정에서 확인하도록 하자.

오복덕은 1920년대 전반에 전라남도 농가에서 태어났다. 남자 형제 셋, 여자 형제 셋이다.[4] 열 살 이상 차이가 나는 오빠는 서당과 초등학교, 다섯 살 아래인 남동생은 초등학교에 다녔지만 언니와 오복덕은 학교에 다니지 않았다.

"동네에서 학교에 다니는 여자애는 딱 한 명이었어. 촌장 딸인

데 시계도 차고 다니는 (유복한) 집이었지. 그 아이 이름하고 운동회가 잊혀지지 않아."

—한글도 배웠어요?

"공부는 동생한테 배웠어. 학교는 안 다녔는데 한글은 친구들이나, 집에서 오빠, 언니가 가르쳐줬지. 부모님이 학교에 안 보내고 싶어 해. 계집애는 공부해선 안 돼, 공부해서 뭐 해, 하며. 멍청이 취급 하고."

1세 여성 대부분은 가난한 조선 농촌 집안에서 태어났다. 오복덕은 철이 들 때부터 가사를 돕고 농촌 일을 하는 등 집안에서 중요한 노동력이었다. 결혼 후엔 자녀를 낳고 가사, 육아, 남편 가족 돌보기에 여념이 없었다. 조금이라도 가난을 덜고자 가업과 부업에 전념하며 몇 십 년을 살았다. 여성은 가족에게 헌신해야 하고, 사회경제적 상승으로 이어지는 교육은 불필요하다는 성별 규범 때문에 학교에 다니지 못했다. 남성 우위의 가족제도 때문에 여성은 글자를 배우지 못했다. 생애과정 연구에서도 "남자는 한국에서도 학교에 보내지만 여자는 글을 알면 가족한테 서글픈 편지 쓰니까 안 돼", "여자가 글을 알면 가족한테 고생했다는 편지 쓰잖아", "집에 화가 생겨" 같은 말을 들었다. 여성은 '(삼종지도에 따라) 일평생 안주할 집이 없다'며 딸, 아내, 며느리, 어머니로 남성 집안의 성원이 되고 위치도 낮다. 취학에서 소외된 여성은 학교를 다니는 친구를 부러워하고 멀리서 본 '운동회' 풍경을 잊을 수 없다고 말했다. '학교'를 수십

년 동안 마음속에만 간직하다가 우연히 야간중학교를 알게 되고 공부하고 싶은 꿈을 실현하고자 했다.

조선도 일본도 가정이라는 사적 영역과 정치, 경제, 문화와 관련된 공적 영역을 구별하고 여성은 사적 영역, 남성은 공적 영역에서 활동해야 한다고 여겼다. 조선 사회에서 가족은 남성 혈통 중심이며 여성은 남성에게 종속된 존재다. 여성의 사회적 지위는 남성 중심의 가족이 규정했다. 가난한 농민 여성과 도시 하층계급 여성은 가정 내 재생산노동과 더불어 임노동 역시 필수적으로 해야 했다(이효재 1997; 문옥표 1997). 시간적으로도 경제적으로도 교육받을 여유가 없었으며 성별 규범 때문에 학교 다닐 기회도 빼앗긴 여성은 비문해로 인해 생활에서 많은 불편을 겪었다.

김부자는 전쟁 전 교육제도를 민족과 여성주의 관점에서 분석한다. 1세가 학령기를 보낸 식민지 조선에서는 일본과 같이 초등교육이 정비돼 1920년대에는 '학교교육 정비', '취학 제도 정비'가 진행됐다. 하지만 일본과 달리 의무교육 제도는 없었다. 조선인 어린이는 일본인 어린이보다 수업료를 비싸게 책정하는 등 '민족' 격차가 있었다. 특히 농촌 가정은 수업료 외에도 교과서, 학용품, 통학 비용을 대기 어려웠다. 전쟁 전 일본은 의무교육 제도가 있었고 1930년대부터는 재일조선인 어린이도 의무교육 대상에 포함됐다. 하지만 취학은 신청을 해야 하고, 또 학교 시설에 자리가 있을 때 가능했다. 다시 말해 한일합병 후에 조선, 일본 모두 근대 교육제도가 있었지만 조선인은 인위적 민족 차별로 교육 기회에서 소외됐다. 또 식민 지배 이전부터 있었던 남성우월주의는 조선인 여성의 취학을 현저하게 방해했다. 근대 교육제도가 반드시 여성에게 혜택을 준 것이 아니라 오히려 서당이 있었던 시대보다 격차가 더 커졌다 (김부자 2005).

재일조선인 여성 1세와 2세에게서 나타나는 비문해·비취학 문제는 민족, 계급, 성별의 위계와 모순이 중첩하며 생겨났다. 하지만 연구 대상자 여성들은 학교에 다니지 못한 것에 분노를 하는 것 같진 않았다. 당시에는 그것이 '당연한 일'이었고 유교 질서에서는 부모에게 절대적으로 복종해야 했다. 여성 자신도 성별 규범을 내면화했고 학교에 다니지 못한 것을 '성차별'로 파악하는 시각이 옅었다. 박인석(1930년 출생, 제주도)은 남자 형제는 서당에서 한문을 배웠지만 자신과 언니는 서당에 다니지 못했다고 했다. 박인석이 "글을 모르면 남자가 아니지" 하고 말했듯 글자는 남성 소유물이었다. 특히 장남은 제사를 지낼 때, 제단에 올리는 '지방'(紙榜, 얇고 긴 백지에 검은 글씨로 고인의 성과 이름, 고인과 제주의 가족관계 등을 쓴 것-옮긴이)을 써야 하는 임무가 있다고 한다. 이렇듯 여성 자신도 글자를 '남성다움'과 관련짓는 성별 규범을 내면화했다.

주류 사회에서의 소외와
가족 의존

하지만 내면화한 성별 규범과 문해 능력을 향상하려는 욕망은 별개다. 박인석은 일본에 있는 언니를 따라 학교에 다니기 위해 13세 때 일본에 건너갔다. 당시 초등학교 1학년으로 입학하고자 했지만 '조선인은 바보 취급 당하고 힘든 일 겪는다'는 말을 듣고 다니지 않기로 했다. 일본에 가면 조선 농촌보다 수월하게 학교에 다닐 수 있겠다고 기대했지만 민족 차별 때문에 입학을 단념했다. 박인석은 '읽지도 못하면서' 길거리 간판과 티브이, 신문을 보는 게 좋았다. 다음은 박인석의 말이다.[5]

"야간중학교에 들어가기 전까진 쓰지도 못하고 '아마도 읽기'[6]만 했지. (글자를 봐도 뜻이) 이어지지 않고 무슨 말인지 모르지만 이리저리 맞춰서 기억했어. 신문도 못 읽는데, 언니는 읽는

척하고 받아봤어."

—총련이 하는 국어강습소(한글을 배우는 교실)에는 안 가셨
나요?

"국어강습소는 있었지만 밤 11시까지 일하고 애도 있으니 못
다녔지. 근처에 있어서 가보고 싶었지만. 귀국하고 싶었고. 하
여튼 나는 어떻게 해서든 글자는 배우고 싶었어. 아이가 크면
우리학교(민족학교)에 다녀야겠다고 생각했어. 그게 희망이었
어. 그런데 아이가 다 컸더니 이제는 50살이 넘었고. 이제 내
인생이 다하지 않았나 싶을 때 티브이에서 야간중학교를 봤
어.[7] (티브이에 나온 사람들을 보니) 다 조선인이더라고."

읽고 쓰기를 배우지 못한 여성들은 자기 아이를 학교에 보
내고 자기도 언젠가 학교에서 글자를 배우겠다고 상상으로만
바랐다. 비문해로 인한 어려움은 여기서 다 서술할 수 없지만
첫째로 필요한 정보를 충분히 얻지 못하는 어려움을 들 수 있
다. 물건을 살 수는 있지만 물건에 쓰인 글자를 모르므로 품질
을 알기 어렵다. 우편물이나 주민자치회 게시판, 아이가 학교
에서 받아 온 가정통신문의 내용을 남편이나 아이에게 물어봐
야 한다. 입국관리국 통지 엽서를 못 읽어서 모르고 버렸다가
기한을 넘긴 사람, 비문해를 들키고 싶지 않아 자식 수업 참관
이나 보호자 모임에 결석한 사람도 있다.

둘째로 여성의 행동반경이 좁아지는 어려움을 들 수 있다.
역에서 전철표 판매기를 사용하지 못하고, 역 이름을 몰라 자

기가 어디에 있는지 모르거나 급행 전철과 완행 전철을 구분하지 못하기도 한다. 외출했을 때 화장실에 가려 해도 찾는 데 시간이 걸리고 실수로 남성 화장실에 들어가기도 한다. 집에서 먼 곳은 '별세계'와 같아 누가 옆에 없으면 나가길 꺼려한다.

셋째로 비문해는 여성의 주체성을 빼앗고 가족 의존을 강화한다. 모르는 곳이나 구청에 볼 일이 있어 갈 때에 가족이 반드시 동행해야 한다. 이런 식으로 비문해 여성은 남성보다 상대적으로 많이 가족에게 의존할 수밖에 없다.

넷째로 자기가 살고 있는 사회에 대한 지식을 얻을 수 없는 소외감이다. "글자는 나의 적", "학교는 창문이 많다. 세상을 더 잘 볼 수 있도록"은 박인석이 야간중학교에 입학하고 17년이 지났을 때 지은 글 제목이다. 글자는 자신과 사회 사이에 놓인 벽이다. 따라서 글자를 배우는 학교는 자기가 사는 사회를 볼 수 있는 창문이다. 비문해는 생활을 불편하게 할 뿐만 아니라 '사회'에 들어갈 가능성을 막는다.

그런데 재일조선인 여성은 주로 가정 안에서만 지내는 것을 어떻게 생각할까. 신윤정(1920년 출생, 제주도, 1세)은 어린 시절 서당에서 글자를 조금 배운 게 전부다. 비교적 유복하고, 여성도 교육을 시켜야 한다는 교양 있는 집안에서 자랐다. 하지만 학교를 좋아하지 않아서 다니지 않았다고 한다. 어렸을 때는 공부의 중요성을 몰랐으나 나중에 커서는 글자를 술술 읽고 쓰는 남자 형제가 부러웠다. 제주도에서 결혼하고 28세 때 남편과 함께 일본에 건너왔다. 남편 사업이 잘돼서 특별히 일을 돕거나 부업을 하지 않고 '전업주부'로 살 수 있었다고 한다.

"야간중학교에 들어가기 전까진 거의 매일 집에 있었어. 집에
서는 우리말(조선어)만 쓰니까 힘들지 않지. 일본어는 모르지
만. (중략) 일본어는 남편이 쓰는 말을 들으며 익혔어. 신문 제
목 같은 거(를 손가락으로 가리키며 물어봤어요). (일본어로 말은
해도) 티브이를 보면 몰라. 난 정치에 관심이 있어요. 국회 중
계방송 보는 게 취미예요. 그래도 모르면 남편한테 물어봤어
요. 못 알아먹으니까 가슴이 답답하고 아파. 어릴 때 학교에 다
닐걸 후회했어요. (중략) (70대가 돼서야 야간중학교에 입학했을
때) 학교는 분교 교실이었지만 재밌었어. 선생님 말씀도 좋고
사회 수업이 좋았어. 비 와도 바람 불어도 가. 70살이니까 머
리에 안 들어오지. 그래도 계속하면 들어와. 더 젊었으면 야간
고등학교에도 다니고 싶었는데 멀어서 자식이 반대했어요."[8]

자신이 살고 있는 일본 사회에 대한 큰 관심과, 글자를 모
르는 원통함이 전해져 온다. 사회를 알고 싶기 때문에 눈앞에
놓인 언어 장벽은 더 크게 느껴졌다. 소외감이 들고 초조했다.

성역할의 변화와
야간중학교 입학

거듭 강조하듯이 재일조선인 야간중학교 학생은 '중노년 여성'이 다수다. 이는 다른 공립 야간중학교(피차별 부락민, 아시아에서 온 이주자, 중국 귀환자, 일본계 이주자, 난민)의 양상과 크게 다르다. 1970~1980년대 시민운동의 결과로 공립 야간중학교가 속속 생겼고 미처 예상하지 못한 재일조선인 여성이 많이 입학했다. 다시 말해 공립 야간중학교가 설립된 시기와 재일조선인 1세, 2세 여성이 가사에서 어느 정도 벗어나는 중년과 고령이라는 생애과정이 우연히 겹쳤다. 하지만 '어른 중학생'이 되는 데는 큰 결심이 필요하다. 또 중노년으로 중학교 졸업장을 따도 사회에서 지위가 향상될 가능성은 남아 있지 않다. 그렇다면 재일조선인 여성은 어떤 계기로 야간중학교에 입학할 결심을 했을까.

박윤경은 1920년대에 경상도 농촌에서 태어났다. 가난해서 부모님은 8명의 자식을 다 교육시킬 수 없었다. 남자 형제만 서당에 다녔다. 본인은 5세부터 농사일을 하면서 야학에 2년 정도 다녔던 게 전부다. 16세 때 학교에 다니기 위해 일본에 갔지만 전쟁으로 상황은 좋지 않았다. 3개월 후에는 재일조선인 남성과 결혼했다. 그 뒤로 아이 7명을 낳고 남편의 부모와 형제를 보살폈다. 또 가업도 하고 장사도 하고 부업도 했다. 일만 한 세월이었다. 자는 시간도 아껴가며 일했지만 공부 의욕은 사그라들지 않았다. 50대 후반에 야간중학교에 입학한 박윤경의 말을 인용한다.

―(조선에 있을 때) 가족들은 일본에 공부하러 가는 것을 반대하지는 않았나요?
"할매도 있었고 어머니하고도 같이 살았는데 여권(도항허가증)이 (오빠가 준비해줘서) 급히 왔어. 시간이 없으니까 나도 갈래갈래, 하고 막상 가려니 가슴이 뛰었지. 친구들 아무한테도 말하지 않고 가장 친했던 한 명한테만 우리 이렇게 해서 간다고 말했어. 말하고 시골에서 나왔어. 전날에 길을 나서서 시내에서 하룻밤 자고 (부산까지) 가는 거였어. 하룻밤 자고 버스 타고 기차 타서 부산까지 가는 거야. 시내에서 엄마랑 여관에서 묵고 다음 날 아침에 그대로 엄마랑 헤어졌어. 그리고 친척하고 같이 부산까지 갔어. 그 친척 남편의 동생이 일본에 다녀온 적이 있어서 부산까지 데려다줬어. (중략) 나도 1년 지나면 돌아올 예정이었고. 자수하고 공부한 공책만 싸가지고 갔어. (중략) 결혼은 (일본에서) 세 달 됐을 때 했어. 공부하려고 일본 온 건데 전부 군사 훈련 중이더라고. 준비 다 하고 4월에 결혼했어. 그때는 빠르고 자시고도 없었지. 옛날에는 선보지도 않고, 남편 아버지가 내 먼 친척하고 친구였나 했어. 그래서 오빠가 시골에서 동생(본인)이 왔다고 남편 아버지한테 말한 것 같더라고. 친척네 딸이 왔대, 하면서 그게 계기가 됐지(웃음). 전혀 선도 안 보고 옛날에는. 한국 고향하고 성만 말하면 오케이였지 뭐. 양반인지 아닌지 어떤 집안 사람인지 서로 다 알잖아? 그래서 얼굴도 모르고 결혼했어."

— 결혼식은 일본에서 하셨어요?

"응. 오빠하고 올케하고 아이 둘. 먼 친척도 몇 명 있었고. 일본 전통옷 입고."

— 일본식 결혼식이었네요. 기분이 어땠어요.

"조선옷 입는 건 금지했으니까. 그거 입고 다니면 물을 확 부어버리거나 등을 베어버리니까. 기분이랄 것도 없었어. 고향에서는 내가 (결혼) 하려고 일본 갔다고 생각한 것 같더라고 (웃음). 난 공부하러 왔는데."

— 일본에서 학교는 다니셨어요?

"아니아니, 일본 왔더니 군대만 많아. 공터에서도 논에서도 훈련만 하더라고. 슬슬 그때부터 전쟁 시작했으니까 공부할 때가 아니었지. 계속 기모노 입고 생활했어."

— 남편은 어떤 분이셨어요?

"남편은 스무 살. 한 살 차이. 그때 철공소에 다녔어. 철공소도 일이 없으니까 군모 있잖아, 군인들이 쓰는 거. 그걸 자기들끼리 재봉틀로 만들었어. 자기들 다 징용될 거라면서. 그래서 오빠도 공장에 갔고. (남편은) 11살 때 일본 와서 지금도 한자 읽고 써. 일본 학교 다녔고. 아이는 일곱이고 다 결혼했어. 남편은 외아들이라 열심히 일만 했지. 전쟁이 막 일어났을 때는 아이 둘 데리고 방공호 왔다 갔다 했어. 시아버지, 시어머니도 같이 살았는데 두 분 다 여기서 돌아가셔서 한국에서 장례식 하고. (중략) 이제 일해서 먹고살 수 없고 먹을 것도 없고. 시어머니는 아프고 남편의 할머니는 돌아가시고 시아버지도 전쟁 때 돌아가셨어. 시어머니 아플 때 38년 동안 간호했어. 난 아직까지 영화관 간 적도 없으니 영화에 관심도 없고. 전후엔 남자도 할 일이 없었어. 전부 빈손이었다고. 내가 일을 좀 해도 바지나 어린이 신발을 재봉틀로 만드는 정도야. 쓰루하시에서 자전거 가져왔지만 자전거도 잘 안 타고. 버스비도 없으니 집에서 재봉틀로 부업했어. 남자도 일이 없어서 근처에 사는 사람한테 혹시 일거리 있냐고 물어보니 재봉틀 하는 일 있다고 하더라고. 그걸 시작으로 집에서 핸드백 만들었어. 재료가 아무것도 없으니까 딱딱한 나일론으로 주머니처럼 만들고 기저귀처럼 만들고. 재봉틀 잘하는 사람이 재봉틀 하는 거 보면서 나도 일한 건데. 그런데 만드니까 돈은 안 주고. 먹을 것도 없어서 정말 고생했어. 지금까지 계속 그래. 50년 넘게. 계속 못살았어. 이리저리 암거래로 쌀 사 도매상에 가서 팔기도 했어. 암거래 쌀이니까 경찰이 보면 안 되지. 끌고 가니까. 경찰 오기 전에 다 같이 쌀 사러 가. 그러기도 하고 녹말가루 사서 된 장사탕도 만들어 팔고 이런저런 일 했어. 그래도 안 되니까 나중에 핸드백 만든 거야. (중략) (북한에 돌아가려고) 배 기다려서 타고 돌아갈까 했는데 거의 싸우다시피 말렸어. (가족 중) 아무도 안 돌아갔어. 여기(일본)서 살기 너무 힘드니까 전부 같이 돌아가고 싶은 기분도 있었어. 그러면 배고픈 걱정은 안 해도 되잖아. 그런데 내가 결사반대했어. 왜냐하면 내 나이 세어 봤더니 30살도 지났고 일본 와서 이 나이에 이제서야 말도 아는데, 또 돌아가면 모르게 되잖아. 돌아가도 이제 형제도 없고 고향이라 해도 내가 살던 고향과 전혀 다르고. 또 고생하면 인생 다 끝난다고 생각하니 절대 갈 수가 없었어."

박윤경은 일본에 와서 결혼하고 가족과 산 생활을 자세하게 말했다. 여기서 드러나는 경제적으로 불안정한 생활은 민족 차별로 경제구조 최하위에 위치한 많은 재일조선인의 생활이기도 하다. 아이 일곱을 키우고 시부모를 돌보고 현재 손주가 열한 명이다. '어머니', '아내', '며느리'로서 가족에게 헌신하고 일한 인생을 만족스럽게 말하는 모습이 인상적이었다. 가족 돌봄노동은 많은 사회에서 여성에게 부과된 역할이지만 재일조선인 여성은 조선 식민 지배와 일본의 민족 차별이라는 사회 상황이 연속으로 있었기에 더더욱 여성의 부담이 크다. 그런 상황에서 '학교에 다니는 것'은 꿈일 뿐이었지만 우연히 야간중학교를 알게 되자 바로 행동에 옮겼다.

"야간중학교에 들어갔을 때가 58살. 나는 야간(중학교)도 몰랐고, 이제 나는 공부와 연이 없다고 생각해서 일만 했고 바깥 사정도 몰랐어. (야간중학교 교사를 손가락으로 가리키며) 이 사람이 그렇게까지 (야간중학교를 선전하는) 선전지를 돌렸는데 나는 한 장도 못 받았고. 아들이 근처 일본인 노인이 야간중학교에 다닌다고 말하더라고. 진짜? 하고. 야간중학교 어디에 있는데, 하고 묻고. 내 발로 찾아서 가려고 하니 교육위원회에 가라고 하고. 교육위원회가 어디에 있는지 알 수가 있나, 가본 적도 없는데. 그래서 찾아서 물어서 갔어. (야간중학교는) 지금도 끈기로 다니고 있어. 고집 세지? 그래서 25년 동안 학교를 알고 지낸 셈이야. 그런데 집에서 계속 일을 하니까. 학교 갔다 와도 12시까지 일한다고. 가족들 다 잠들면 나중에 자야지 하면서. 그래서 오랫동안 다니고 있는데 그다지 책상 앞에 앉아서 공부 못해. 쉰 적이 없어."

―가족이 반대하지는 않았나요?

"아무도. 시어머니도 돌아가셨고, 나도 할 일 다 했고, 자식들도 학교 다 마쳤고, 이젠 내 차례라고 생각했지. 소원이었으니까. 집이 좁아서 넓혔는데 앉을 곳도 없고. 그때는 (조명도) 퓨즈가 바로 끊어져. 그런데 내가 무슨 조명을 쓰겠어. 우리는 고생하는 데 익숙했으니까. 어릴 때부터. 야간중학교 다닐 때 장남이 결혼해서 나는 작은 가게 하나 냈어. 그래서 아침 9시부터 도시락 싸가지고 일하러 가서 바로 학교에 갔어. 밤 9시 넘어서 집에 와. 가족들 일이 바쁘면 저녁 먹을 새도 없고 또 일해서 10시 넘어서 먹어. 그때는 매일 목욕도 못했어. 지금은 몸도 건강하고 아이들도 다 독립해서 가족도 있고 이제 내 소원만 남았어."

—야간중학교에 조선인 여성이 많은 건 알고 계셨어요?

"그러니까 그런 걸 전혀 몰랐어. 집 밖에 나간 적이 없으니까. 지금처럼 티브이도 없고 라디오도 일하는 데 필요 없으니까 없었고. 선전지도 모르고. 다들 학교에 와서 서로 알게 됐고 나도 힘내자, 했어."

박윤경은 1970년대 전반에 조에 야간중학교가 생기자마자 입학했다. 야간중학교가 있다는 말을 들었을 때 자식들은 이미 독립했고 남편의 양친도 모두 타계해서 가사, 육아, 간호 일은 어느 정도 줄어든 상태였다. 그러나 야간중학교에 입학해도 가사노동과 일에서 완전히 해방되진 않았다. 공부와 가사노동 모두를 해내기 위해 매일 조금씩 시간을 내서 20년 이상 야간중학교에 다녔다. 필자는 데이하우스 사랑방에서 참여관찰을 할 때 박윤경과 매일 만났다. 박윤경은 낮에는 사랑방에 오고 밤에는 우리서당에서 공부했다. 그 사이 짬짬이 집에 가고 남편 식사 준비를 하는 등 꼼꼼히 집안일을 했다. 남편은 아주 조용한 성격으로 아내의 행동에 참견하지 않는 사람이었다. 박윤경은 '주부'로서 가사노동을 완벽히 했기에 야간중학교에 다니는 '자유'를 획득했다고도 할 수 있다. 더 중요한 점은 인터뷰에 직접 나오진 않지만 '시어머니'의 위치다. 근처에 자식 부부가 살고 있고 '며느리'에게 집안일을 맡기며 의사를 결정하는 위치에 있다. 여성은 결혼하면 남편 가족에게 종속된 생활을 한다. 하지만 아들이 태어나 결혼해서 독립하면 '시어머니'라는 상대적으로 안정된 위치와 권위를 누릴 수 있다. 이렇게 야간중학교 입학이라는 행위는 중노년 재일조선인 여성의 가정 내 위치 변화와 밀접한 관계가 있다.

중노년자로 야간중학교에서 학습을 하면 기억력 쇠퇴, 건강 악화, 수입 감소, 손주 돌보기 등 젊었을 때는 없었던 저해 요소가 있다. 야간중학교 수업은 평일 매일 저녁 5시부터 9시 즈음까지 진행된다. 이 교과과정을 다 해내려면 엄청난 노력과 자기 통제, 가족의 협력이 필요하다. 1세와 2세 여성은 오랫동안 가슴에 담아두었던 '학교에서 공부하는' 꿈을 이루기 위해 갖은 고생을 마다하지 않고 어려운 일에 도전했다.

가부장제와
협상하다

　중노년기에는 재생산노동이 줄어든다. 또 자식과 자식 배우자의 손을 빌려서 어느 정도는 그 부담을 물리적으로 해결할 수 있다. 야간중학교에 입학할 때 대부분 가장 큰 문제가 되는 것은 남편이다. 여성이 공적 영역에서 활동하는 일은 가부장제가 정한 성별 규범에서 크게 벗어나기 때문이다.

　조선왕조의 지배 원리였던 유교는 여성이 공적 영역에서 소외되어 며느리, 아내, 어머니로서 의무를 다하는 것이 인생이 행복해지는 왕도라고 했다. 유교와 결합한 성별 규범은 식민 지배 시기에 조선에서 일본으로 건너온 재일조선인의 생활에 큰 영향을 끼쳤다. 역사적으로는 특히 식민지 시기에 남성이 겉으로는 가장으로 군림해도, 조선인 남성의 사회적 지위가 상대적으로 낮았기 때문에 여성이 공적 영역에 나가 노동을 했다. 하지만 가부장제는 규범으로서 존속했고 재일조선인 여성의 삶에 영향을 미쳤다. 따라서 야간중학교 입학을 바라는 여성은 보이지 않는 가부장제와 대결할 수밖에 없다. 이는 곧 남편과 부딪쳐야 한다는 뜻이다.

여기서는 '가부장제와 협상'이라는 개념을 사용하여 야간중학교 입학 시에 부부 간에 어떤 협상이 이루어졌는지 살펴보겠다. 칸디요티(Kandiyoti, 1988)는 '가부장제'[9]가 고정적 개념으로 쓰이는 걸 비판하며 다양한 형태의 가부장제가 있음을 강조했다. 또 여성은 억압에 수동적이기만 하진 않으며 계급, 카스트, 민족에 따라 여러 가지 저항 전략을 구사한다며 구체적 예를 들어 보였다. 야간중학교를 둘러싼 부부 간 협상에는 여성이 가부장제와 겪는 갈등이 상징적으로 나타난다. 따라서 여성의 주체 형성과 다양한 저항 전략을 이해하기 위해 '가부장제와 협상' 개념을 사용하겠다.

연구 대상자 14명은 모두 기혼자(사별, 이혼 포함)다. 야간중학교에 입학할 때 이미 남편과 사별 혹은 이혼한 사람은 7명이었다. 여성이 남성보다 평균 수명이 길다고는 해도 높은 비율이라고 생각한다. 또 그 7명 중 2명은 사별 후 1, 2년 이내라는 짧은 기간에 입학했다. 입학 시에 남편이 살아 있던 여성은 7명으로, 그중에서 남편이 아내의 입학을 찬성한 예가 4명, 남편의 반대를 무릅쓰고 입학한 예가 3명이었다. 이상의 예에서 남편과의 관계는 여성이 야간중학교에 입학할 때 극복해야 할 문제임을 알 수 있다.

이번 절에서는 여성들의 말하기를 중심으로, 야간중학교를 두고 여성이 남편과 구체적으로 어떻게 협상했는지 살펴보자. 협상을 더 잘 이해하기 위해 그 이전의 부부 관계, 또 야간중학교 이외의 다른 민족 조직과 어떠한 관계에 있었는지도 고찰해 보자.

1) 남편이 반대한 사례

임용길(1920년 출생, 제주도, 1세)은 8세 때 아버지와 함께 일본에 왔다. 17세 때 야학에 1년 동안 다니면서 일본어를 배웠다. 이사하면서 야학을 그만두고 새로운 생활을 시작한 곳에서 '빨간(공산주의자) 우리말(조선어) 학교'에 3개월 다녔다. 20세 때 남편과 결혼했다. 남편은 일본에서 고등학교까지 졸업했고 일을 열심히 하는 사람이었다. 그런데 남편이 몸이 약해 임용길은 샌들 밑창을 붙이는 일이나 재봉틀 일을 부업으로 하면서 생계를 유지했다. 다음은 57세에 야간중학교에 입학한 임용길의 말이다.[10]

"학교는 계속 가고 싶었어요. 야간중학교는 신문에서 보고 알아서 덴노지 야간중학교에 입학했어요. 가족한테 말 안 했는데 서류가 집으로 와서 깜짝 놀랐어요. 조에 야간중학교가 생겼을 때 덴노지에서 조에로 옮겼어요. 조에는 60살 때 입학했고. 자식들 다 결혼시키고요. 67살까지는 재봉틀 일을 부업으로 했고요. 월말이 되면 남편이 투덜대요. "(그런 거 공부해서) 변호사라도 될 작정인지, 검사라도 되고 싶은 건지"하며 싫은 소리 했어요. 조에에 입학할 때 남편이 구청에 증명서 받으러 갔어요. 입학할 때는 반대 안 했는데 입학하니까, 3년 안에 졸업도 못하고 돈 없으면 힘들다고 말하더라고요. 그래서 5, 6년 다녔는데요, 남편한테 화가 나서 야간중학교 그만뒀어요. 67살에 남편이 죽고 야간중학교에 다시 들어갔어요. 6년 전에 졸업했어요. 지금은 혼자 사니 편해요. 행복해요. 조에에 들어가서는 여자들만 있는 계에 들어서 일은 바빴지만 즐거웠어요. 선생님 이야기도 듣고, 사회하고 산수가 좋았어요. 일을 해서 친구는 안 생겼지만요. (중략) 민단에는 행사가 있으면 가는 정도예요. 말 모르니까요. 남편은 (오사카에 사는 재일조선인 모임인) 제주도 모임 회장을 맡아서 친척 모임에도 잘 나갔어요. 나는 한 달에 한 번 정도 나갔는데 엘리트 남성만 있는 것 같더라고요. 제주도는 남자를 학교에 보내고 일 시키지 않아요. (나는) 일만 했어요. (내가 주로 일을 하니까) 남편은 제 밑에서 일하는 사람이나 마찬가지였어요. 민단에도 있지만 나는 야간중학교와 더 친하달까. 하지만 야간중학교에 다녔을 땐 공부만 하고 친구가 없었어요. 사랑방에 와서 처음으로 이야기를 나눌 수 있었어요. 지금 생활이 제일 느긋해요. (중략) 남편이 죽고 혼자서 계를 들었어요. 여자끼리 여행도 가고 온천도 가고. 30명 정도 있어요."

남편이 살아 있을 때 임용길은 일하느라 바빴지만 그래도 남편한테 신경을 쓰느라 집 밖에서 자유롭게 활동하지 못했다. 남편은 민족 조직에서 활발히 활동하고 동포 남성과 열심히 교류했다. 하지만 아내가 야간중학교에 가고 집 밖에서 인간관계를 넓히는 것은 바라지 않았다. 남편과 마찰을 일으키고 싶지 않아 처음에 덴노지 야간중학교에 들어갔을 때는 남편한테 비밀로 했다. 조에 야간중학교로 옮겼을 땐 남편이 투덜거리고 관계가 악화되어 야간중학교 다니기를 단념했다. 그리고 남편이 죽고 나서는 다시 야간중학교에 입학했다. 거기에서 동포 여성과 많이 만났고 즐겁게 교류를 할 수 있었다.

또 다른 여성(1910년대 출생, 전라도, 1세)은 18세 때 결혼하고 20대 초반에 먼저 일본에 가 있던 남편을 따라 어린 아들을 데리고 갔다.[11] 조사 당시 남편은 사망한 뒤였다.

"남편이 먼저 일본에 와서 바에서 일했어요. 나중에 남편하고 같이 3년 정도 고깃집도 했어요. 남편이 술고래라 3,000만 원 손해 본 적도 있고. 남편이 술, 여자, 도박을 해서 고생 많이 했어요. 죽고 싶어도 자식들 얼굴 보면 못 죽겠고. 남편은 84살 때까지 (폐품) 수거 일을 했어요. 그러다 8년 전 96살에 죽었어요. 남편이 죽고 나서는 아들 넷이 송금을 해줘요. 집 월세가 110만 원 정도. 연금은 없지만 동오사카시가 매달 10만 원[12] 줘요. 병도 있지만 지금은 편하게 잘 살아요."

─결혼은요?

"18살 때. 남편은 세 번째 결혼이었어요. 25살이라고 말했는데 사실은 33살이었어. 남편은 (결혼하기 전에 조선에 여자) 얼굴을 보러 왔었는데 나는 안 봤어. 세 번째란 것도 난 몰랐어. 알았으면 결혼 안 했을 텐데. 누가 하겠어. 맞아도 부모 부끄럽게 만들고 싶지 않아서 참기만 하고. 첫 (아내) 제사를 60년 동안 했어요. (남편한테) 누구 제사라고? 물었더니 처음엔 숨겼지. (첫 아내) 아이들도 또 엄마가 바뀌나 하고 불안해했고. 전부 일본에 와서 알았어요."

—남편이 먼저 일본에 있었고 결혼하려고 다시 한국에 갔다가 결혼하고 또 일본에 온 거네요?

"맞아요. (결혼하고) 3년간 (조선) 집에서 살았어요. 아들도 태어났어요. 아버지가 글을 쓸 줄 아셔서 어머니가 쓴 편지(를 받았어요). 35살까지는 나도 (남편을) 참았어요. 37살부터는 할 말 했어요. 아이는 안 때렸지만 나도 친구가 없고 힘들고. 부모한테도 말 못하고. 슬픈 얼굴로 찾아뵐 수 없었어요. 전쟁도 끝나고, 딸이 죽고 사흘째 되는 날 배가 왔어. (고향에 가려고 했는데) 점쟁이가 한국에 가면 혼자 된다고 말해서 충격이었어요. 그런데 안 가서 잘됐어요. 가도 아무것도 없어."

—민단하고는 관계가 없었나요? 부인회라든지.

"우리도 민단인데 전혀 활동 안 해. 부인회도 간 적 없어. 남편이 집에 있는 동안은 밖에 못 나가. 30분도 안 돼."

—집회에도 안 나가셨어요?

"민족학교가 없어졌을 때 갔어요(한신교육투쟁). 깃발 흔들고.

민단에서도 지문(날인 반대) 데모나 (지방)참정권 (획득 운동)도 하고. 민단은 (가족당) 한 사람만 나가면 돼. 남편 아니면 내가 나가면 돼."

─남편 일을 돕지는 않으셨어요?

"도운 적 없어요. 집안일만 했어요. 주민자치회도 부부끼리 나가고. 항상 같이. (중략) 막내가 신문에서 야간중학교 광고를 보고 말해줬어. 조에 야간중학교. 학교 갈 때 남편이 화냈어요. 가지 말라고. 시끄러웠어. 남편은 한자만 조금 알고 학교 다닌 적도 없고 서당만 조금 다녔어요. 자기가 글 모르니까 심통이 났어요. 남편은 야간중학교 (안)에는 절대 안 들어갔어요. (중략) 학교에서 조금 늦게 돌아오면 항상 밖에서 기다리고 있어. 수업하는 동안 밖에서 (교실) 안을 들여다본 적도 있어요. 혹시 남자 있는 게 아닌가 의심하는 거예요. 학교에 데리고 가면 내가 창피해. 야간중학교는 20년 정도 다녔는데 (수업은) 10년 정도만 나갔어요. 할 일이 많고 부업도 해야 하고 5시에는 물 길러 가야지. (밤) 8시에서 12시까지는 부업. 그래서 처음엔 금방 잊어버렸어. 겨우 이름하고 주소 쓸 수 있었어. 전철 검표나 길 표지판은 알아. "넌 아니까 좋겠구나" 하고 남편이 말하더라고. 둘이 아니면 혼자 밖에 못 나갔으니까. (남편이) 죽을 때 "고생 많이 시켰지" 하고. 장례식은 저기 절에서 일본식으로. 한국인하고 교류는 적어. 야간중학교에 갔더니 (재일조선인이) 엄청 많아서 놀랐어요."

이 사례에서는 남편이 아내를 구속하고 집에 가두려는 경향이 있었다. 남편은 동포 남성과 만나며 즐겁게 지냈지만 결혼해서 3년째에 일본에 온 아내는 동포 여성과 교류가 금지되는 등 고립된 생활을 해야 했다. 그런 상황에서 야간중학교 입학을 결심하는 건 보통 일이 아니었을 것이다. 남편은 갖은 방해를 했지만 이 여성은 계속 야간중학교에 다녔다. 남편도 문해 능력이 충분하지 않았지만 부부가 같이 야간중학교에 다니지는 않았다. 재일조선인 여성 학생이 대부분인 야간중학교에서 중노년자 부부가 책상을 맞대고 공부하는 일은, 남녀유별과 남성우위를 내면화한 1세 남성으로서 받아들이기 어려웠을 것이다. 반면 우월감을 항상 증명할 필요가 없는 여성은 사람 눈을 의식하지 않고 야간중학교에서 공부를 했다는 측면에서 남성보다 해방됐다고 할 수 있다.

다음으로 '1세에 가까운 2세'라는 강우자의 사례를 보자. 강우자는 5형제 중 장녀로 어렸을 때 아버지를 여의었다. 학력은 일본 초등학교에서 1년 다닌 것이 전부다. 일본에서 태어나서 일본어가 유창하지만 야간중학교에 들어가기 전까지는 문해가 어려웠다.

강우자는 5형제를 혼자서 키우시는 어머니를 도와 학교에 가지 않고 일본인 농가에서 임노동을 하며 생계를 이어갔다. 이러한 생활을 장녀로서 당연하다고 생각하고 동생들이 학교에 다닌 걸 기쁘게 여겼다. 어머니는 조선에서는 유복한 가정에서 자랐지만 '여자는 밖에 내보내지 않는다'는 풍습 때문에 글자를 배우지 못했다. 어머니는 '남자 여자 할 것 없이 사람이라면 글자를 몰라선 안 된다'는 생각을 가지고 계셨지만 가난해서 딸을 교육시키지 못해 한스러워하셨다고 한다.

결혼 후에는 아이를 넷 키우고 봉제 일을 부업으로 했다. 남편은 1세 남성 조선인으로서 강한 자부심을 가지고 있었다. 하지만 '말만 했다 하면 "여자가"라고 하며' 아내를 무시했기 때문에 강우자는 집에서 숨죽이고 살았다. 53세 때 야간중학교에 입학했으나 남편이 2년 동안 반대했다고 한다.

"나, 말하기가 조금 민망한데 공부 좋아했어요. 그래서 딸이 학교에 들어갔을 때 같이 공부했어요. 딸이 귀찮다고 화낼 정도로. 딸이 학교에서 배운 걸 이해할 때까지 끈질기게 물어봤어요. 일[13]하면서. 나는 그렇게 한자를 배웠어요. 지금은 이해 못하는 것도 그때는 다 공부했어요. (중략) 구구단 같은 거. 분수는 도저히 모르겠더라고요. 남편이 그런 걸 꺼려하진 않았어요. 한자는 잘 가르쳐주었어요. 신문 못 읽겠다, 이거 뭐야? 하고 물어보면 가르쳐줬어."

—야간중학교에 들어갈 즈음은 어땠어요?

"들어가려고 했더니 남편이 신문 읽을 줄 아니까 안 가도 된다고 하는 거예요. 지금 들어가서 뭐 하겠냐며. 우리 남편은 야간중학교를 몰랐거든요. 주간(중학교) 연장이라고 생각했나. 또 하나는 그 야간중학교가 조금 평판이 좋지 않았던 거요. 가보면 학교의 의미를 잘 알게 되는데 말이에요. 편견을 가지고 보니까요. 여자들이 밤에 모여서 말이야, 하며 편견이 있잖아요. 나는 학교가 그냥 모이는 곳이 아니라 공부하는 곳이라고 생각했어요. 나는 공부가 좋았으니까."

—그래서 어떻게 됐어요?

"내가 크게 아팠어요. (중략) 병원에 누워서 혹시 죽으면 뭐가 마음에 걸릴지 생각했는데, 보통 자식 결혼시키지 않은 거 떠올리잖아요. 난 그런 거 생각 안 했어. 학교에 못 간 게 제일 한스러웠어. 학교 가고 싶었어. 졸업식도 하고 싶었어. 정말로요. 그래서 야간중학교를 알았을 땐 남편이 반대했어요. 그래서 고등학교도 가고 싶다고. 그것도 사위가 대신 말해줬어요. 장인어른, 장모님 가고 싶으시대요, 보내주세요, 하고."

학령기에 학교를 다니지 못했던 강우자는 그때그때 글자를 익히고자 노력했다. 하지만 병원에서 삶을 되돌아봤을 때 '학교에 다니지 않은' 설움을 누를 수 없었고 퇴원하면 야간중학교에 입학하기로 결심했다. 비문해인 아내를 돕기도 했던 남편은 모순되게도 아내가 야간중학교에서 본격적으로 공부하는 것은 반대했다. 아마도 '여성'이라는 규범에서 벗어난 행위였기 때문일 것이다. 강우자는 그때까지 항상 남편의 의향을 눈치 보았으나 야간중학교 입학에 대해서는 자기 의사를 바꾸지 않았다. 반대하는 남편과 2년 동안 다툰 끝에 자식 부부가 남편을 설득해 겨우 입학했다. 강우자의 사례에서는, 오랫동안 남편을 충실히 돌본 여성이 중노년기에 자기 인생의 의미를 깊게 생각한 끝에 남편한테 반기를 들고 개인으로서 자유를 추구한 모습이 나타났다.

2) 남편과 사별 후에 입학한 사례

남편이 야간중학교 입학 전에 타계했거나 남편이 입학에 찬성해 충돌이 일어나지 않은 사례들도 있다. 당연히 두 경우 사이에는 질적 차이가 있다. 남편이 먼저 타계한 사례로 진순남(1920년 출생, 경상도, 1세)의 이야기를 들어보자.[14] 진순남은 6세 때 언니가 결혼해서 살았던 산속 깊은 곳으로 건너갔다. 일본 절에서 더부살이하며 아이 돌보는 일을 한 후 10세 때 아버지 친척이 있는 오사카로 옮겼다. 오사카에서는 플라스틱 가공, 제빙, 봉제 일을 했고 19세 때 결혼했다. 부부가 같이 고무 공장에서 70세까지 일했다. 아들이 셋 태어나 이공계 대학에 보냈다. 남편은 '우리는 조선 사람이지만 재능만큼은 누구에게도 지지 않는다'고 생각해 아이들 교육에 열심이었다. 남편은 서당에 다닌 적은 있지만 조선에서도 일본에서도 학교에 다닌 적이 없다. 진순남은 남편이 갑자기 죽고 나자 친구의 권유로 59세 때 야간중학교에 입학했다.

"조선에서도 일본에서도 학교에 다닌 적이 없으니까 연필 쥐는 법도 몰랐어. 그때까지 모르는 글자는 전부 아들한테 물어봤어요. 부모가 모르니 불쌍했을 거야. 야간중학교에 입학한 건 남편이 갑자기 죽고 정신이 이상해졌는데(어찌해야 할지 몰라서) 아는 사람이 야간중학교에 다녀서 데려다줬어. 놀러 와, 하고. 야간중학교가 참 고마워. 처음 갔을 때 이런 세계도 있구나, 놀랐어요. 막 학교에 들어갔을 땐 이해가 안 됐어. 일본 학교인데 급식도 나오고. 그전에는 일만 해서 바깥에 나가지도 않았고 친구도 한 명 정도였어요. 밖에 나가면 안 되지. 여자는 집에 있어야 한다고 포기했어. 여자가 외출해서 세 집 떨어진 곳까지 웃음소리가 들리면 안 된다는 말도 들었어. 여자도 외출하는 사람 많아. 언니가 남편이 죽었을 때 자유로웠지. 정말로 (결혼은) 수명 줄인다니까, 하고 말했어. 세상은 그런 거라고 생각했으니까 힘들지 않았어. 일이 많아서 제때 마무리해야 했어. (중략) 남편이 죽고 10년 동안 고무 가공 부업하면서 학교에 다녔어요. 아파서 결석 많이 했지만. 아들도 좋아하더라고. 어머니 대단하시네요, 어머니 이제 숫자도 아시잖아요, 하면서. 며느리도 아이우에오 책도 사주고. 계산이 재미있더라고. 막 배우기 시작했을 때 얼마나 기뻤는지. 나눗셈, 곱셈. 음악도 좋아하고. 59세에 학교에 다니는 기쁨이에요. 창피할 것 하나도 없어. 꿈만 같았어. 10년 정도 다녔는데 제대로 다닌 적은 반도 안 돼. 친구도 많이 생기고 재밌었어. 전부 배우려는 사람들이고 좋은 사람들이었어. 선생님도 다 좋았어."

남편이 살아 있을 때 부부는 사이가 좋았다. 다만 여자가 자기 주장이 세서는 안 된다는 규범을 내면화해, 남편과 되도록 마찰이 일어나지 않도록 했다. 학교 입학 시 남편이 살아 있었다면 스스로를 규제하지 않았을까 생각한다.

3) 남편이 찬성한 사례

마지막으로 남편이 야간중학교 입학을 찬성한 사례를 보자. 이거련(1920년 출생, 전라도, 1세)은 일본에 먼저 있던 언니를 따라서 갔고 반년 후에 결혼했다. 가업이 순조롭고 비교적 집이 유복해서 전업주부로 생활했다.[15]

"조선에서 부모님은, 가난해도 아들은 초등학교만이라도 보내려고 하셨어. 여자는 부모를 돕고. 여자는 학교에 가면 버릇없어진다고 하고 농가에서는 어린아이도 농사일을 도와야 했어요. 학교에 가고 싶었어요. 여자도 부잣집 아이는 학교에 다녔죠. 일본어는 일본 아이들과 놀면서 배웠어요. (중략) 결혼한 뒤로는 집에만 있었고, 일본어 못해도 전혀 안 힘들었어요. 그래도 아이 학교에서 보호자 면담을 할 땐 글자를 몰라서 얼굴이 빨개졌어요. 숙제도 못 봐주고. 그래도 그 정도였어요. (중략) 62인가 63살 때 야간중학교에 입학했어요. 자식 다 키우고 콕 처박혀 지냈거든요. 친구가 그런 데도 있어, 하고 권해서 그날 바로 구청에 가서 신청했어요. 가족하고 의논 같은 거

안 했어요. 반대하면 이혼할 기세였어요. 그런데 다 찬성했어요. 잘됐다 엄마. 그렇게 글자 공부하고 싶었어? 하더라고요. 학교에 다닐 수 있었으니 오사카에 오길 잘했어요. (중략) 남편은 자상한 사람이었어요. 좋았어요. 간섭 안 하고 하고 싶은 대로 하게 하고. 보통 야간중학교에 오는 사람은 남편이 없어요. 있으면 못 와요."

이거련은 남편과 사이가 좋아 야간중학교에 순조롭게 입학할 수 있었다. 하지만 '야간중학교 입학'이 여성에게 일탈 행위라는 의식은 있었다. 이혼을 각오할 정도로 학교에 다니는 일은 중대했다. 남편의 이해를 얻은 이거련은 '운이 좋은' 사례라고 할 수 있을 것이다. 보통은 남편이 끼어들지 않는 경우가 적고 야간중학교에 다니는 재일조선인 여성은 예외적 존재다. 이거련의 이야기에서는 가부장제에 순종하듯 살아가면서도 인생을 개척하는 주체로서 자신감이 엿보인다. 순조로운 학교 입학에는 오랫동안 결혼 생활을 하며 쌓은 좋은 부부관계가 작용했다고 볼 수 있다.

오사카에 사는 재일조선인은 제주도에서 온 사람이 많다. 연구 대상자 가운데 비율로 미루어 추측하건대, 야간중학교 학생도 절반 이상이 제주도에서 왔을 것이다. 제주도는 전통적으로 여성의 경제활동이 활발했고 여성의 대외 활동에 비교적 관용적인 사회였다고 한다.[16] 야간중학교에 다닌 재일조선인 여성은, 여성이 가정 밖에서 자유를 누리던 제주도 문화에 영향을 받았다는 해석도 있다. 하지만 지금까지 생애과정을 봤듯이, 출신 배경과 상관없이 여성들은 야간중학교에 입학할 때 가부장제 성별 규범과 협상하는 경험을 했다. 직접적으로는 '남편'과 협상해 자기 의사를 관철했다. 남편과 사별하거나 남편이 입학을 찬성할 때에도 여성들은 성별 규범에서 완전히 자유로운 것이 아니라 눈에 보이지 않는 가부장제와 협상하기에 좀 더 유리했을 뿐이다. 이를테면 야간중학교에 다니지 않은 재일조선인 여성을 인터뷰할 때 "야간중학교 가는 사람은 남편이 죽었거나 (남편이 아내를 속박하지 않는다는 의미에서) 복 받은 사람"이라는 말을 자주 들었다. 야간중학교에서 공부할 수 있는 사람은 재일조선인 여성 일부이고 "가고 싶어도 못 갔다"는 여성이 많이 존재한다.

그리고 여성이 남편 및 가족과 충돌하면서도 부부 및 가족이라는 틀을 부정하거나 거기서 벗어나지 않았다는 점도 중요하다. 여성은 협상을 할 때 오랫동안 가족에게 헌신한 것을 방패로 삼아 유리한 방향으로 관계를 변화시켰다. 앞서 박윤경의 이야기에서 등장한 "이젠 내 차례"라는 말도 그 점을 보여준다. 즉, 여성들은 가부장제에 저항하면서도 가부장제와 영리하게 협상해 그 전과 다른 주체를 형성했다. 또 입학 후에도 협상은 계속됐다. 야간중학교에 다니는 하루하루가 행위의 수행으로 가부장제에 저항하는 주체를 형성하는 과정이었다.

4 장

야간중학교 독립운동에서 형성된 대항 주체

새로운
여성 주체 창조

"처음에는 조선인만 있는 학교라는 것도 모르고 창피했어요. 학교에 들어갔더니 우리 집처럼 글자 모르는 사람들투성이였어. 우리 집은 (조선인인 걸) 숨긴 적이 없어. 숨긴 걸 들키면 오히려 더 창피하지. 그래도 우리 집은 시골에서 (일본 이름) '도쿠야마'를 사용했어요. 은행, 직장에서는 다 일본 이름 써. 이갑생이라고 부르는 사람은 옛날 친구밖에 없어. 야간중학교에서 선생님이 '이갑생 씨' 하고 불렀을 땐 일본 사람이 그렇게 불러서 놀랐어."(1920년 출생, 제주도, 1세)

이 이야기에서 알 수 있듯이, 재일조선인 여성이 다수를 차지하고 서로 조선 이름으로 부르는 공립 야간중학교는 다른 곳과 달리 편안하게 있을 수 있는 공공 공간이었다. 3장에서 살펴봤듯 학령기에 학교교육을 받지 못한 재일조선인 여성은 글

을 배우고 싶다, 학교에 가고 싶다는 희망을 가슴에 품고 몇 십
년을 살았다. 중노년기가 되어 가족을 보살피는 부담을 덜게
되자 야간중학교 문을 두드렸다. 등교 첫날 긴장한 채 교실에
들어가자 자기와 같은 많은 재일조선인 여성이 나란히 책상에
앉아 있었다. 나이 든 재일조선인 여성과 일본인 교사가 팽팽
한 논쟁을 벌이고 조선어로 야유를 퍼붓는 수업은 일반 중학교
와 사뭇 다른 모습이다. 조에 야간중학교, 또 독립학교가 된 다
이헤지 야간중학교에서는 1990년대 후반 중국에서 잔류 고아
로 귀환한 이들이 증가하기 전까지 학생 대다수가 재일조선인
여성이었다. 이것이 야간중학교에 재일조선인 여성 중심의 공
론장을 형성시킨 가장 큰 요소였다.

　오사카 재일조선인 거주지에는 야간중학교 외에도 여성이
다수인 공간이 몇몇 있다. 정규 단체로는 민단과 총련 산하 여
성 조직, 재일조선인 기독교 단체와 불교 단체 안에 있는 여성
부, 민족학교 어머니회, 민족학급 보호자회 등을 들 수 있다. 비
정규 단체로는 '계', 어머니들의 육아 네트워크, 찻집과 공원'에
서 자발적으로 생긴 여성들 모임이 있다. 이 모임들과 야간중
학교 독립운동을 한 여성들 모임은 어떤 점이 다를까.

　다이헤지 야간중학교 독립운동을 한 재일조선인 여성 모임
이 다른 모임과 결정적으로 다른 점은, 성별 측면에서 상대적
으로 자율성이 높은 모임이라는 점이다. 몇 가지 특징을 정리
해보자.

① 국적, 민족 조직, 한반도 출신 지역, 친척 같은 속성 범주에 따르지 않는다. 또 이 범주에 속한 남성 중심 조직의 통제를 받지 않는다.

② '어머니', '아내' 같은 가족 성역할에 따르지 않는다.

③ 행정기관을 상대로 운동을 하며 지역사회에서 재일조선인 여성이라는 대항 주체를 행위수행적으로 형성했다.

1970년대부터 야간중학교에서 만들어진 재일조선인 여성 모임은 다이헤지 야간중학교 독립운동을 거치며 사회변혁 운동 단체로 질적 변화를 겪는다. 이 운동은 교육 환경 개선을 직접 목표로 삼아, 민족 정체성을 부정했던 지역사회에서 재일조선인 1세 여성의 정당한 정체성을 주장했다. 재일조선인 여성의 야간중학교 운동은 행정기관과 싸우고 독립학교를 쟁취한 후, 후세대를 받아들이고 자주 학습 조직과 데이하우스 형태로 계속 새로운 움직임을 보이고 있다. 여성이 직접 운동을 했을 뿐 아니라 운동 주체로서 지역사회에서 일정한 역할을 하는 모습이 나타난다.

야간중학교에서 형성된 재일조선인 여성 모임은 어떻게 재분배와 정체성 인정을 요구하는 단체로 변화할 수 있었을까. 1세 및 2세 여성이 긴 시간 동안 주류 사회 및 민족사회에서 민족, 계급, 성별 질서의 하위에 위치했던 사실을 떠올리면 이 변화는 더욱 중요하다. 정치, 경제, 문화적으로 배제되고 주변화된 여성은 글자를 모르기에 자기 주장을 하는 담론을 만들지 못하고 객체로 존재했다. 자기를 재현할 수 없고 대표할 수 없다는 뜻에서 재일조선인 여성은 스피박이 말한 '하위주체 여성'에 해당한다(Spivak 1988). 다이헤지 야간중학교 독립운동을 통해 재일조선인 여성은 '하위의 대항 공론장'을 창출하고, 하위주체 상황에서 스스로가 주체인 담론을 형성해 주류 사회에 제시했다.

4장에서는 이 운동에 주목하며 재일조선인 여성의 '하위의 대항 공론장'이 형성된 조건과 새로운 주체의 특징을 살핀다. 운동을 한 여성의 생애담을 듣고 참여관찰, 운동 관계자 인터뷰를 통해 분석한 내용이다. 2절에서는 공립 야간중학교에서 재일조선인 여성의 '하위의 대항 공론장'을 형성한 요소로서 야간중학교에서 실천하는 인권 교육, 문해 교육과 사회변혁 운동 간의 관련성을 살펴본다. 3절에서는 재일조선인 여성과 일본 주류 사회를 매개하는 공립 야간중학교의 역할을 살펴본다. 4절에서는 다이헤지 야간중학교 독립운동을 통해 형성된 저항 주체로서 재일조선인 여성의 모습을, 공적 영역과 사적 영역과 민족사회 세 가지로 나누어 살펴본다. 마지막으로 운동을 통해 형성된 새로운 시민 주체로서 재일조선인 여성을, 지방자치단체의 다문화공생 정치와 관련지어 고찰하도록 한다.

재일조선인 여성의 사회 공간인
공립 야간중학교

먼저, 공립 야간중학교라는 교육기관이 재일조선인 여성의 하위의 대항 공론장이 형성되는 과정에서 어떤 역할을 했는지 고찰한다. 구체적으로는 ①인권 교육으로 민족을 재정의하고 ②일본어 의사 표현 능력을 획득하게 하고 ③학생회를 토의의 장으로 만든 세 가지 역할을 들 수 있다.

1) '피억압자' 교육과 사회변혁 지향

야간중학교는 가난, 민족 차별, 계급 차별로 의무교육을 받지 못한 사람, 또 근래에는 등교 거부 등 여러 이유로 학령기에 학교를 졸업하지 못한 사람들을 받아들였다. 대부분 일본 주류 사회에서 주변화된 사람으로, 중국 귀환자와 피차별 부락민, 재일조선인, 결혼이나 노동 때문에 일본으로 이주한 사람, 장기간 결석했지만 의무교육과정을 받은 것으로 인정된 형식 졸업생 등이 있다. 달리 말하면 야간중학교는 일본 근현대에서 구조적으로 생긴 소수자 집단이 억압받고 배제된 문제가 현저하게 드러나는 곳이다. 소수자 입장에서 그/그녀는 교육 현장과 노동 현장 또 결혼 생활 등 여러 상황에서 부당한 취급을 받고 자존심을 다친다. 주류 사회에 유포된 열등한 소수자라는 이미지를 소수자 자신이 내면화하는 점이 더욱 문제를 복잡하게 만든다.

교사를 비롯해 야간중학교 관계자로 구성된 전국 야간중학교 연구대회에서는, 일반 중학교와 다른 교육 현장에 대응하기 위해 각 지역의 여러 야간중학교 상황을 보고하고 토론을 거듭한다. 재일조선인 여성은 1977년 제23회 대회에서 '외국인 교육에 관한 문제' 분과회가 설치되며 일본어 지도, 본명 사용 등을 중심으로 토론 대상이 됐다.[2]

각 지역마다 학생 구성이 크게 다르지만, 야간중학교는 저학력과 비문해라는 사회적 배제에 문제의식을 가지고 학생이 긍정적 정체성을 확립하도록 한다. 다이헤지 야간중학교 독립운동이 일어난 관서 지역에서는 1990년 세계문해의해를 맞아, 부락 해방운동, 재일조선인 운동, 야간중학교 독립운동이 연대해 지역 차원의 사회변혁 운동을 일으켰다. 이때 관서 지역을 방문한 문해 운동가 파울루 프레이리는 야간중학교의 교육 이론에 적지 않은 영향을 끼쳤다.[3]

프레이리는 억압받고 비인간적 상황에 처한, '침묵' 속에 사는 사람들이 '안내자'의 도움을 받아 학습을 하여 자기와 타자, 자기와 현실의 관계를 인식할 수 있다고 했다. 또 그 관계를 변화시킬 수 있는 가능성을 강조했다(Freire 1970). 특히 문해는 단순히 글자를 해독하는 것이 아니라 자기와 세계의 관계를 바꾸는 것을 의미한다. '객체'로 살아온 소수자에게 문해는 '주체'로서 세계와 마주하고 세계를 읽는 행위다. 이렇듯 프레이리의 문해교육 이론은 문해를 하나의 정치적 실천으로 이해하고 억압의 도구가 아닌 해방의 실천으로 이해했다(사토미 2010: 21, 34~50).

훅스 역시 문해와 소수자 여성의 해방이 관련이 있다고 했다. 백인 중산 계급 중심의 여성해방 이론과 갈등한 훅스는 프레이리의 《페다고지》를 접했을 때, 소수자가 자기 사회적 위치를 비판적으로 인식하고 사회를 변화시키는 투쟁을 하여 저항주체가 된다는 주장에 공감했다고 한다(hooks 1994).[4] 야간중학교에서 처음으로 글자를 배우고 독립학교 운동으로 사회를 변화시키고자 한 재일조선인 여성의 사례는 소수자 여성이 자기가 놓인 사회를 바꾸는 데 문해가 특별한 역할을 한다는 사실을 구체적으로 보여준다.

조에 야간중학교는 1972년에 개교한 이후 전국에서 재일조선인이 가장 많은 야간중학교였다. 인권 교육을 계속 모색했고 '자기 역사 쓰기', '사회적 위치 인식', '정체성 확인'을 목표로 삼아 그에 맞는 교과과정을 만들었다. 이를테면 외국어 과

목으로 조선어 수업이 있고 사회과 수업을 '민족'과 '현대사회'로 나누어 조선과 일본의 역사적 관계, 재일조선인과 부락민 차별 문제, 인권의 개념을 배운다. '나라의 말'을 뜻하는 '국어' 과목을 조에 야간중학교에서는 '표현'으로 바꿔 부르며 재일조선인 문학을 배운다. '음악' 수업에서는 조선의 가곡을 적극적으로 다루고 전통악기를 연주한다. 이러한 교과과정의 목표는 조선의 역사, 문화, 말을 배우고 식민 지배를 포함한 일본과 조선의 관계를 배우는 것이다. 학생이 개인적으로 경험한 재일조선인 차별을 사회구조적 문제로 이해하게 한다. 소수자가 억압 받는 상황을 극복하기 위해서는 그 원인을 비판적으로 인식해야 하는데, 우선 스스로 내면화한 억압자 시선의 부정적 이미지를 버려야 한다. 이 교육 실천은 재일조선인으로서 자긍심을 회복시키고 일본 사회와 새로운 관계를 만들 수 있도록 한다.[5] 재일조선인을 배려하는 교육은 2장에서 살펴본, 관서 지역에서 민족학교 운동이 쟁취한 민족학급 설치와 마찬가지로 공교육에서 실천하는 민족 교육이라고 할 수 있을 것이다.

피억압자 교육과 관련해 조선 이름을 사용하는 사례를 살펴보자. 조선 이름 사용은 야간중학교 교육 실천의 중추다. 조에 야간중학교는 개교 후 4년째부터 재일조선인이 입학한 뒤에는 본명을 사용할 것을 방침으로 정했다. 그동안 일본 이름만 사용했던 많은 학생에게 조선 이름 사용은 갈등을 느끼게 하고 부담을 안겨주기도 했다. 다음은 강우자(1930년 출생, 2세)의 이야기다.

"야간중학교에 들어가서 말이죠, 가끔 ○○ 선생님하고 △△ 선생님한테 지독하게 혼났어요. 주민표[6] 발급받잖아요, 본명이 거기에 써 있어요. 당신 본명이 뭐냐고. (조선 이름을 일본어로 읽으면) 고 도모코라고 내가 말했더니 강우자라고 말하더라고요. 내 귀에 안 들어왔어. 입학식 끝나고 이름을 부르는데 강우자라고 해도 모르는 척했어요. 선생님이 그게 내 이름이라고 매일 말했어요. 선생님은 수업보다 이름을 가르치는 데 더 열심이었어요."

현재도 재일조선인 대부분이 생활에서 일본 이름을 쓴다. 그 기원은 '창씨개명'(1940년)이다. 식민 지배 권력은 한반도에서 사람들을 동화시키기 위해 일본 이름을 쓸 것을 강제했다. 일본에 거주하는 재일조선인은 전후부터 생활상 편의 때문에, 또 민족 차별을 피하기 위해 일본 이름을 써왔다. 지금도 한국·조선 국적의 많은 사람이 '본명' 외에 일본식 '통명'을 쓴다. 일본 국적인 사람 중에서 민족 이름을 호적에 올린 사람은 극히 적다. 1세처럼 말이나 몸짓이 조선 사람인 경우에도 일본 이름을 많이 쓴다. 이처럼 민족 이름을 쓰는 것이 일본 사회의 통념에 어긋나기 때문에 야간중학교에서 민족 이름을 쓸 때 주저하고 거부감이 드는 것이 이상한 일은 아니다.[7] 다시 강우자의 이야기로 돌아가, 야간중학교에서 민족을 중시하는 교육이 어떻게 의식 변화로 이어졌는지 살펴보자.

"그러니까 야간중학교에 다니면서 의식이 쌓였지. 다른 친구들은 어떤지 궁금한데, 야간중학교에서 제일 큰 성과는 민족을 안 것이야. 조선인은 조선인. 일본인은 일본인. 필리핀인은 필리핀인 이런 식으로 자기 민족을 안 것이에요. 자기가 누군지 안 거지. 그리고 자기가 어디에 서 있고 어디를 보고 있는지도. 그것만 알면 되지. 글자를 못 쓴다고들 말하지만 그게 다가 아니야. 우리가 엄청난 시대를 살았잖아요. 나도 아직 젊지만. (중략) 왜 야간중학교에서 본명 가지고 시끄럽게 하냐면, 본명은 바로 '나'잖아요. 자기잖아요. 그러니까 민족이잖아요. 민족. 당신은 어느 나라 사람입니까, 부터 학교에서 가르치는 게 참 대단해. 그걸 가르치려면 1910년(한일합병) 훨씬 전부터 가르쳐야 돼요. (중략) (교사가) 일본인인데 어떻게 그렇게 잘 아는지."

조에 야간중학교에서 학생이 본명을 쓰도록 하고 조선 문화를 교과과정에 넣은 것은 학생 대다수인 재일조선인을 배려한 것이지만 거기에 이르기까지 많은 어려움이 있었다. 어떤 학생은 재일조선인과 조선의 역사, 사회를 배우고 본명을 쓰는 것에 대해 '조선을 배우러 야간중학교에 온 것이 아니'라고 거부감을 표시하기도 했다. 또 일반 중학교와 같은 교과서를 쓰고 싶은데 교사가 직접 인쇄한 교재를 써서 '무시당했다'고 느낀 학생도 있었다. 이러한 반응은 학령기에 취학하지 못한 여성이 '평범한 학교'를 강하게 갈망하는 방증이라고 말할 수 있을 것이다. 또 교사 가운데서도 일반 중학교에 준한 교과과정에 찬성하는 사람도 있었다.[8] 학생이 원하는 '다수자' 교육을 해야 하는가, 아니면 학생 의향에 반하는 소수자 입장에 선 교육을 해야 하는가. 소수자 시각에서 문제 제기를 한 다이혜지 야간중학교 운동에서 나온 교육은 당연히 소수자 입장에 선 교육을 해야 했다.

다음의 오복덕 사례는 민족 이름을 사용할 때 성별 격차가 있음을 보여준다.

"남편과 제주도(에서 온 사람들) 모임에 갈 때도 (나를) 이름으로 안 불러. '아지매'라고 불러. 여자라서 (자기) 이름을 쓰는 곳이 없어. 지금도 야간중학교에서만 본명을 쓰지. 잘된 일이라고 생각해. 아직도 친한 모임이나 공원에서(동포 여성 만날 때)는 일본 이름 써."

재일조선인 여성은 사회관계에서 '개인'이 아닌 남성 혈통의 가족에 속한 사람으로 여겨져 자기 이름으로 불린 경험도 많이 없다. 야간중학교라는 장에서 조선 이름을 쓰기 시작하면서 비로소 여성은 남성 가족의 딸, 아내, 며느리, 어머니가 아니라 학생인 한 명의 개인으로 자기를 의식한다. 조선 이름으로 불리고 자기를 조선 이름으로 드러내는 것은 가부장제에서 항상 남성 가족 내 역할로 규정된 여성이 일본 사회에서 한 명의 개인으로 '나'를 의식하는 계기가 됐다. 지금까지 민족 이름 사용은 주로 민족성 회복의 맥락에서 논의됐지만, 오복덕의 이야기는 소수자 여성은 민족과 성별에서 이중으로 이름을 빼앗겼음을 시사한다.

2) 문해와 발화하는 주체

3장에서 봤듯이 재일조선인 여성이 비문해 문제를 안게 된 첫 번째 원인은 성별 질서다. 하지만 비문해가 여성에게 해당하는 문제이기 때문에 남성 중심 재일조선인 사회는 비문해를 문제로 의식하지 않았다. 따라서 비문해로 인해 여성이 겪는 불편은 개인 문제로 취급되고 사적 영역과 여성들의 상호부조로 해결했다.

재일조선인 여성은 문해를 학습하여 자기와 사회의 관계를 바꾼다. 문해는 생활의 불편을 해소하는 데 그치지 않고 여성의 주체성을 변화시키기 때문이다. 야간중학교의 '작문' 중심 교육이 바로 이 과정을 보여준다. 작문은 단순히 일본어로 글을 쓰는 것이 아니라 '자기 역사 쓰기', 즉 자기 삶을 자기 힘으로 개척한다는 의미를 담고 있다.

야간중학교에 입학한 재일조선인 여성은 연필 잡는 법부터 시작해, 일본어 기본 모음인 아이우에오를 배우고 자기 이름 쓰는 법을 배운다. 글자를 천천히 확실히 익히기 위해 공책에 몇 번이고 쓴다. 그렇게 배워서 쓴 글에는 식민 지배와 전쟁 체험, 일본에서 겪은 민족 차별과 가정에서 겪은 여성 차별 등 지금까지 어디에서도 할 수 없었던 이야기가 가득하다. 예를 들면 아버지가 한자 선생님이었는데도 '여자'라서 글자를 배우지 못했던 일, 일본에서 해녀로 일하다 경찰한테 붙잡혔는데 이름을 제대로 못 써 폭력을 당한 일[9] 등이다. 따라서 작문은 여성이 가족한테도 말 못하고 가슴에 담아오기만 한 체험, 생각과 마주하는 일이다. 어떤 여성은 "글자를 아는 건 인간으로서 누리는 기쁨"이고, 자기 이름을 쓸 수 있게 되었을 때 비로소 "내 몸에 피가 흐르게 됐다"라고 말한다.[10] 글자를 학습하자 생각을 말로 나타내고 자기 경험을 되돌아보고 표현할 수 있게 됐다.[11] 긴 시간 동안 억압받은 여성은 이렇게 조금씩 '목소리'를 냈다.

재일조선인 여성의 억압받은 감정을 작문이라는 형태로, 게다가 1세의 모어인 조선어가 아니라 일본어로 표현하는 걸 어떻게 해석해야 하는가. 왜 모어 한글이 아니었는가. 이것은 재일조선인 담론을 주로 남성이 생산한다는 점과 관련이 있다. 재일조선인 사회에서 오랫동안 지식층은 남성이 압도적으로 많았다. 남성이 오랫동안 생산해온, 식민지 과거를 극복하기 위한 민족주의 담론은 언뜻 성별 중립적으로 보이지만 담론 주체는 남성이고 여성은 부재했다. 예를 들면 총련에서 운영하는 성인 여성을 위한 국어강습소에서는 조선민주주의인민공화국의 해외공민으로서 애국심과 충성심을 강조하는 교재를 사용한다. 탈식민 맥락에서 조선어 공부는 민족성과 국가 이데올로기 내면화와 깊게 연결됐다. 교재에서는 재일조선인 남성을 돌보고 국가를 위해 가정을 지키는 여성의 현모양처 역할을 강조한다. 성교육과 가족 및 생식에 관한 내용은 학습에서 제외해, 여성은 자기가 직면한 문제를 공공 공간에서 말할 수 없었다. 한글을 배운 여성은 민족 공동체의 모범으로서 여성동맹과 민족학교의 어머니 모임에 들어갈 때 가정 밖에서 활동할 수 있었다. 하지만 여성은 민족 조직에 공헌하는 활동을 해야 하기 때문에 주류 사회인 일본 사회의 공공 공간에서 주체로 자신을 드러낼 방법이 없었다(Ryang 1998). 재일조선인 여성은 민단 부인회, 공립학교 민족학급의 보호자 모임 등 주로 활동하는 조직에서 민족 조직의 발전과 존속에 크게 기여했다. 하지만 민족 조직 내 가부장제를 공적으로 비판하기는 극히 어려웠다.

여성은 가부장제의 직접적인 영향을 받지 않는 여성 공간에서 활발히 대화를 하고 서로의 경험을 공유했다. 하지만 '신세타령'[12]으로 감정을 분출하고 '기분 전환'을 할 수는 있어도 억압 구조를 바꿀 수는 없었다. 여성 스스로도 남성과 여성의 주종 관계를 내면화화거나, 여성이기에 겪는 괴로움을 '운명'이나 '팔자'로 여길 때도 있었기 때문이다. 그들은 재일조선인 사회의 남성 중심적 공공 공간에 참여하면서도 타자화되고 주변화됐다. 스스로의 목소리를 낼 수도 없었고 그들의 목소리를 대변할 사람도 없었다. 그들의 목소리에 귀를 기울이는 청중이 없었기 때문이다.

공적 담론에서 배제된 재일조선인 여성이 처한 상황은 스피박(2013)이 말한 '하위주체 여성'[13] 그 자체다. 글자라는 표현 수단이 없기 때문에 재일조선인 여성의 체험과 감정, 생각을 통합해 스스로를 주체로 드러내고, 재일조선인 여성으로서 일체감을 느끼는 담론을 생산하고 보급하기 매우 어렵다. 언어 자원이 부족해 재일조선인 여성은 공적 영역에서 비가시화되거나 남성에게 부속된 존재가 됐다.[14]

지금까지 재일조선인 여성의 사례에서 문해의 정치적 의미를 고찰했다. 재일조선인 여성의 문해 능력은 '국민의 문해율이 거의 100%'라 하는 일본 사회에서 간과되기 쉽다. 하지만 파울루 프레이리나 벨 훅스의 주장처럼 문해는 사회변혁의 정치와 직결되며 여성해방과도 무관하지 않다. 한 예로 샬롯 번치는 여성해방 이론을 배우기 전에 문해의 기본 기술을 갖추는 것이 중요하다고 주장한다. 문해 기술이 없으면 분석하고 사고할 수 없을 뿐 아니라 여성이 스스로의 생각과 경험을 경시하고, 현실을 변화시킨다는 생각조차 할 수 없기 때문이다. 여성해방 이론을 가르치는 목적이 여성이 자기가 속한 세계를 체계적으로 생각하고 능동적으로 세계와 관계하게 하는 것이라면, 문해의 중요성은 이루 말할 수 없다(Bunch 1983: 256~257). 번치는 문해가 사회변혁 운동의 전제라고 말한다. 또 여성이 문해 능력을 갖는 정치적 의미가 다음과 같다고 주장한다.

① 문해는 일반 언론에서는 들을 수 없는 이념과 정보를 전달하는 수단이다.

② 문해 능력은 개인의 창의력과 사고력을 향상한다. 티브이 대중문화가 창의력보다 협조 능력을 높이는 것과 대조된다.

③ 읽기를 통해 현실의 다양한 해석을 알 수 있고 사고력을 높일 수 있다. 또 읽기는 문화 규범에 대항하고 대안 사회를 만들기 위해 정치적 행동을 하는 기반이 될 수 있다.

④ 자원이 없는 여성에게 문자는 쉽게 접할 수 있는 하나의 언론이다(Bunch 1983: 257).

훅스도 지적했듯(hooks 1984; 1994) 여성은 문자를 획득하여 '세계'를 구조로서 이해하고 비판적 사고력을 익히며, 억압 구조를 스스로 바꾸겠다는 정치적 운동을 한다. '하위주체 여성'에 해당하는 재일조선인 여성은 과거 식민자의 언어이자 주류 사회의 언어인 일본어를 배우고 자원으로 활용하여, 다이헤지 야간중학교 독립운동으로 공권력에 대항했다. 이 운동을 통해 여성이 지역사회에서 겪은 민족 차별을 고발하고, 교육행정에 진정서를 내고 협상을 했다. 또 다른 시민운동과 연대할 때도 일본어를 대화의 도구로 활용했다.

3) 토론의 장 학생회

야간중학교 학생회는 재일조선인 여성이 대항 주체가 되고 억압적 사회구조를 변화시키는 운동을 하는 데 중요한 역할을 했다. 학생회는 단순히 학교 운영의 편의를 위한 집단이 아니라 학생이 스스로 과제를 풀어나가며 성장하는 집단이라고 할 수 있다. 학생회에서는 야간중학교 운영이라는 공통 관심사를 두고 학생이 서로 대등한 입장에서 자유롭고 활발하게 토론을 한다. 합의와 다수결로 투표로 해 대표를 선출하는 정치의 장이기도 하다. 학생들이 국적, 민족 조직, 한반도 출신 지역과 상관없이[15] 대등한 입장에 있다는 것이 학생회의 기본 전제다.

다이헤지 야간중학교 독립운동을 한 여성들은 이전에 다른 조직 활동을 한 경력이 없고, '집안일과 일에 바쁘'거나 특별히 민족 조직 활동에 관심이 없었다. 오히려 민족 조직과 노동조합 활동은 '남자들이 하는 일'로 인식했다. 필자가 생애담을 조사할 때는 14명 중 민족 조직 산하 여성 단체에서 '열심히 활동했던' 사람이 2명 있었다. 그중 1명은 여성동맹 지부장으로 몇십 년 동안 기부금 모집과 소식지 배달, 개별 방문과 집회를 활동 겸 일로 열심히 했다.[16] 다른 1명은 민족 조직이 주최하는 집회와 데모에 간 경험이 있었다. 오사카 재일조선인 거주지에 살고 있기도 하고 한신교육투쟁, 지문날인 거부 운동 같은 역사적 운동을 몸소 체험했다. 동포의 상호부조 차원에서 민족 조직이 하는 새해 행사와 바자회에도 가고 서명 운동과 회비 납부도 한다. 하지만 이 밖에 조직 운영이나 행사 기획은 하지 않고 조직의 일상 모임에도 가지 않았다.[17]

일본 사회에는 지역 주민의 자치회인 정내회가 있고, 지역

알림 사항을 돌리는 당번이나 쓰레기 수거 관리 당번이 있다. 하지만 연구 대상자 중에는 회장 임무를 맡은 적이 있는 사람이 없었다. 지역 노인회도 가끔 식사 모임이나 새해 행사에 나갈 때가 있지만 정기적으로 나가는 사람은 1명뿐이었다. 일본인 중심 조직이라서 '조선인은 가기 어려운' 것이다. 근처 일본인 주민과는 인사를 하는 정도의 관계이고 반세기 가까이 살아도 깊게 사귀지는 않는 것 같다. 즉, 지역사회에는 눈에 보이지 않는 민족의 경계가 있고 집 밖으로 한 걸음 나가면 항상 '외부인'임을 의식한다. 야간중학교에서 만난 일본인 교사는 재일조선인 여성이 처음으로 인사하는 사이 이상의 관계를 맺은 '일본인'이고 그래서 학생과 교사의 '만남'이 소중했다.

지금까지 살펴보았듯 다이헤지 야간중학교 독립운동 전에 지역사회나 민족사회에서 적극적 활동을 한 사람은 거의 없었다. 하지만 야간중학교 학생회와 연합회에서 회장 외의 임무를 맡은 적이 있는 사람은 14명 중 7명이다. 운동을 적극적으로 했다고 스스로 의식한 사람, 또는 주변에서 그렇게 의식한 여성을 대상으로 생애담 연구를 해서 대상자가 치우친 듯 보일 수도 있지만, 전반적으로 민족 조직과 지역사회 활동에 관심이 적은 반면 야간중학교에 대한 관심이 높았다.

필자가 관찰한 학생회는 교실이 1세 여성의 열기로 가득 차 있었다. 차례차례 손을 들고 한 사람이 웅변하듯 말하면 다른 사람이 질세라 발표를 하는 모습이었다. 청중은 박수로 찬성을 표시하거나 반대 의견을 말하기도 하고, 한 사람 한 사람이 적극적으로 자기 주장을 펼쳤다. 교사는 형식적 보조만 하고 학생회 운영은 기본적으로 학생들 손에 맡겼다. 학생이 쓰는 말은 유창하면서도 조선어의 특징이 살아 있는 일본어다. 재일조선인 여성에게 외국어이면서 또 '지배자'의 말이기도 한 일본어는, 야간중학교에서 재일조선인 여성의 연대와 야간중학교 독립운동이라는 집합행동을 가능하게 한다. 일본어는 한반도의 출신 지역이 어디든, 한국 국적이든 조선 국적이든, 민단이든 총련이든, 재일조선인 여성이 미세한 균열을 넘어 지배구조에 대항하는 운동으로 나아가게끔 하는 역할을 했다.

다이헤지 야간중학교 독립운동은 분교 교실 교원과 교실 부족, 열악한 시설에 대한 분노가 학생회라는 장에서 시작됐고 이어서 교육행정에 항의를 하기로 결정했다. 학생회는 운동 방침과 방법 등 중요한 일을 토론하고 결정했다. 마치 학생과 교사가 하나가 되어 운동으로 돌진한 듯 들리지만, 열심히 운동하는 학생과 '운동은 공부에 방해된다'고 생각하는 학생 사이에 격렬한 충돌이 일어나기도 했다고 한다. 이러한 와중에 학생회는 서로 다른 의견을 조정하는 장으로 8년 동안 항의 운동을 지속하고 분교가 독립학교가 되도록 이끌었다.

지금까지 공립 야간중학교에서 재일조선인 여성의 '대항 공론장'을 형성한 요소를 살펴봤다. 피억압자 관점의 교육, 주류 사회에서 언어 자원 획득, 학생회 토론 등이었다. 1세와 2세 재일조선인 여성은 민족운동에 직접 또는 간접적으로 관계했고 운동 미경험자는 아니었다. 하지만 1장에서 논했듯이 성별화된 일본 주류 공공 공간에서는 남성의 후원 없이 여성이 정치적 주체로 활동하기 어렵고 '어머니' 혹은 '아내'여야만 활동이 허락된 정도였다. 재일조선인 1세와 2세 여성은 성별에서 배제됐을 뿐 아니라 운동 자원도 없었다. 주류 사회 언어인 일본어 능력이 낮고, 독자적으로 운동을 수행할 만한 기술과 네트워크, 공권력과 이어지는 통로를 갖고 있지 않았다. 재일조선인 여성이 운동 주체였던 다이헤지 야간중학교 독립운동에서 학생은 1960년대 말의 야간중학교 증설 운동, 관서 지역의 소수자 운동을 자원으로 활용했고, 학생이 학교에 다니며 운동에 유용한 기술을 배운 점이 큰 역할을 했다고 생각한다. 여성들은 단순히 야간중학교 교육 실천의 수동적 대상자가 아니었기 때문에, 민족 이름을 사용하는 의제에서도 반발과 갈등이 있었다. 그런 문제까지도 토론을 거듭한 결과, 분교로 학생을 분리시킨 행정조치에 대항할 수 있었다.

마지막으로 야간중학교에 재일조선인 남성 학생이 없었던 점에 주목하고 싶다. 박인석은 "(야간중학교에) 혹시 재일조선인 남성이 있었다면 우리 (여자들은) 운동을 안 했을 수도 있다"라고 말했다. 만약 야간중학교에 재일조선인 남성이 한 명이라도 있었다면 여성이 스스로 내면화한 성별 규범에 따라 남성한테 운동을 맡기고 여성의 능동성을 제한했을 수도 있다.

공적 영역으로 나아가는 통로인
공립 야간중학교

"일본이 넓다고 해도 매일매일 밤마다 조선인이 100명, 150명 모이는 곳이 어디 있어?"[18] 야간중학교 교사의 이 말처럼, 야간중학교는 재일조선인 1세, 2세 여성을 가시화하는 데 결정적 역할을 했다. 재일조선인 여성의 하위의 대항 공론장이 교육위원회가 운영하는 공적 교육기관에서 출현한 것을 어떻게 해석해야 할까.

재일조선인 여성은 국적, 민족 조직, 출신 배경, 세대, 가족 구성 등이 모두 다르다. 참여관찰을 할 때 '총련계' 여성이 북한 지도자에 대해 호의적으로 발언해 격렬한 논쟁이 일기도 했다. 또 오사카에 제주도에서 온 사람이 많이 있듯이 야간중학교도 마찬가지여서, 그 외 여성은 소극적인 모습을 보이기도 했다. 이런 갈등들이 있기는 했지만 대체로 의견을 당당히 말하고 토론할 수 있었던 것은 학교에서 '다수'를 차지했기 때문이라고 생각한다.

공립 야간중학교는 여러 사정으로 학령기에 의무교육을 받지 못한 사람들을 위한 교육기관이다. 경제성장 시기에는 일본의 교육제도 문해율이 100%를 달성했다는 말이 있었다. 이제는 공립 야간중학교가 불필요하다는 여론 속에서 학교를 하나씩 폐지하는 중에, 비가시화된 저학력자·비문해자를 발굴하고자 하는 시민운동이 '아래에서부터' 일어났다. 그 힘으로 1960년대 말부터 공립 야간중학교가 속속 설립됐다. 야간중학교는 시민운동을 배경으로 한다는 점에서 일반 중학교와 성격이 크게 다르다. 하지만 공립 야간중학교는 지방자치단체의 교육위원회가 운영하고 일본 공교육의 한 부분을 차지하는 기관이기도 하다. 사람들을 '일본인'이라는 단일한 정체성으로 수렴하는 국민화 교육기관에, 과거 식민지 출신자이자 외국 국적에 중노년이며 여성인 재일조선인 여성이 들이닥친 것은 운동 측이나 행정 측이나 전혀 예상치 못한 일이었다.

야간중학교라는 장소는 재일조선인 여성이 일정한 자율성을 가지고 '하위의 대항 공론장'으로 발전하는 데 결정적 역할을 했다. 1장에서 살펴보았듯이, 재일조선인 민족 조직 산하의 여성 단체는 남성이 의사 결정을 독점하는 상부 조직에 종속됐다. 민족학교 조직이나 공립학교의 민족학급 보호자 모임은 일반 학부모교사연합회와 마찬가지로 어머니가 주로 활동을 하지만, 대표는 아버지가 맡을 때가 많다. 이렇게 '민족'을 틀로 하는 조직에서는 '여성'이 수적으로는 다수라 할지라도 남성

우위를 암묵적으로 승인하는 성별 질서 때문에 여성들이 주체인 '하위의 대항 공론장'이 만들어지기 어렵다.

야간중학교에서는 '공통의 역사 경험'을 한 재일조선인 여성이 운동 단체를 형성했다. 그리고 다이헤지 야간중학교 독립 운동에서는, 비가시화된 재일조선인 여성이 자율적 운동의 주체로서 공적 영역에 스스로의 이익과 관심을 드러냈다. 이 운동에서 공립 야간중학교는 재일조선인 여성이 일본 쥬루 사회로 나아가는 통로가 됐다. 재일조선인 여성에게 야간중학교는 일본 사회를 향해 열린 '창문'과 같았다. 지금까지 논의를 통해, 공립 야간중학교라는 장에서 재일조선인 여성의 하위의 대항 공론장이 형성된 것은 결코 우연이 아니라는 점을 알 수 있다. 공교육 안에서도 야간중학교는 주변적 위치에 있었기 때문에 오히려 공권력 통제를 덜 받을 수 있었고, 여성이 사회적 행위자로서 활동할 수 있는 여지가 있었다.

주류 사회에서 배제되고 주변화된 소수자가 불만을 표출하는 데 그치지 않고 항의 운동으로 확실한 문제 제기를 할 수 있으려면 일종의 공적 회로가 필요하다. 이러한 측면에서 과거 재일조선인 여성은 불리한 상황에 처해 있었다. 민족과 계급으로 인해 주류 사회에서 배제된 재일조선인 남성과 달리, 재일조선인 여성은 공적 영역의 성별 규범 때문에 남성에게 의존하지 않고는 정치적 주체로서 자기를 대표할 수 없었다. 1970년대 이후 히타치 취직 차별 재판을 계기로 민족·국적 차별 철폐 운동이 속속 일어났다. 그 결과 국적 조항이 철폐되면서, 지방자치단체 차원에서는 교육직, 기술직, 일반직 공무원으로 채용될 권리를 갖게 됐다. 또 국가 차원에서는 국공립 대학 교원, 사법연수생으로 채용될 권리가 보장됐다. 사회보장 차원에서는 공영주택에 입주할 권리, 국민연금과 생활보호를 받을 권리 등이 보장되면서 재일조선인이 시민으로서 일본 사회에 나아갈 수 있는 영역이 확대됐다. 하지만 남성이 생계부양자인 가족 모델에서 재일조선인 여성은 시민권이 확대되어도 재분배의 직접 수혜자가 되지 못했고 남성 부양자를 통해서마나 부분적으로 이익을 받을 수 있을 따름이었다. 이런 맥락에서 다이헤지 야간중학교 독립운동은 재일조선인 여성이 주체로서 자원 분배와 인정을 요구하고 획득한 운동이었다.

재일조선인 여성은 야간중학교에서 탈식민의 억압 구조를 배우고 사회와 자기의 관계를 다시 생각했다. 다이헤지 야간중학교 독립운동은 그 연장선에 있었다. 여성은 '분교'로 학생을 분리하는 조치에서 긴 세월 동안 겪은 민족 차별을 보았다. 재일조선인 여성은 '일본인', '일본 국민'을 우위에 두고 '조선인', '외국인'을 하위에 두는 서열에 문제를 제기하고 이에 대항하는 주체가 됐다. 재일조선인 여성의 운동 단체를 형성하고 주류 사회에 대항하는 하위의 대항 공론장을 만들었지만, 그것은 역설적이게도 국민화를 강화하는 공교육기관에 속했다. 지금까지 공적 영역에서 배제된 여성들은 (동화가 아닌 형식으로) 대항 주체로서 공적 영역으로 나아가는 길을 공립 야간중학교에서 개척했다고 할 수 있다.

알튀세르는 주체화 과정을 다음과 같이 구체적으로 논한다. 이데올로기는 구체적 개인을 주체로 구성할 때만 존재한다. 모든 이데올로기는 개인을 구체적 정체성을 가진 주체로 호명한다.[19] 이데올로기가 이미 구조 안에 있으므로 호명을 받은 개인은 구조 안에서 자기 장소를 발견하고 주체가 '된다'(Althusser 1970). 학교는 국가 이데올로기 장치다. 다이헤지 야간중학교 독립운동에서는 재일조선인 여성이 공립 야간중학교라는 국가의 호명에 의견을 표시하면서 '뒤돌아보았다'고 할 수 있다. 주류 사회에서 배제된 여성이 야간중학교를 통해 일본 국가에 호명됐을 때 역사적으로 억압받은 '재일조선인'으로서 뒤돌아본 것이다. 외국 국적이며 조선의 언어와 문화가 몸에 각인된 여성은 일본 국가가 교육을 통해 의도적으로 만든 '국민' 범주에서 멀리 떨어져 있었다. 게다가 '호명'을 받으며 주류 사회에 종속적으로 포섭되자 저항했다. 시민운동으로 만든 공립 야간중학교는 몇몇 상반되는 이데올로기가 복잡하게 교차하는 장이다. 그렇기 때문에 새로운 형태의 재일조선인 여성 대항 주체를 형성할 수 있었다.

여러 영역에서 형성된
대항 주체

이 절에서는 다이헤지 야간중학교 독립운동을 통해 재일조선인 여성이 형성한 새로운 대항 주체 모습을 일본 주류 사회, 사적 영역, 민족사회 세 영역으로 나누어 고찰해보겠다.

1) 주류 사회에서 대항하는 주체

1960년대 말부터 각 지역에서 야간중학교 증설 운동이 일어났다. 다이헤지 야간중학교 독립운동은 졸업생을 포함해 학생이 운동의 중심이고, 8년에 걸쳐 행정기관과 협상한 끝에 독립학교가 됐다. 이 운동의 의의는 여러 가지가 있을 수 있지만 가장 중요한 특징은 재일조선인 여성이 야간중학교를 쟁점으로 벌인 민족해방운동이라는 점이다. 상대는 야간중학교를 관할하는 지역 교육위원회였다. 재일조선인 여성이 제기한 문제는, 갑자기 분교로 학생을 배치하는 조치에서 보인 일본 사회의 뿌리 깊은 민족 차별이었다. 민족 차별이 공기처럼 존재하는 일본 사회에서 차별받은 경험이 있었기에 여성들은 행정 조치에 민감하게 반응했다. 독립운동은 쌓이고 쌓인 일본 사회에 대한 불신과 분노를 드러내는 계기가 됐다. 다음은 2001년 4월에 정식으로 야간중학교가 됐을 때 발표한 〈다이헤지 독립선언〉(자료6) 일부분이다.

우리는 운동을 하면서 야간중학교에 대한 편견과 조선인 차별이 근본 문제임을 알았습니다. 야간중학교에서까지 차별하는 걸 용납할 수 없습니다. 우리 자긍심이 허락치 않는다고 우리는 외쳤습니다.

반세기 전에 오사카에서 일어난 한신교육투쟁, 즉 민족학교를 폐지하려는 국가권력에 재일조선인이 격렬하게 저항한 운동이 다이헤지 야간중학교 독립운동에서 다시 수면 위로 떠올랐다. 운동이 시작하고 얼마 지나지 않아 '제2의 한신교육투쟁'이라 불리기도 했다. 50년이라는 시간을 사이에 둔 두 운동이 어떻게 연결될 수 있었을까? 민족학교가 폐쇄됐을 당시를 회상하는 박윤경의 말에서 그 이유를 찾아보자.

"해방 직후에 조선학교 만들었어. 바로 여기서 만들었어. 우리 장남이 거기에 들어갔어. 그런데 바로 학교를 닫았어. 그래서 또 조선학교가 생겼어. 그랬더니 경찰이 엄청난 기세로 매일 학교에 쳐들어왔어. 아이들이 언제라도 도망칠 수 있도록 책상 밑에 들어가 공부하게 했어. 그래서 또 학교가 폐쇄되고. 이번엔 다이헤지 초등학교를 초등학교 세 군데를 대신해 계속 민족학교로 썼어. 해방됐을 때는 여섯 군데였지. 그때 막 조선학교가 생긴 참이었으니까 나이는 상관없어, 누구나 들어가. 지금은 다이헤지 초등학교에 민족학급이 있지만 말이야. 그전에는 낡고 낡은 곳에서 광장 같은 데서 다 같이 급하게 모여서 거기가 학교라 생각하고 공부했어. 다들 돈도 없고 지혜가 있는 사람은 지혜가 있는 대로, 돈 있는 사람은 돈 있는 대로, 전부 같이 노동해서 만든 학교였어. 바자회도 하고 선생님도 월급도 없이 그렇게 하고. (중략) (민족) 조직하고는 관계없어. 나중에는 어느 조직인지 문제 삼았지만. 한글 배우라고 아이들 학교에 보낸 거였어. (조선에) 돌아갈 생각으로."

해방 직후에는 일본 각 지역에 재일조선인의 자주 학교를 세우고, 귀국을 전제로 어린이에게 조선어와 민족문화를 가르쳤다. 박윤경의 가족 역시 정치적 신조로 귀국을 준비하고자 아이들을 학교에 보냈다. 박윤경의 이야기에서는 식민지가 해방됐을 때 사람들이 열기 속에서 귀국을 기다리며 힘을 합해 민족학교를 만들었던 모습을 엿볼 수 있다. 오사카는 1947년 당시 재일조선인을 위한 초등학교가 81개, 중학교가 2개였으며 학생 수는 1만 명 이상이었다(양영후 1994: 77). 하지만 소련과 미국이 대립하면서 점차 미 점령군은 조련(총련의 전신)이 운영하던 민족학교에 압력을 가했다. 경찰이 빈번히 민족학교로 침입해 수업을 방해한 끝에 1948년에는 문부성이 민족학교폐쇄령을 내리고, 재일조선인이 여기에 반발하면서 한신교육투쟁이라는 대규모 저항운동이 일어났다. 박윤경도 시위에 참가했고, 동료와 손을 잡고 〈우리나라 꽃〉(식민지 조선에서 불렸던 독립을 염원하는 노래)을 부르며 행진했다고 한다.

> "그때는 조선학교를 지키려고 오사카부청에 긴키 지역 학생회 사람들 전부가 버스 타고 왔어. 부청 앞 공원이며 오사카성 공원에 데모하는 버스가 엄청 들어왔어. 긴키에서 전부 왔으니까. 전부 머리띠 매고. 계속 걸었지. 몇 번이고 계속 행진했어. 나중에는 그래도 계속 쳐들어오니까 안 되겠다 싶어서 부청 안으로 들어갔어. 부청에 들어간 날 남편은 거기 있었고 나는 집에 있었고. 건너편에 사는 남자아이가 총 맞아서 죽었어. 17살이었는데. 총 맞아 죽었어."

1984년 1월 문부성이 〈조선학교 설립에 대해〉라는 발표를 한 이후 재일조선인 어린이는 일본 학교교육법에 따라 공립학교에 다녀야 했다. 이는 곧 조선어를 교육할 수 없음을 의미했다. 그래서 각 지역의 조선학교를 강제로 폐쇄하려는 경찰과 탄압을 막으려는 재일조선인이 격렬하게 대립했다. 오사카에서는 1948년 4월 28일, 재일조선인 보호자와 어린이 등 1만 5,000명 조금 넘는 인원이 오사카부청 앞 공원에 모여 항의 행동을 했다. 그 과정에서 재일조선인 청년이 경찰의 총에 맞아 사망했다(양영후 1994: 79~88; 미조구치 2002: 160~163). 이야기에 나온 '남자아이'가 바로 그 청년 김태일로, 박윤경의 집 근처에 살았다고 한다.

투쟁은 전국에서 일어났는데 특히 오사카에서 재일조선인과 경찰의 충돌이 격렬했다. 결국 민족학교 탄압은 막을 수 없었지만 한신교육투쟁은 '민족의 기억'이 됐고, 그 뒤 오사카에서는 재일조선인 민족운동의 출발점이 됐다. 45년 후 한신교육투쟁은 다이헤지 야간중학교 독립운동과 만난다.

—야간중학교 독립운동은 어떻게 해서 하게 됐나요?

"다이헤지 (분교는) 교감도 없고, 보호해줄 선생님도 없고. (독립운동을) 한 사람들은 학생이야. 학생이 하니까 선생님도 응원하고. 선생님이 하고 싶어도 우리가 일어서지 않으면 안 되니까. 선생님 입장에서는. 처음에는 조에서 학생 수가 400명을 넘었어. 주간 학생보다 많은 거야, 야간이. 9학급. 그러니 주간 학생 학부형 모임에서 자기 아이가 불편하니까 항의를 한 거야. 그래서 우리도 (주간학교에서 학생 수 증가를 문제삼기 전부터) 선생님 늘리라고 운동했어. 학교 만들라고. 갑자기 다이헤지로 가라고 하니까 놀랐다고. 아무것도 없어. 칠판도 합판 같은 걸로 썼고. 글자를 쓰지도 못하고 지우지도 못하고. 그런 데서 4학급이 있었어. 아래(층) 비어 있는데 위층 3층으로 올라가고, 커튼도 없어서 너무 덥고. 그래서 우리가 쓰던 커튼 가져오고 창문에 신문도 붙였어. 시계가 없어서 시간을 모르니 선생님이 보고 오고. 아무것도 없었어. 그런 교실에 그림도 한 점 없고. 이래선 안 되겠다 싶더라고. 교실도 운동장도 전기가 안 들어오고, 강당도. 깜깜한 데서 체육 수업을 하고. 물 있는 데 빠지기도 했어. 그렇게 비참할 수가 있나. (중략) 그러니 우리 교육을, 저 한신교육투쟁을 한 번 더 하자고 말했지. 농성하자고. 그걸 실현해서 교육위원회 앞에서 나흘 정도 농성했어. 선생님도 수염이 덥수룩해지고 머리도 산발이 됐어. 교육위원회 입구에 신문 깔고 앉아 며칠을 보냈더니 완전 거지꼴이 된 거지. (중략) 사흘째, 나흘째 되는 날에 사람들이 우르르 왔어. 농성은 우리만 했어. 그래도 사람들이 와서 입구에서 돗자리 깔고 앉아서 먹고 그러니까 교육위원회 사람들은 출입을 할 수가 없는 거야. 다들 젖어서 우산도 쓰고. 신문사가 많이들 와서 때마침 일이 커졌지. 우리 모두 놀랐어. 그 뒤에도 몇 번이고 오사카부청에 갔어. 갔더니 부서도 여럿 있고 의원도 여럿 있더라고."

—느낌이 어떠셨어요.

"이제 뭐, 안 되면 뛰어들자는 마음이었지. 언제까지 이런 상태면 안 되지 않냐고 하면서. 시작했으면 끝까지 가자고 하고 거기 갔어. 대충 그만둘 거면 시작도 안 했어. 우리 목숨 걸었다고."

여성들은 평상시에 '밤이 되면 조선 아줌마가 모인다'며 야간중학교를 좋게 생각하지 않는 지역의 분위기를 피부로 느꼈다. 오랫동안 그 느낌이 쌓였기 때문에 학생 수 증가를 보도한 신문 기사를 빌미로 학부모교사연합회와 교육행정이 취한 행동에서 '차별의 냄새'를 맡았다. 학생회는 즉시 독립학교를 요구하자고 결정했다. 독립학교 운동이 열기를 띠는 동안 이 운동이 반세기 가까이 전에 일어났던 한신교육투쟁의 연속임을 떠올리고 '민족' 문제로 쟁점을 좁혔다. 이 운동은 야간중학교를 두고 벌인 운동이었지만 한신교육투쟁이 출발점이었던 오사카 재일조선인 운동의 역사를 계승하기도 했다. 박윤경의 작문에 다음과 같은 말이 있다.

"요 몇 년 동안 다이헤지 분교 독립을 생각하지 않는 날이 없었습니다. 우리 학생들이 학생의 힘으로 우리학교[20]를 만든다는 생각으로 다이헤지에 야간중학교를 만들라는 운동을 했습니다.

어렸을 때 학교를 못 다녔던 설움, 일본에서 겪은 이런저런 말로 다 못할 고생을 생각하면 우선 조선인이 단결해서 학교를 만들어야 한다고 생각했습니다. 또 단결하면 반드시 학교가 생긴다고 믿었습니다.

'다이헤지가 독립학교가 됐다'는 말을 듣고 바로 학교로 갔습니다. 교문 문패가 '다이헤지 중학교 야간학급'으로 바뀌었는지 확인하기 위해서였습니다. 바뀌지 않았습니다. 그 뒤로 매일 바뀌었는지 확인하러 갔습니다. 문패가 없으면 독립학교를 믿을 수 없었습니다.

문패는 단순한 널빤지 조각이 아닙니다. 우리가 여기는 우리 학교라고 자랑스럽게 다니려면 문패 하나가 굉장히 중요합니다."

박윤경에게 '다이헤지 야간중학교 야간학급' 문패는 상징적인 것이었고, 재일조선인 여성을 학생으로서 정식으로 인정하는 것이었다. 이는 다이헤지 야간중학교 독립운동이 바로 재일조선인 여성의 정체성을 인정할 것을 요구하는 정치임을 시사한다.

다이헤지 야간중학교 독립운동에서 여성들은 오랫동안 민족 차별을 당한 분노를 표출했다. 박인석의 이야기를 들어보자.

"일본에 와서 차별받고 슬펐어. 빚도 지고. (전후 혼란기에 암거래 쌀 나르면서) 경찰에 붙잡혔는데, 17살인가 18살 때, 혼자서 9일 동안 소년감별소에 갇혔어. 경찰서로 연행돼서 국선변호사 붙고 재판을 했어. 감옥에는 조선인 여자아이도 있었어. 차별이 심했어. 급식에서도 찌꺼기만 주고 버리는 것 주고, 애들도 차별받으면 알아. 거기에 저항하고 싶은 생각도 안 들고, 그때는 그게 당연했어. 제비뽑기로 내가 속옷을 받았을 때에도 일본인이 '왜?' 하더라고. 그 일본인 눈빛을 잊을 수가 없어."

이런 경험을 한 박인석은 조에 야간중학교에서 분교 교실로 옮겨 가라고 했을 때, 학생의 실정을 무시한 행정 조치에 분노했다.

"(1993년) 2월에 갑자기 분교로 가라니 어쩔 수가 없었어. 교사한테 '무리예요!', '바보 같은 소리 하지 마세요!' 하고 말했어. 우리 집은 원래 덴노지 야간중학교가 가까운데 직장이 여기에 있어서. 이쿠노에서 온 사람이어도 익숙해지면 떠나고 싶지 않잖아. (중략) 분교니까 행사나 졸업식 있으면 조에로 가야 하고. 분교는 임시 거처야. 학교 뒷문이 출입구고. 분교는 조선인 차별이라고. 교육위원회는 돈 드는 일은 하고 싶지 않고 학부모교사연합회가 압력을 넣었지. 주간 학생 학부모가 조선인이 학교에 많으면 이미지가 나쁘다고. 조선인한테 세금 쓰는 건 낭비라고. (일본인 보호자가) 아이들 명목으로 조선인을 방해꾼 취급한 거라고. 학부모든 교육위원회든 한통속이야. 차별은 엄청난 거야. 조선인 차별이 밑바탕에 있어. (야간중학교 학생이) 일본인이었다면 분교는 있을 수가 없지. (중략) 신문 기사에 나왔어, 주간 학생 학부모교사연합회가 반대한다고. 우리는 쓰레기통에 버려진 거랑 마찬가지야."

오랫동안 일본인 사회에 가진 강한 불신과 분노를 박인석은 독립운동에서 터뜨렸다. 1993년 10월에 일어난 4일간의 농성은 신문과 티브이를 통해 지역 사회에 알려지게 됐다. 그동안 교류가 없던 야간중학교 근처에 사는 일본인 중에는 방송을 보고 응원을 보낸 사람도 있었다. 반면 언론에 자주 노출된 학생회 회장은 잠복, 익명 편지, 장난전화로 괴롭힘을 당하는 피해를 겪었다.[21] 이렇게 지역사회는 호의와 증오가 섞인 반응을 보였고 8년에 걸친 운동은 사람들에게 큰 정신적 부담을 주었다. 그래도 지역사회에서 긴 시간 동안 눈에 띄지 않도록 생활한 재일조선인 여성은 운동을 계기로 '목소리'를 냈다. 일본 사회를 향해 민족 차별의 분노를 표하고 정체성을 부당하게 왜곡하지 말라고 요구한 것은 큰 변화였다. 여성들은 분교를 독립학교로 만들 것을 요구하면서 반세기 가까이 계속된 부당한 억압을 고발했고, 그러한 행위수행으로 대항 주체를 형성했다.

다시 한 번 2001년 4월에 독립학교가 됐을 때 발표한 〈다이헤지 독립선언〉(자료6)[22]을 인용한다.

우리는 왜 다이헤지 분교가 독립하지 못하는지 매일 생각했습니다. 독립학교를 요구하는 우리가 잘못한 것일까. 아니면 독립학교를 요구하는 우리 목소리가 작은 것일까. 아니면 행정기관이 잘못한 게 아닐까. (중략) 우리는 운동을 하면서 야간중학교에 대한 편견과 조선인 차별이 근본 문제임을 깨달았습니다. (중략) 우리는 독립을 쟁취했습니다. 우리는 여기 모인 학생회 연합회와 함께 운동에서 승리한 것이 진심으로 자랑스럽고, 앞으로 다이헤지 야간중학교에서 가슴을 펴고 공부하고 싶습니다.

2) 사적 영역에서 대항하는 주체

다이헤지 야간중학교 독립운동은 공적 영역에서 재일조선인 여성을 정치적 주체로 만들었다. '민족'이 쟁점인 이 운동은 얼핏 보면 사적 영역과 관계가 없는 것 같다. 하지만 여성의 공적 활동은 사적 영역에서 처한 위치와 연결된다. 가정에서 어떻게 새로운 주체를 형성했는지 강우자의 사례에서 살펴보도록 하자.

강우자는 학생회장으로서 운동의 선두에 있던 인물이다. 행정기관과 협상하는 모습, 집회에서 당당하게 연설하는 모습이 티브이와 신문에 여러 번 보도됐다. 2세인 강우자는 일본어가 모어지만 학령기에 학교를 다니지 않아 야간중학교에 입학했다. 어렸을 때 아버지를 여의고, 서일본 농촌에서 재일조선인 사회와 떨어져 살았다. 결혼해서 이카이노로 옮긴 후 처음으로 재일조선인 공동체를 알게 됐다.

"조선인으로서 의식이 생긴 것은 결혼한 후예요. 학교 선생님이 아니라 근처에 사는 동포가 의식을 갖게 해주었어요. 남편도 가난하고 막내였고, 늘 셋방살이였고, (집주인이) 우연히 (조선 고향이 같은) 동네 사람이었어요. 게다가 우리 시어머니 친척이었고. 거기로 던져진 거예요. 나는 지금껏 일본 시골에서 절임 반찬 먹으면서 살아왔어요. 결혼했을 때 그걸 말했더니 이 사람 일본인도 아니고 조선인도 아니고 반쪽바리[23]라는 거예요. 우리 집에선 그거 가르치면 안 된다고. 반쪽바리라는 말은 굉장히 모멸적인 말이죠. 시어머니도 그 말 쓰시더라고요. 마음고생했어요. 이카이노는 참 독특한 곳이에요. 동포가 많이 있어요. 역이 멀어서 교통이 나쁘죠. 나는 시골에서 와서 딱 좋았어요. 쓸데없는 참견도 괜찮아. 아무것도 모르니까. 아비가 없는 딸은 망측한 거예요. 그러니 우리 집에서 다시 키워야 한다고. 세탁할 때도 가르쳐줘요. 팍팍 두드리고 헹구고, 두드리고 헹구고. 친척이라던 근처 아주머니가 너무 열심히 가르쳐주셔서 힘들지 않았어요. 제사도 그 아주머니가 다 가르쳐주고. 결혼하고 바로 다음해부터 제사 지내고 있어요. 아주머니가 솔선수범해서요. 지금 이렇게 큰 소리로 말할 수 있는 것도 잘하든 못하든 제사를 알고 있어서예요. 다들 예뻐해주셨어요. 그런 사람들이 있었기에 내가 조선인이라고 말할 수 있어요."

결혼한 후 이카이노로 이사해서 일본 사회 못지않게 나이, 세대 서열이 확실한 동포 여성 집단에 들어갔다. 그 전에는 일본 사회밖에 몰랐던 강우자는 시어머니와 윗세대 여성에게서 조선 문화와 관습, 음식, 말을 제대로 배우고, 조선인 며느리로서 적극적으로 융화하고자 했다. 하지만 남편과는 '민족' 때문에 갈등이 생기기도 했다.

"(나이 드신 여성한테) 뭔가 배우는 건 나쁘지 않았는데 참 꺼림

칙한 것이 하나 있었어요. 남편. 나는 말이죠, (결혼 전에 시골에 살았을 때는) 일본인이 되고 싶었어요. 내 남편은 민족의식이 강한 사람이고 말수가 적어요. 티브이도 없고 라디오도 없던 시절에 많은 이야기를 해줬어요. 옛날에 할아버지가 이렇게 해줬었다, 하는 이야기들. 옛날이야기요. 그래도 그다음 무슨 말이 나올지 알아요. 여자는 이러면 안 된다, 하는 것. 그게 참 불만이었어요. 우리는 조선인이니까 조선인이다, 절대 일본인은 되지 않는다. 일본인하고 같은 생각 가지면 안 된다. 그런 말 나오면 난 힘들었어요. 난 일본밖에 모르고 일본어밖에 모르고. 동포 아주머니들이 이런저런 이야기 많이 해주셔서 제주도 말도 조금 아는데, 말하진 못하지만, 그렇게 많이 가르쳐주었는데, '조선인이라서 다행이다'라고 말하지 못했어, 말하고 싶지 않았어. 그리고 남편이 조선인이 일본인보다 훌륭하다고 말하면 화나더라고. 저도 그 문제를 오랫동안 생각했어요. 결혼하기 전까지 '땅'만 보며 다녔어요. 시골에서 잘 지내고 싶으니까. 하지만 사람이 아니었지. 말할 수도 없고. 왜 이런 생각을 했냐면 (외국인)등록 있잖아요. 그게 없어지면 저 사람들(일본인) 안에 들어가는 거잖아요. 결혼 전에 어떻게 해야 일본인이 되지, 하고. 어떻게 해야 저 사람들과 똑같이 할 수 있나, 하고. 조선인하고 결혼하는 게 불만인 게 아니라 나 몰라라 하고 결혼했어요. 사흘 동안 울었어요. 다 포기하고. 남편이 조선에 강이 흐른다고 말하는 것도 듣고 싶지 않았고. 일본인을 동경하는 이 느낌은 뭘까요. 아쉽고 아쉽더라고요. 다 되돌리고 싶어. 우리 어머니는 그런 시대 살았다고 하시지만 나는 조금만 더 노력하면 될 것 같은데. 야간중학교 가기 전까지는 말이죠. 야간중학교에 가서 다 새로 변했어요."

일본에서 태어난 강우자는 1세인 남편을 견디기가 힘들었다. 가장 가까운 가족인 남편은 '민족성'이 부족하다며 강우자의 존재를 인정하지 않았고, 강우자는 여성을 남성 아래에 두는 가부장제에 반발심을 가졌다. 이카이노에 와서 조선의 민족문화를 익히는 한편, '민족의식'의 뒷면인 여성 멸시 때문에 남편과 격렬한 갈등을 겪었다. 3장에서 살펴봤듯이, 53세에 야간중학교에 들어가기 전 2년 동안 남편은 입학을 반대했다.

"야간중학교 들어가기 전까지 2년 동안 남편하고 싸우기만 했어요. 지금에서야 말하지만. (중략) 내가 막 학교에 다니기 시작했을 때 남편은 전혀 마음을 열지 않더라고요. 내가 다녀와서 이런저런 이야기를 하면 흥, 하고. 민족의식이 높아지는 건 좋아해요. 그런 건 알아줘요. (중략) 남편은 아내가 공부하는 거 자랑스럽게 생각하지 않아요. 저런 데 가서 (야간중학교 독립운동 할 때) 연설한 거 알면 큰일나요. 네. 하지만 그런 데 가지 말라고는 하지 않았어요. 외출할 때도 시끄럽게 잔소리하고 일하러 나가면 몇 시부터 몇 시까지 하니까 집에 있겠네, 하고. 여행 가잖아요? 그럼 여자가 무슨, 가지 마라 하고. 두마디째는 반드시 '여자가'예요. 그래도 남편 형 생각하면 남편은 열려 있던 편이라 생각해요. 남자가 중요하다고 하면서도 남녀동권이란 말도 쓰니까요. 여자는 여자다워야 한다고 말하면서도 그러려면 남자가 제대로 해야 한다고, 그런 말도 했어요. (중략) 내가 심술궂게 하면 굳이 반론 안 하더라고요. 자기가 일이 더디면 화내요. 여자한테 진다고 생각해. 여자를 그렇게 생각하는 게 마음에 안 들어요. 서러워."

이윽고 야간중학교에 입학하자, 의식이 크게 바뀌고 부부간 정치에도 영향을 준다. '자기 목소리'를 야간중학교에서 되찾았고 남편과의 관계를 다시 생각하게 된다.

"그때는 말하자면 학교에 오면 목소리를 내야 했어요. 집에서 하지 못한 말, 학교에서 하십시오, 라고. 선생님이 자기 말을 하라고. 말을 하면서 자기도 찾으라고. 처음에는 말을 못했어요. 반년 정도 지나자 전화 받아도 강우자라고 할 수 있게 됐어요. 운동을 하자 남편도 '가!' 하고 말하더라고요. 협상하러 갈 때요. 내가 그 선두에 있는 것도 모르고. 그래서 종이를 보여주지 못해. 학생회장이라고 쓰여 있거나. (강우자) 이름 적혀 있으면 안 되니까. 다른 선전지 보면 이건 안 가면 안 돼, 일 쉬고 다녀오라고 말해요."

아내가 야간중학교에 입학하는 걸 반대했던 남편이지만 학교에서 민족 이름을 썼을 때는 '민족성'을 고양하는 행위라며

높게 평가했다. 강우자는 야간중학교에 들어간 후 점점 남편에게도 자기 의견을 말하게 됐다. 침묵을 깨고 자기 '목소리'(재일조선인으로서, 또 여성으로서 자기 생각)를 낸 것이다. 야간중학교 독립운동을 할 때 남편은 아내를 적극적으로 지지했다. 하지만 전통 성별 규범에서 벗어나지 않도록, '사람 앞에 나서지 않는다'는 조건부 지지였다. 실제로 강우자는 학생회장을 맡았지만 가족에게는 자세히 말하지 않았다.

"자식들은 (운동을 하는 걸) 알아. 내가 말은 안 했지만. 왜 말을 안 했냐면 손주가 학교에 다녀. 그 강우자의 손주. 그러니 (기사가 나간) 신문 받지 말라고 하더라고. 신문 오면 숨겨. 그래서 참 힘들어요. 강우자 찾는 전화 오면 남편이 기분 나빠 하고. 취재는 학교에서 했어요. 남편은 반 정도는 알았겠지만 선두에 선 건 몰라. 운동을 한 건 알고 있었어요. 운동하지 말라고. 사람 수가 적으면 가라고. 농성 때도 갔으니까. (운동하느라 몇 번이고 쉬어서) 일자리 잃었을 때도 남편은 이제 그만하라고. 언제언제 낮에 나가니까 점심 못 차린다고 말하면 이번엔 어딘데? 물어봐서 이번엔 오사카부청 앞에서 뭔가 한다고 했더니 그건 가야 한다고. 운동을 아주 중시하는 사람이에요. 단지 여자는, 며느리는 나서면 안 돼."

운동을 한 많은 여성이 야간중학교에서 있었던 일이나 운동을 한 일을 가족에게 이야기하지 않았다고 대답했다. 아마도 여성 자신이 야간중학교에서 공부하는 것이 전통 성별 규범에서 벗어난 일임을 알고 있어서일 터이다. 가족들 생각을 바꾸기 위해 의논을 하거나 가족들이 자기를 인정하도록 노력한 모습은 보이지 않았다. '아내'나 '어머니'로서 가사노동과 일을 완벽하게 하는 것으로 야간중학교에서 공부할 자유를 확보했다. 그런 의미에서 야간중학교 독립운동은 재일조선인 여성이 놓인 성별 구조의 근본을 바꾸진 않았다. 하지만 여성이 민족사회에 공헌한다는 대의명분을 주었고, 여성이 사적 영역 밖에서 활동할 자유를 확대해주었다.

야간중학교 독립운동은 지역사회의 민족 차별을 고발했으나 성별 불균형 문제를 드러내진 못했다. 다이헤지 야간중학교 독립운동은 재일조선인 여성의 이해관심과 직접 관련이 있었고, 지위 향상에 공헌했다. 하지만 '민족'이 쟁점인 운동은 저학력과 비문해가 재일조선인 안에서도 여성의 문제임을 드러내지 못했다.

적극적으로 운동한 여성들의 생애담을 연구할 때, 남성과 여성을 주종 관계로 보는 생각을 내면화한 경우가 많았다. 야간중학교는 인권 교육의 틀 안에서 성별 문제를 다루기는 하지만, 재일조선인 여성과 관련해 학생들이 성별 구조를 문제시하지는 않는 듯했다. 일본인 남성 교사를 인터뷰했더니, 3월 8일 국제여성의날에 여성 차별에 대한 수업을 했는데 학생들 반응이 무덤덤했고 오히려 '암탉이 울면 안 된다'고 비판받았다고 말했다.[24] 재일조선인 여성이 야간중학교에 입학할 즈음에는

'며느리,' '아내'의 역할이 끝나고 '시어머니'로서 가정 안에서
비교적 우위에 있다. 그래서 수업에서 성차별을 학습하는 동기
가 약하다고 볼 수 있다.

이렇듯 야간중학교 수업과 독립운동에서 여성주의 관점은
크지 않았지만, 강우자의 사례에서 알 수 있듯이 민족 차별 철
폐를 요구하는 운동은 사적 영역의 성별 정치에도 영향을 주
었다.

3) 민족사회에서 대항하는 주체

야간중학교에서 공부하는 재일조선인 여성의 운동은 재일
조선인 사회에서는 어떤 주체를 형성했을까. 공립 야간중학교
에 다니는 재일조선인 여성은 기본적으로 기존의 민족 조직에
무관심했다. 애초부터 '학교에 가는 것', 그것도 일본 학교에서
공부하는 것은 중노년 재일조선인 여성의 규범에서 벗어나는
행위였다.

다이헤지 야간중학교 독립운동이 일어났을 때 그러한 상황
에 변화가 생겼다. '어머니', '할머니'들이 '우리의 야간중학교
를 만들어주었으면 좋겠다'고 필사적으로 호소하는 모습에 지
역에 사는 젊은 세대의 재일조선인이 지원을 한 것이다. 1993
년 10월 동오사카시 교육위원회 앞에서 농성을 할 때, 동오사
카시의 조선인 강사와 민족교육촉진협의회 회원들이 응원을

하러 달려왔고 '이겨라' 노래를 불렀으며 배식을 했다.[25] 민족학급에서 어린이를 지도하는 조선인 강사는 민족 교육의 일환으로 함께 응원을 했다. 근처의 조선음식점에서는 음식을 나누어 주었다. 민족신문도 기사를 실었다.[26] 이런 식으로 다이헤지 야간중학교 독립운동에는 여러 세대의 재일조선인이 관계했다.

재일조선인 여성이 대부분을 차지하는 야간중학교 학생 운동은, 탈식민 시기에 일본 공권력과 맞붙은 재일조선인 운동을 상기시켰고 폭넓은 사람들에게서 공감을 얻었다. 민족운동의 성격을 갖는 이 운동은 여성들을 민족사회의 가부장제와 싸울 수 있는 대항 주체로 만들었다. 후세대 여성의 '말하기'를 통해, 이 운동이 민족 공동체의 성별 질서와 어떤 관계가 있는지 고찰해보자.

정귀미(3세, 1950년 출생)는 오사카 이카이노 지역에서 태어나 의료 분야에 종사한다. 민간 병원과 지방자치단체에서 전문직으로 일하며 경력을 쌓았다. 재일한국청년동맹, 재일한국민주여성회에서 10대 후반부터 지역의 민족해방과 여성해방을 위해 일해온 활동가이기도 하다. 동오사카시 공립학교에서 민족학급 강사로 있었을 때 다이헤지 야간중학교 독립운동이 일어났다. 정귀미는 수업 이수 기간의 엄격한 적용 때문에 1994년 3월에 할 수 없이 졸업을 해야 했던 재일조선인 여성을 위해서 자주 학습의 장 우리서당의 강사가 됐다. 이를 계기로 1세, 2세 여성과 깊은 관계를 맺게 됐다. 정귀미 역시 조선인 강사로 활동할 때 성별 질서에서 갈등을 겪었다.

"어떤 교육을 지향하느냐에서 같은 동포 남성 강사와 부딪칠 때가 있어. 구체적으로는 한국 동요. 〈개구리〉, 즉 〈가에루か에る〉란 동요가 있잖아요. 내가 생각하기에는 아마 아버지가 불렀어요. 아버지가 부른 노래. 개구리가 개굴개굴 울고 있다고 하잖아요. 아들, 손자, 며느리, 다 모여서, 하고. 가족을 노래해. 한 가문이죠. 며느리가 있고 손주가 있고 아들이 있고. 그런데 왜 어머니가 없고 딸이 없는지. 나는 그 가사가 너무 마음에 안 들어서 그 노래 안 불러요. 그리고 젊었을 땐 몰랐는데 (재일한국민주)여성회에서 운동할 때 깨달았어. 그 노래 안 부르기로 결정했어. 그 이야기를 했더니 같은 동포 남성 강사가 뭐냐, 그건 좀 너무 치우친 거 아니냐, 하고. 안 치우치면 어떤 문제도 해결 못한다고, 여러 예를 들어 말했는데, 그래도 그 정도는 괜찮지 않냐고 말하니까. 남성하고는 좀처럼 말이 안 통하니, 이제 뭐 관계를 끊을 수밖에 없어요."

운동가로서 항상 '현장'을 중시해온 정귀미는 재일조선인 사회의 남성중심주의에 비판적이라는 이유로 고립될 때도 있었다. 기존의 민족 교육에서는 민족해방과 여성해방이 양립하기 어려웠다. 딜레마에 빠졌을 때 야간중학교에서 공부하는 재일조선인 여성들과 만났다.

"특히 1세들은 숨을 수가 없었잖아요, 이 일본 사회에서. 특히 할머니들은 여자라서 학교에 다니지 못했잖아요. 남자는 학교 다녀요. 할머니는 학교도 안 가고 가족들, 형제들 뒷바라지했죠. 지금껏 살아와준 것만으로 재일조선인 사회에 큰 공헌을 했다고 생각해요. 그에 비하면 우리 2세, 3세는 너무 재일조선인 사회에 공헌 안 하는 것 같아요. 뭐랄까, 1세의 삶을 제대로 보지 않았기 때문이 아닐까, 생각하거든요. 특히 여성, 할머니들이요. 영락없이 조선 사람이고, 일본어도 못하고, 하물며 글자 쓰는 거야. 어떻게 이 일본 사회에서 아이와 가족을 지키며 살아왔는지 알아야지. 여성들은 그걸 넘어왔으니까, 씩씩하게, 자상하게. 강해요. 물론 우리가 그렇게 살자는 뜻은 아니고 우리가 일본에서 살아온 그 삶을 누가 지켜줬는가. 어떻게 지킬 수 있었는가를 알아야 한다고."

야간중학교 독립운동을 바라보는 이러한 시각에서는 민족해방과 여성해방이 동시에 보인다. 그것은 비가시화된 고령 재일조선인 여성과 마주하며, 남성과 경험이 다르고 조선의 민족 문화 자원을 가진 1세, 2세를 다시 바라보는 것이다. 조선의 말과 역사를 지식으로서 배우는 것보다, 1세 여성과 직접 만나고 마주 보는 것이 후세대에게는 더 중요하지 않을까. 애초에 조선에서 태어난 1세 여성은 '민족성'이 풍부하고 재일조선인으로서 역사적 경험도 풍부한데, '여성'이란 이유만으로 무시당한 건 아닐까. 재일조선인 운동을 비롯해 민족 조직은 대부분 남성이 결정권을 쥐었다. 재일조선인 역사에서 여성은 부재한다. 그러나 1세와 2세 여성의 공헌이 있었기에 지금의 재일조선인 사회가 만들어진 것이 아닐까.

야간중학교에서 공부하는 고령의 여성들과 교류하면서 정귀미는 1세의 말과 몸에 새겨진 문화, 역사를 호흡하고 계승하고자 마음먹는다. 우리서당에서 자원봉사로 강사를 하는 동안 그 결심은 더욱 강해졌고, 결심을 구체화해 의료 종사자로서 데이하우스와 데이서비스를 설립하고 운영했다.

우리서당은 야간중학교 독립운동 과정에서 생긴 학습 조직이다. 이것이 발전해 데이하우스 및 데이서비스 사랑방이 생겼다. 독립학교가 된 후 운동이 정식으로 끝난 후에도 이 두 조직은 지역에 사는 재일조선인 여성의 활동 중심지가 됐다. 두 조직은 동오사카의 교육제도와 복지 제도 안에서 재정 지원을 받고 있다. 다음 장에서 자세히 살펴보겠지만, 우리서당과 사랑방은 재일조선인 여성의 세대를 넘은 연대를 가능하게 했고, 여성이 중심인 하위의 대항 공론장이 됐다.

지역의 다문화주의와
'할머니' 주체

　재일조선인 1세, 2세 여성은 일본 주류 사회에서 완전히 배제되고 비가시화·대상화됐다. 하지만 다이헤지 야간중학교 독립운동에서는 여성들이 지역사회에 자기 존재를 드러냈고, 자신들을 일정한 정체성을 가진 주체로 인식하게 했다. 공공 공간에 출현한 재일조선인 여성 주체는 기존의 극단적 이미지, 즉 남존여비로 고생하는 수동적 여성, 생활력이 강하고 가족에게 헌신하는 '위대한 어머니'와 달랐다. 남성 중심 조직에 의존하지 않고, 또 누군가의 어머니나 아내로서가 아니라 자기 권리를 당당하게 주장하는 대항 주체로서 공권력과 맞붙어 싸웠다. 운동을 통해 지역 공공 공간에 나타난 재일조선인 여성 주체에게, 다문화공생이라는 이념이 새로운 의미를 부여하여 친밀성을 담은 '어머니', '할머니' 호칭을 쓰기도 한다.

　야먀와키·가시와자키·곤도(2003)는 다문화공생을 '다른 집단에 속한 사람들이 서로 문화 차이를 존중하며 대등한 관계를 구축하는 과정'이라 정의한다(야마와키 외 2003: 140). 다문화공생은 '다양성'과 '평등'이라는 서로 상반되는 방향을 지향하며, 외국에 뿌리를 둔 현재 주민과 함께 살아가기 위한 방법을 찾는다.[27] '다문화공생'은 외국인이 많이 거주하는 지방자치단체에서 취하는 중요한 정책이다. 다이헤지 야간중학교 독립운동에서는 한일문제를생각하는동오사카시민회가 야간중학교 학생 입장에 서서 교육위원회와 협상을 할 때 강력하고 실질적인 지원을 했다. 동오사카시민회는 동오사카시에서 재일조선인을 비롯한 외국 국적 주민 상대 정책에 관여하는 중심 운동 조직이다.[28]

동오사카시 인구는 약 50만 명이고 그중 외국 국적 주민은 3%를 차지한다. 약 1만 7,000명 외국 국적 주민 중 한국·조선 국적을 가진 사람은 약 1만 3,000명으로 절대다수다.[29] 동오사카시에서는 다문화주의가 다음과 같이 전개됐다. 우선 1982년에 '동오사카시 재일외국인(주로 한국인, 조선인)의 인권에 대한 기본 지침'이 제정됐다. 이 지침의 목표는 "재일 한국·조선인의 역사적 배경과 오늘날 상황을 직시하고, 헌법과 국제인권규약에 따라 외국인을 포함한 모든 시민의 기본적 인권을 옹호하며, 모든 차별의 철폐를 기본으로 삼아 동오사카시가 당면한 과제를 해결하도록 노력"하는 것이다. 1990년대에는 일본에 유학하러 온 외국인이 급증했고 재일조선인뿐 아니라 새로 이주한 외국인을 대상으로 '지역의 국제화'를 지자체 과제로 삼왔다. 1992년에는 '동오사카시 국제화 대책 개요'(2008년에 국제화 추진 개요로 개칭)를 제정했다. 그 뒤에는 정세 변화를 반영해, 2001년에 '동오사카시 재일외국인(주로 한국인, 조선인) 인권에 대한 기본 지침 회의'와 '동오사카시 외국 국적 주민 시책 직장인 회의'를 설치했다. 두 회의의 제안으로 '동오사카시 외국 국적 주민 시책 기본 지침: 함께 사는 마을 만들기'를 책정했다. 이 지침은 '내외국인 평등 원칙 존중', '다민족·다문화공생의 실현', '지역사회 참여'가 기본 목표다. 또 고령자 복지 등 행정 서비스 확충, 민족학교 지원과 다민족·다문화공생 교육 등 교육·문화 확충, 외국 국적 주민의 정책 참여를 보장하는 행정의 국제화가 구체적 지침이다(동오사카시 2003).

야간중학교에서 공부하는 재일조선인 여성은 동오사카시의 다문화공생 정책에서 직접적 이익을 얻고 있지는 않다. 다만 재일조선인 여성을 위한 자주 학습 조직 우리서당과 데이하우스 사랑방은 각각 사회교육과 개호보험 사업으로서 행정 지원을 받고 있다. 두 단체 모두 비영리단체 자격(Non-profit Organization, NPO 법인)을 얻어 동오사카시의 다문화공생 행사에 참여하고 단체를 알린다. 즉, 야간중학교에서 공부하는 재일조선인 여성은 '할머니'라는 상징적 모습으로 다문화공생에 관여한다.

동오사카시의 다문화공생은 풀뿌리 운동으로 추진하며, 외국 국적 주민의 단체와 단체를 지원하는 운동의 교류를 매년 늘리고 있다. 구체적으로는 재일조선인의 주요 민족 조직인 민

〈사진4-2〉 국제교류 페스티벌에 참가한 우리서당의 여성

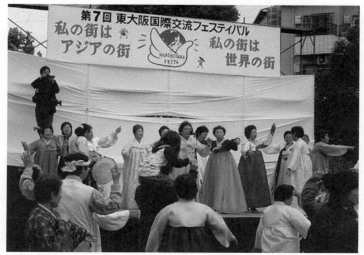

ⓒ서아귀

단과 총련, 우리서당, 동오사카민족강사회, 한일문제를생각하
는동오사카시민회, 동오사카동포보호자회가 관여하고, 또 중
국귀환자협회, 교직원조합, 전일본자치단체노동조합 등이 관
여한다. 예를 들면 1996년 이후 이 단체들은 '동오사카 국제교
류 페스티벌'(동오사카시 후원)이라는 행사를 매년 공동으로 주
최해왔다. '우리 마을은 아시아인의 마을, 세계인의 마을'이라
는 슬로건 아래, 민족학교, 재일 한국인 청년 단체와 그 밖에
동오사카시에 거주하는 베트남 이주자, 남미에서 온 일본계 이
주자, 중국 이주자, 오키나와에서 온 이주자 등이 만든 25개 단
체가 참가한다. 참가자는 약 6,000명에 이른다고 한다.[30] 야간
중학교 졸업생 역시 국제교류 페스티벌의 주요 참가자다. '야

간중학교'라는 깃발을 단 노점에서는 전통 의상을 입은 '할머니'들이 커다란 목소리로 음식과 막걸리를 판다. 무대에서 역시 할머니들이 페스티벌 마지막을 장식하며 노래를 부르고 춤을 춘다.

국제교류 페스티벌은 정체성 집단이 가진 문화 자원을 '진열'하고 민족문화를 본질화하기 쉬운 장소다. 그러나 우리서당의 여성은 일방적으로 '진열'되지 않고 능동적 시민 주체로서 페스티벌을 활용한다. 참여관찰(2002) 당시 여성들은 민족 교육을 보장할 것을 요구하고 총련계 민족학교 학생에게 휘두른 부당한 폭력을 고발하는 선전지를 배포하고 있었다. 다시 말해 여성들은 페스티벌을 발언의 장으로 유효하게 활용하고 있었다.

이렇게 1세, 2세 재일조선인 여성 주체는 지역의 시민이라고 할 수 있다. 여기서 '시민'이란 T. H. 마셜이 말하는 권리와 의무가 평등한 지위(Marshal 1950=1993)라기보다는, 페미니즘 사회학자가 제시한 새로운 시민권 개념, 즉 능동적 참가와 실천, 정체성이 정의하는 개념(Lister 1997; Siim 2000)이다.[31] 분교를 독립학교로 만들 것을 요구하는 운동은 지방자치단체 차원에서 재분배와 인정을 요구하는 것이기도 했다. 일본에서 참정권이 없는 재일조선인 여성은 야간중학교라는 공적 기관의 기반에서 운동이라는 비제도적 방법으로 지역 정치에 접근했고, 대등한 구성원 자격을 얻고자 했다. 여성 주체는 시민으로서 지역의 국제화, 다문화공생 정책에 관여하지만 그러한 외적 요인으로 시민이 된 것이 아니고 운동을 하는 과정에서 행위수행적으로 시민이 됐다고 말해야 할 것이다. 몸에 각인된 역사 경험과 '민족성'을 전면에 내세우는 것은 곧 지역사회에서 민족으로서 시민 주체를 형성하는 것이기도 하다. 운동 차원에서는 이제 일종의 일본어로 느껴지기까지 하는 '할머니'는 조선의 언어와 문화, 역사적 경험을 지닌 정체성이다. 현대 한국 사회와는 조금 다르지만, 이들은 자신의 정체성을 전략적으로 사용하며 지역사회에서 자기 자리를 만들어왔다.

현재 NPO 법인인 우리서당은 조에 야간중학교와 다이헤지 야간중학교 내에 설치됐다. 야간중학교 졸업생 외에도 재일조선인 여성이 주체적으로 활동할 수 있는 공간이다. 조에 야간중학교 분교가 다이헤지 중학교에 만들어지고 수업 이수 기간을 제한했던 1994년에 분교를 독립학교로 바꾸기 위해 만들었다. 야간중학교 졸업생 약 40명을 위해 만들어진 자주 학습 기관이다. 야간중학교에서 어느 정도 학습을 하고 문해 능력을 향상했다고 해서 재일조선인 여성이 일본 사회에서 '조선인'으로서 큰 힘을 가지고 살고 있는 것은 아니다. 우리서당에서 공부하는 여성은 야간중학교를 졸업한 뒤에도 다이헤지 야간중학교 독립운동에 힘을 쏟으며 '조선인' 입장에서 사회와의 관계를 다시 생각하고, 또 실천으로 새로운 관계를 만들었다.[32]

우리서당은 야간수업만 하지 않는다. 지역사회를 향해, 또 한국 사회를 향해 재일조선인 여성 1세와 2세를 대표하고, 두 사회가 재일조선인 여성의 역사와 사회적 입장을 이해할 수 있

©서아귀

도록 적극적으로 활동했다. 우리서당은 운동을 계기로 할머니
와 만나서 많이 배우려 하는 후세대 재일조선인이 운영진을 맡
고 있다. '배우는 사람에게서 배우는 우리서당'이라고도 부르
는 것처럼, 후세대 조선인과 일본인 자원봉사자가 교사로 일
하며 할머니에게서 언어와 문화를 배우고 조선과 재일조선인
에 대한 유무형의 지식을 얻는 장이다. '시민 강좌'에는 재일조
선인 여성이 살아온 역사를 듣기 위해 지역의 일본인과 후세대
재일조선인이 몰려든다. 우리서당의 여성들은 지역 공립학교
의 '종합 학습 시간'이나 민족문화 서클에서 출장 강연을 하기
도 한다. 4명의 할머니가 말하는 '역사' 릴레이 토크를 참여관

찰(2002년 3월)했을 때 중학생이 열심히 귀를 기울이는 모습이 인상적이었다. 또 다른 날에는 지역 고등학생이 단체로 데이하우스 사랑방을 방문하기도 했다. 같은 지역에 살면서도 교류할 기회가 거의 없는 재일조선인 할머니를 눈앞에 두고 젊은 사람들은 긴장한 얼굴을 보였다. 하지만 있는 그대로의 '재일조선인'과 만나고 '할머니'라 부르는 동안, 세대, 민족, 연령을 넘은 마음의 교류가 생겨난다.

여성이 말하는 식민 지배, 전쟁, 전후의 민족 차별은 특정한 사상이나 이데올로기의 주장이라기보다는 가족이 중심인 일상생활의 단편이고, 개인으로서 경험을 쌓으며 자아낸 반차별과 평화의 철학이다. 거기에는 근현대의 일본과 조선의 역사가 짙은 농도로 반영됐고, 국가의 거대한 이데올로기로는 이해할 수 없는 세세한 일상생활의 '진실'이 담겨 있다. 무거운 주제지만 솔직하고 유머러스한 말하기는 듣는 사람을 끊임없이 웃게 한다. 한 젊은 참가자는 "고생하신 할머니가 저보다 훨씬 밝으시고, 할머니와 함께 이야기도 나누고 식사도 해서 참 좋았습니다" 하고 소감을 밝혔다.[33]

우리서당 회원은 출신 지역이기도 한 한국의 시민사회와 깊은 관계를 맺고 있다. 2002년 7월 우리서당 여성은 모리구치 야간중학교, 조에 야간중학교 학생과 함께 안양시 문해 교육 기관인 안양시민대학을 방문했다. 이 방문은 도쿄 야간중학교 증설 운동을 한 다카노 마사오가 다리를 놓아 이루어졌다. 안양시민대학은 한국에서 문해 교육을 추진하는 운동 단체가 운영하고 40대에서 70대에 이르는 여성 450명이 공부한다. 재일조선인 여성과 한국 성인 여성의 비문해 문제는 공통적으로 식민 지배, 태평양전쟁, 한국전쟁이라는 정치사회적 혼란이 그 배경에 있고, 또 가난과 여성 차별이 원인이기에 연대 차원의 방문이 이루어진 것이다. 또 2007년 10월에는 우리서당 여성이 주최해 서울 일본대사관 앞에서 집회를 열었고, '위안부' 피해자와 함께 일본 정부에 사죄와 배상을 요구했다(〈사진4-3〉). 2008년에는 제주 4·3항쟁 60주년 위령제에 회원을 보냈다. 또 한국 KBS나 일본 NHK 취재에도 응해, 재일조선인으로서 제주 4·3항쟁과 한신교육투쟁을 겪은 역사적 기억을 증언했다.[34]

우리서당은 분교로 학생을 이동시키는 행정 조치가 원인이 되어 야간중학교라는 공간에서 만들어졌지만, 그 틀을 넘는 재일조선인 여성의 하위의 대항 공론장이다. 가난과 비문해 문제를 안고 있으면서도 식민지와 탈식민의 세월을 산 여성의 담론을 만들고, 또 그 여성의 목소리를 듣고 경험을 나누는 시민의 공간이다. 그래서 우리서당의 여성은 민족사회와 가족 남성이 보호하는 사람이 아니라 주체로서 지역의 일본인, 한국인, 그 밖의 사람들과 교류할 수 있었다. 우리서당에 모이는 재일조선인 여성의 활동 범위는 민족, 국가의 경계를 벗어난다. 재일조선인 여성의 하위의 대항 공론장은 한국의 비문해 성인 여성과 만난 것처럼, 다른 소수자가 만든 공론장과 느슨하게 연대하며 또 다른 하위의 대항 공론장을 초국적으로 형성해간다.

5 장

재일조선인 여성의
세대를 넘은 연대와
민족의 재편성

야간중학교 운동의
세대를 넘은 상호작용

1993년에 일어난 동오사카시 야간중학교 독립운동은 8년 후인 2001년에 분교가 정식 야간중학교가 되면서 끝났다. 그동안 야간중학교 교육 환경을 개선하기 위해 행정과 협상했고, 재일조선인 여성을 위한 자주 학습의 장인 우리서당과 고령자 여성이 낮 시간을 보내는 거처인 사랑방을 개설했다. 2009년부터 우리서당은 조에 야간중학교와 다이헤지 야간중학교 두 군데에서 열리고 있으며 사랑방 역시 데이하우스와 데이서비스라는 시설을 운영하고 있다. 우리서당과 사랑방에는 주로 야간중학교 학생이었던 여성들이 모이는데, 공립 야간중학교와는 다른 조직이다. 우리서당은 생애학습 기관이고 사랑방은 개호보험 제도 시설이다.

이렇게 다이헤지 야간중학교 독립운동은 여러 세대의 재일조선인 여성이 활동할 수 있는 기반을 형성했다. 야간중학교에서 공부한 여성, 공부하고 있는 여성은 후세대 재일조선인, 새로 이주한 한국인, 야간중학교 교사와 일본인 주민, 문해 운동 및 인권 운동과 교류하며, 한국의 문해 운동이나 다른 나라 한국계 이주자들과도 교류한다. 다이헤지 야간중학교 독립운동의 가장 큰 공헌은, 1세와 2세 재일조선인 여성을 중심으로 국적과 민족 배경, 세대와 계급, 젠더가 다른 사람들이 교류하도록 했고 이 사람들이 자유롭게 모이는 공간을 만든 점이라 할 수 있다. 특히 나이 많은 세대의 재일조선인 여성과 후세대 재일조선인 여성의 새로운 연대는 주목할 만하다. 한반도에서 태어나 식민 지배 시기에 일본으로 건너간 1세와, 일본에서 태어나고 자란 후세대는 '같은' 재일조선인 여성이라도 언어, 문화가 다르고 역사사회적 경험이나 생활 관습이 크게 다르다. 이러한 세대 차이에도 우리서당과 사랑방에서는, 고령자 재일조선인 여성과 후세대 여성, 새로 이주한 한국인 여성이 학생과 교사, 이용자와 간호 시설 운영진의 관계로 만나 서로가 가진 언어, 문화 자원을 존중하고 서로 도움을 주면서 같이 배워가는 관계를 만들고 있다. 또 야간중학교에서 형성된 재일조선인 여성의 사회 공간은 민족 요소가 많으면서도 가부장제의 영향이 적다는 점이 특징이다.

우리서당과 사랑방은 재일조선인 여성이 깊게 밀착한 가족 및 민족 커뮤니티와 일본 공적 영역 사이에 위치하며 각각을 연결하는 역할을 한다. 재일조선인 여성은 민족보다는 성별 요소 때문에 사적 영역과 커뮤니티 활동에 제약을 받았다. 이러한 가운데 야간중학교 독립운동이 발전한 우리서당, 사랑방은 재일조선인 여성이 공적 영역에서 주체를 형성할 수 있는 장으로 자리매김했다. 예를 들면 우리서당에서 1세 여성은 조선의 언어, 문화, 역사 경험을 전달하는 사람이 되고, 후세대 여성과 새로 이주한 여성은 1세 여성의 생활을 지원하는 사람으로 새로운 주체를 형성한다.

5장에서는 우리서당과 사랑방에서 재일조선인 여성이 세대를 넘어 어떻게 상호작용과 연대를 하고, 이것이 어떻게 공적 영역의 주체를 형성하는지 살펴본다.

먼저 조선이라는 기원사회의 언어, 문화를 자원으로 가진 1세 여성과, 일본이라는 주류 사회의 언어, 문화를 자원으로 가진 후세대 여성 사이의 상호부조를 고찰하기 위해, 프랑스 이주여성 연구의 '사회·문화 매개' 개념을 살펴본다. 다음으로 재일조선인의 고령화와 그와 관련해 오사카 거주지에서 활발히 결성되는 자발적 조직을 개괄한다. 이어서 데이하우스 사랑방에서 진행한 참여관찰을 근거로, 고령자 재일조선인 여성과 후세대 여성 운영진 사이의 상호작용을 분석한다. 마지막으로 세대 간 여성 연대가 공적 영역에서 여성 주체를 형성하는 데 어떻게 공헌했는지 고찰한다.

이주여성의
'사회·문화 매개'

　　주류 사회에서 이주여성의 연대와 자발적 활동을 고찰하는
데, 프랑스 과거 아프리카 식민지에서 프랑스로 이주해 정주하
는 여성[1]의 예를 참고하고자 한다. 프랑스는 1980년대 이후 이
주여성이 활발한 상호부조 활동을 했다. 먼저 이주해 주류 사
회의 언어와 구조에 정통한 여성이, 가족 합류 등으로 새로 이
주해 온 동포 여성에게 주거, 육아의 공적 서비스를 소개하고
이용하는 방법을 알려주며 가족 문제를 상담하는 등 여러 방면
에서 도와준다. 새로 이주한 여성은 주류 사회에서 생활할 때
남성과 다른 방식으로 어려움에 직면하기 때문이다. 이주 1세
대는 남성이 주류 사회에서 저임금 육체노동자로 노동시장의
바닥에 있는 반면, 여성은 가사, 육아, 간호 같은 가정의 모든
책임을 떠맡고 주류 사회의 언어를 교육받을 기회, 직업 연수
를 받을 기회에서 소외되기 쉽다. 취업 기회가 없는 이주여성

은 프랑스의 경제적·법적 제도에 따라 남성에게 의존할 수밖에 없고 이것이 이주여성의 생활을 더 어렵게 만든다(Freeman 2000).

그래서 이주여성의 조직 활동은, 이주여성이 프랑스 사회에서 겪는 인종차별과 성차별, 사적 영역에서도 남성에게 종속되는 문제에 대처해왔다. 캐서린 퀴미날은 아프리카 이주자가 상호부조 조직에서 다방면에 걸친 활동을 하면서, '닫힌' 사적 영역과 프랑스 공적 영역 사이를 사회문화적으로 매개하는 '매개자' 역할에 주목한다. 이 조직은 복합적 억압 구조하에 있는 이주여성이 프랑스 사회를 이해할 수 있도록 돕고 사회통합이 이루어지는 데 일조한다(Quiminal 2000: 30).

'사회·문화 매개' 역할을 맡는 사람은 주로 이미 프랑스에 정착한 사람, 또는 2세대 이주여성이다. 처음에 이주한 여성과 2세대 이주여성이 하는 중개 활동은 다른 이주자 사회에서도 비공식적 형태로 이루어진다. 하지만 프랑스 사례는 지역 차원의 이민 통합 정책이 '사회·문화 매개socio-cultural mediators' 역할을 어느 정도 제도로 정착시켰다는 큰 특징이 있다. 프랑스 통합 정책은 성별을 비롯한 개인의 정체성을 언급하지 않는 것이 원칙인데, '사회·문화 매개' 역할은 남성이 아닌 여성이 하기 때문에 프랑스 사회가 주목했다고 한다(이토 1999; 2000).

재일조선인 여성 역시 프랑스 이주여성과 마찬가지로 가족 돌봄노동과 그 밖의 사적 영역의 많은 일을 책임졌다. 1세 여성은 비문해라는 언어·문화 장벽으로 남성보다 더 일본 사회에 접근하기가 어려웠다. 그래서 일본에서 태어나고 자라 일본어와 일본 문화에 능통한 후세대, 즉 주로 딸이나 며느리가 1세인 어머니와 시어머니의 행정수속이나 지역사회와의 교류 등 일본 사회와 관련한 일에 실제적 도움을 주었다. 다만 프랑스 '여성 매개자'와 달리 재일조선인은 '이민'으로 일본에 정주하는 것이 국가정책으로 인정되지 않으므로 후세대 여성의 '사회·문화 매개' 역할 역시 제도적으로 인정되지 않는다.

비록 이런 차이에도 '사회·문화 매개' 개념은 재일조선인 여성의 세대 간 상호부조를 고찰하는 데 시사점을 준다. 첫째, 퀴미날은 프랑스에서는 오랫동안 거주한 여성과 새로 이주한 여성 사이의 '매개'가 한 방향으로만 일어난다고 말한다. 하지만 데이하우스 사랑방에서 참여관찰을 한 결과, 재일조선인 1세 여성은 후세대 여성에게 자기가 태어난 조선의 언어와 문화, 관습, 감정 등 민족 요소와, 역사적 기억을 전달하고 있었다. 후세대 여성 역시 1세 여성이 지닌 민족 요소와 조선과 일본에서 살면서 겪은 일들을 적극적으로 경청하는 모습을 보였다. 다시 말해 1세 여성은 단순히 수동적으로 후세대 여성의 '사회·문화 매개'를 받는 것이 아니라, 후세대 여성이 언어·문화 차이로 인한 갈등을 푸는 데 도움을 주는 매우 흥미로운 모습을 보였다. 둘째, 후세대 여성은 1세 여성에게서 물려받은 조선의 민족 요소를 양식으로 삼아, 일본 주류 사회에서 '재일조선인 여성'이라는 정체성을 형성하고 조국과 재일조선인 커뮤니티에서 주체를 구성했다.

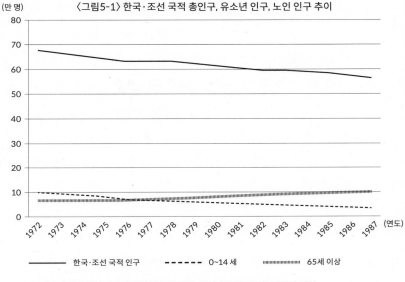

<그림5-1> 한국·조선 국적 총인구, 유소년 인구, 노인 인구 추이

(만 명)

80

70

60

50

40

30

20

10

0

1972 1973 1974 1975 1976 1977 1978 1979 1980 1981 1982 1983 1984 1985 1986 1987 (연도)

――― 한국·조선 국적 인구   ------ 0~14세   ┈┈┈┈ 65세 이상

＊ 법무성 입국관리국의 연도별 등록 외국인 수 통계표를 토대로 필자가 작성.

재일조선인 후세대 여성이 1세 여성을 대상으로 행했던 '사회·문화 매개'는 그동안 가정 안에서 일어났기 때문에 주목받지 못했다. 하지만 데이하우스의 쌍방향 '사회·문화 매개'는 1세와 후세대 재일조선인 여성이 공적 영역에서 주체를 형성하도록 한다. 이는 교섭 행위가 가족에서 데이하우스라는 공적 영역의 제도, 즉 개호보험 제도로 옮겨지고 외부로 퍼져나갔기 때문에 가능했을 것이다.

한국·조선 국적 인구의 연령 및 성별 구성은 고령화가 진행되는 일본 인구와 마찬가지로 30대와 40대가 가장 많은 완만한 산 모양을 그린다. 근래에는 총인구가 줄어드는 한편, 노인 인구(65세 이상)가 증가하고 유소년 인구(14세 이하)가 감소한다. 유소년자 인구와 노인 인구가 이렇게 뒤바뀐 모습은 1999년부터 나타났고, 2005년 말 노인 인구는 15.1%다.[2] 고령자 성별 비율을 보면 평균 수명이 달라 여성이 과반수를 차지하고 고령으로 갈수록 여성 비율이 높아진다. 더불어 재일조선인이 많이 거주하는 오사카 이쿠노구에서 실시한 고령자 조사(재일고령자조사위원회 2004)에서는 유효 응답자 300명 중 여성이 74%로 높은 비율을 보였다. 이처럼 재일조선인 고령자 문제는 곧 여성 문제이기도 하다.

재일조선인 사회에서는 고령화, 특히 조선에서 태어난 1세가 점점 감소하는 현상을 조선어와 조선문화가 쇠퇴하고 민족의 존속을 위협하는 문제로 파악하곤 한다. 그러나 고령화를 계기로, 새로운 상호작용이 일어나고 고령자를 도와주는 자발적 활동이 증가하며 민족 공동체가 재편된다(가와노 2007). 자발적 활동으로 1세가 가진 언어, 문화를 후세대가 계승하는, '민족의 쇠퇴'가 아닌 '활성화' 현상이 일어나는 것이다.

2000년에 시행된 개호보험 제도는 국적 조항이 없어 지금까지 국민연금 제도[3]에서 배제된 한국·조선 국적 고령자가 일본 사회보장제도에 포함되는 계기가 됐다. 개호보험 제도는 재일조선인 고령자를 대상으로 여러 지원 사업이 시행되도록 촉구한다. 재일조선인 거주지는 고령자의 필요에 부응하는 서비스가 심각하게 부족하기 때문이다. 기존의 고령자 지원 서비스는 일본인이 주요 대상이므로 한반도에서 태어난 재일조선인

고령자의 의식주, 관습, 언어를 배려한 서비스는 거의 기대하기 어려웠다.[4]

그동안 재일조선인 간호는 가족이 하는 일, 주로 아내와 며느리 그리고 딸이 하는 일로 여겨졌다. 하지만 후세대의 재일조선인 고령자 지원 사업이 활발해지면서, 돌봄노동이 외부에 드러나고 가부장제 가족과 민족사회가 구조적으로 변화하기 시작했다. 이 개호보험 사업의 운영 단체는 총련과 민단 같은 민족 조직, 장애인과 고아를 돕는 기독교 종교 단체, 다민족공생을 표방한 시민 단체 등 다양하다. 또 지원 방식도 고령자의 사회 참여를 지원하는 데이하우스, 방문 간호, 통원 간호, 고령자 입주 복지시설 등 폭넓다. 많은 시설에서 시설 이름으로 조선어를 사용하고,[5] 홈헬퍼나 간호사, 개호복지사 자격증이 있는 후세대가 운영진으로 일한다. 이 시설들에서는 조선어를 쓸 수 있고 식사도 일식이 아닌 조선음식이 나오며, 오락 시간에는 조선의 노래를 부르고 춤을 춘다. 시설 이용자 대부분이 여성이고 돌보는 일을 하는 운영진 역시 대부분 여성이다.

데이하우스에서 이루어진
다원적 상호작용

1) 재일조선인 여성의 활동 중심지

데이하우스 사랑방은 "자립은 했으나 지원이 필요하고 자택에 거주하는 고령자 방문개호 서비스"를 취지로 2001년 10월에 설립했다. 동오사카시 '길거리 데이하우스' 사업의 일환이다. 다이헤지 야간중학교 독립운동을 했고 자주 학습 기관 우리서당에 모이는 재일조선인 여성은 대부분 고령이어서 밤은 물론이고 낮에도 모여 지낼 곳이 필요했다. 밤에 활동했던 우리서당을 낮에도 확대해서 열고, 지역사회에 좀 더 열린 형태로 재일조선인 여성의 활동 중심지를 만든 것이 바로 데이하우스다. 2007년부터는 목욕을 돕는 간호 데이서비스도 운영하고 있다. 데이하우스와 합친 평일 이용자 수는 평균적으로 20명이 조금 넘는다. 동오사카시에는 데이하우스가 20개 정도 있고 재일조선인이 주로 이용하는 곳은 세 곳이다. 사랑방은 재일조선인 여성이 주요 이용자로 특히 야간중학교 졸업생이 많다. 운영진 10명 모두 후세대 재일조선인이거나 새로 이주한 한국인 여성이다. 사랑방을 설립하고 운영하는 대표 운영자 정귀미(40대)는 동오사카시 야간중학교 증설 운동으로 1세 여성과 알게 됐고, 간호사 자격증을 보유한 3세 여성이다. 사랑방 운영위원회는 우리서당 운영 조직처럼, 다이헤지 야간중학교 독립운동을 지원한 사람들을 기반으로 후세대 조선인 강사, 동오사카시 교직원조합, 인권 운동 관계자, 데이하우스 운영자 등으로 구성된다.

사랑방은 2층짜리 집을 빌려서 운영한다. 여성들이 오랫동안 써온 조선의 가구와 공예품으로 실내를 꾸몄다. 낮에는 자전거를 타거나 걸어서 온 여성들이 모여서 점심을 먹고 저녁까지 자유롭게 보낸다. 점심에는 식탁에 조선음식이 오르고, 이용자도 운영자도 큰 접시에 담긴 음식을 덜어 먹으며 활기차게 수다를 떤다. 식사가 끝나면 공부를 하고, 조선의 노래를 배우거나 춤을 춘다. 또 체조나 화투를 하고, 수예와 서예를 배우는 시간도 갖는다. 한 달에 한 번씩 재일조선인 의사가 건강검진을 실시하고 가끔 소풍이나 여행을 간다. 우리서당 시민 강좌와 계절 행사가 열릴 때는 지역 사람들이 가벼운 마음으로 보러 오고, 근처 학교에서도 학생들이 방문한다. 한국과 다른 나라에서 온 문해 운동가, 연구자, 종교인, 난민이 방문하는 등 사랑방은 다양한 사람들이 교류하는 장이다.

야간중학교에서 재일조선인 여성은 졸업하면 늘 그랬듯이 뿔뿔이 흩어진다. 하지만 우리서당과 사랑방이 생긴 덕분에 여성들은 야간중학교를 떠나서도 공부를 계속할 수 있었고 더욱 폭넓은 활동을 하게 됐다. 이용자 여성은 이 교류의 장을 어떻게 생각할까.

"사람들이 여기에 많이 있으니까 좋아요. 나이 들면 일하는 사람(특히 가족들)한테, (내가) 짐이 되잖아요. 젊은 사람에게도 짐이 돼. 여기서는 신경 안 써도 돼. 느긋하게 있을 수 있어. 집도 가깝고."
"○○(민족 조직이 운영하는 데이하우스)는 남자밖에 없어. 새해 행사에 가도 남자들 오는 곳이고. 일 있을 때만 가."

근처에 민단 지방 본부가 운영하는 데이하우스가 있는데 이용자가 전원 남성이고 필자가 방문했을 때는 장기와 바둑을 두고 있었다. '남녀유별' 풍습 때문에, 특히 1세와 고령 2세 재일조선인은 가정이든 노동이든 취미든 남녀가 달라야 한다고 여긴다. 1세 여성이 다수인 공간에서도 남성이 한 사람이라도 있으면 여성이 신경을 쓰게 된다. 지역의 일본인 고령자 모임에 가끔 가는 사람도 있지만 예외적이다. 몇 십 년을 같은 지역에 살아도 지역 일본인 사회에 녹아들기가 쉽지 않기 때문이다. 이러한 이유로 재일조선인 여성이 중심인 사회 공간을 보장할 필요가 있다.

2) 데이하우스와 관계하는 후세대 여성

다음으로 운영진으로 있는 후세대 여성들을 살펴보자. 1세 여성과 매일 만나는 운영진이 주로 하는 일은 식사 준비, 청소, 장보기, 오락 시간 지도, 상담, 행정 수속 처리 등 여러 가지가 있다. 대표 운영자 정귀미는 간호사 자격증과 사회복지사 자격증을 갖고 있다. 지역에서 오랫동안 방문 간호를 했고, 오사카에서 재일조선인 고령자 상담을 맡고 있다. 1세 여성과 교류하면서, 여성들이 편안하게 모이고 지역에서 하루 종일 '조선인처럼' 지낼 수 있는 장소를 만들고자 데이하우스를 설립했다.

재일조선인 거주지 이카이노가 고향인 정귀미는 1세와 지낸 적이 거의 없다. 민족 조직 청년 단체에서 조선말과 역사, 문화를 배우고 민족 이름을 사용하며 오랫동안 지역에서 재일조선인 인권 운동을 했다. 고령자 방문 의료 일을 하는 한편 공립학교 민족학급에서 강사로도 일했다. 젊었을 때부터 이카이노에서 재일조선인 지위 향상을 위해 활동했는데도, '야간중학교에서 공부하는 할머니'들과의 만남은 '깨어나는' 체험이었다고 한다. 한글도 못 쓰고 일본어로 말하는 것도 서툰 여성에게 그때까지 큰 관심이 없었는데, 그들이야말로 일본 사회에서 재일조선인의 생활을 지탱하고 가족과 어린이를 지켜온 사람들이란 걸 뼈저리게 느꼈다고 한다.

"우리서당은 원래 배우는 사람에게서 배우는 우리서당이란 이름이었어요. 할머니는 원래 야간중학교에서 배우는 사람이었지요. 하지만 그들은 배우기만 하는 사람들이 아니라 굉장한 지식을 가지고 있어요. 특히 우리 민족에 대한 거라면 더더욱. 그래서 우리도 그들에게서 배운다는 뜻으로 우리서당을 운영했어요. (중략) 나는 1세가 없는 가정에서 자라서, 동오사카시에 와서 야간중학교에서 여성들을 만났을 때 뭐랄까, 그제야 깨달았다고 할까. 1세와 지내면서요. 그 전에는 뭔가 우아하고 말도 잘하고 한국인답게? 문화나 역사를 알면 된다고 생각했는데요. 1세를 만나니 이건 완전히 조선 사람으로 산 사람들이야. 나는 그 사람들이야말로 교재라고 생각했어. 그때부터 점점 빠지게 됐어. (중략) 나는 원래 이카이노에서 태어나고 자랐어요. 그래서 주변에 사람들은 있었는데, 그래도 내가 한국인이란 걸 인정할 수 있도록 가르쳐주는 사람은 없었지. 그러고선 1세와 만나니까 나는 관계없는 척하고, 되도록 떨어져서 걸어다니고."

도쿄에서 온 2세 현유미(30대)의 사례를 보자. 역시 10대 후반부터 민족 조직에 들어갔고 일을 하면서 운동에 투신했다. 결혼하면서 오사카 이쿠노구로 옮겼고 출산과 육아를 하면서 보험 영업, 사무직 일을 일했다. 민족운동과 멀어지게 되면서 불만을 느끼던 중 사랑방 운영진 일을 소개받았을 때, 동포에게 공헌할 수 있다고 생각해 바로 시작했다. 결혼하기 전에 1세인 조부모와 함께 살았는데 '같이 살기만 해서 1세의 본모습은 보지 못했다'고 말한다. 함께 살아도 1세는 자식과 손주에게 고생한 이야기를 할 때 심리적으로 괴롭다. 현유미는 동포로서 1세의 모습을 알기 위해서는 가족 밖에서 볼 필요가 있다고 말한다. 그런 의미에서 사랑방에서는 '가족'과 다른 관계를 맺을 수 있고, '동포'로서 여성의 세상살이 이야기를 들을 수 있다. 여러 생각을 가지고 있고 인생 경험이 풍부한 1세와 만나 그들이 살아온 현실이 얼마나 힘겨웠는지 알게 될 뿐 아니라, 살아 있는 1세를 '앎'으로써 2세와 3세가 선택할 수 있는 길도 넓어질 수 있다고 생각한다.

> "(사랑방 일은) 내가 계속 구체적으로 해온 민족운동과 다르지만 그것 역시 민족운동의 일환이라고 생각해요. 재일의 권익 문제와 관계가 있으니까요. 완전히 떨어진 건 아니지. 내가 여기 있어서, 내 삶과 할머니, 1세를 알아서, 2세와 3세에게 선택의 길이 조금이라도 넓어진다면, 하고 바라요. 여기는 1세 여성을 위한 장소이기도 하지만 재일동포 여성을 위한 장소이기도 하니까. 여기서 많은 걸 얻어요."

다른 운영진(40대, 2세)은 이카이노에서 태어나고 자란 사람인데 지금껏 민족운동과 전혀 관계없이 살았다. 친척 말고는 동포 사회와 연결이 없고 관심이 없었다고 한다. 하지만 자식이 민족학급에 다니면서 조금씩 민족사회와 접촉하게 됐다.

"나도 재일이지만 지금까지 동포랑 만난 적이 없어요. 일본 학교 다녔고. 여기(오사카 재일조선인 거주지)에 살아도 자기가 가지 않으면 만나지 못해요. 사랑방에 와서야 이런 세계도 있구나 했어요."

데이하우스에서 1세 여성과 만난 일은 후세대 여성에게 다음과 같은 의의가 있다. 첫째, 가족이나 친척과는 다른 형태로 1세 및 고령자 2세와 관계를 맺으며 일본 사회에서 살아온 재일조선인 1세 여성을 다면적으로 이해하게 됐다. 둘째, 1세 및 고령자 2세와 매일 만나면서 조선의 민족문화, 언어에 대한 지식을 얻을 수 있었다. 일본에서 태어나 자란 후세대 여성에게 1세 여성은 말 그대로 '살아 있는 교재'다. 1세 여성은 교과서로는 배울 수 없는 살아 있는 조선어를 쓰고, 무의식에서 나온 몸짓이나 습관에서 민족문화, 감각을 자연스럽게 배울 수 있다. 셋째, 기존의 재일조선인 역사는 남성 중심적이었지만 사랑방에서는 여성의 경험을 들을 수 있다. 여성이 말하는 일상생활의 사건과 고민은 여성이라는 이유만으로 '사소한' 것으로 치부돼왔다. 사랑방에서는 '옛날이야기'나 '불평'으로만 취급된 여성의 말하기가 식민 지배와 어떤 관계가 있는지, 또 민족 차별과 여성 차별이 얽힌 중층적 억압과 어떤 관계가 있는지 다시 생각해볼 수 있다. 넷째, 데이하우스 사랑방은 일본 노동시장에서 배제되기 쉬운 후세대 여성에게 귀중한 일자리를 준다. 또 며느리, 아내, 어머니로서 민족운동을 비롯한 공적 영역에

서 배제되는 후세대 여성이, 데이하우스에 취직해 생계유지 외
에도 민족사회와 적극적이고 지속적으로 관계를 맺을 수 있다
는 점 역시 중요한 의의다.

세대가 다른 여성의
연대와 민족 자원

유교 영향이 강한 민족사회는 성별, 나이, 세대의 서열을 중시한다. 부계혈통주의로 인해 젊은 후세대 여성은 가족, 친척, 민족 조직에서 낮은 위치에 있다. 가족 안에서는 엄마와 딸, 며느리와 시어머니가 맺는 긴밀한 관계가 있지만 남편, 아버지, 아들이 중심에 있어 이해가 대립할 때가 많다. 가족이 가부장제를 바탕으로 하는 이상, 남성혈통주의에서 벗어나기 어렵다는 한계가 있다.

게다가 재일조선인 거주지에서 여성이 주로 하는 일은 조선음식 만들기, 플라스틱 가공, 폐품 수거 등 재일조선인이 많이 종사하며 주로 가족이 경영하는 일이다. 후세대 재일조선인은 민족 질서 및 성별 질서로 인해 노동시장에 진입하는 데 제약을 받고 일본인 여성보다 훨씬 더 경제적·정신적 자립을 이루기 어렵다. 또 가족 경영 역시 대체로 남성이 지배하기 때문에 여성은 가부장제 가족에 강하게 종속돼왔다.

그렇다면 데이하우스 사랑방에서는 어떻게 여성끼리 상호 작용을 할 수 있었을까. 후세대 여성과 새로 이주한 여성 운영진은 이용자인 고령 여성을 '어머니' 또는 '할머니'라고 부른다. 혈연관계는 없지만 세대 차이를 줄이고 가족을 은유로 하여 친밀한 관계를 만들 수 있다. 연령과 세대 차이에서 운영진과 이용자 여성이 며느리와 시어머니 관계를 모방하기도[6] 하지만 가부장제 성격은 아니다. 다시 말해 사랑방이라는 사회 공간은 남성 중심의 가족이나 민족 조직과 다르고, 가부장제가 개입하지 않은 여성들의 관계 맺기가 어느 정도 가능하다. 또 '동포 여성'이라는 범주를 매개로, 돌보는 사람과 돌봄을 받는 사람이라는 표면적 관계 이상의 여성 연대가 형성된다.

세대를 넘은 여성의 여러 상호작용 가운데 특히 주목할 만한 점은 민족 자원을 주고받는 부분이다. 우선 1세 여성은 일본에서 50년 이상 살았지만, 언어, 문화, 가치관, 행동 양식, 사고방식은 조선 사회의 영향을 받았다. 그들은 매일 조선의 생활방식을 일상에서 자연스럽게 실천한다. 반면 후세대는 일본 사회의 영향을 강하게 받았다. 일본 언론과 교육, 인간관계를 통해 일본식 사고방식과 가치관, 행동 양식을 익혔다. 이렇게 1세와 후세대 여성은 민족 요소가 크게 다르고 이 점이 세대 차이의 원인이 되기도 했다. 한편 여성이 지닌 민족 요소, 즉 요리, 재봉, 육아 지식, 생활의 지혜 등은 남성 중심 가치관에 의해 부당하게 낮게 평가됐다. 1세 여성은 비문해라는 이유로 '전근대적'이고, '시대에 뒤떨어진' 존재로 취급받았다.

후세대 여성은 일본의 문화와 언어를 익히는 것이 '당연하다'고 배웠다. 그런데 조선 중심의 민족본질주의 시각으로 보면 후세대 여성이 지닌 언어, 문화 요소는 과거 식민자 일본인 사회에 동화된 모습, 즉 '반쪽바리' 모습이다. 후세대를 양육하는 역할을 맡은 재일조선인 여성은 조상의 언어, 의식주 문화를 익히지 않았다는 이유로 부정적 평가를 받기 일쑤였다. 대신에 조선음식이나 제사를 잘 아는 재일조선인 여성은 '훌륭한 며느리'로 평가받는다.

사랑방에서 후세대 여성 운영진은 행정 복지 창구에 같이 가주거나 통역을 한다. 또 고령자 돌봄에 대한 정보를 얻고, 어려운 일 상담 및 관계 기관 연결을 맡으며, 각종 수속 처리를 돕고 교육기관 및 운동 단체와 협상을 한다. 후세대 운영진은 '우리는 어머니 매니저'라는 말을 쓰기도 한다. 후세대 여성 운영진이 가진 일본의 언어, 문화, 사회에 대한 지식은 1세 여성이 공적 서비스에 접근하고 지역사회와 교류하는 데 꼭 필요하다. 후세대 여성 운영진은 언어, 문화 면에서 어려움이 있는 1세 여성을 지원하고 또 그들 생활의 질을 높이는 데 공헌한다.

1세 여성 역시 후세대 여성에게 의존하기만 하는 것은 아니다. 1세 여성은 사랑방에서 후세대와 상호작용을 하면서 조선의 언어, 문화, 풍습을 전달한다. 점심으로 나온 조선음식을 평하기도 하고 노래를 부르거나 춤을 출 땐 솔선해서 하며, 조선말과 옛날이야기, 속담 등의 지식을 전수한다. 1세 여성은 시간이 날 때마다 인생 이야기를 들려주는데 후세대 여성은 그걸 듣고 재일조선인 여성으로서 정체성을 확립하고 조국과 깊은 관계를 맺는다. '조선식' 민족성도 있는 재일조선인 여성은 민족사회, 가족, 또 지역 차원의 다문화공생 활동에서 여러 역할을 기대받고 또 높은 평가를 받는다. 이렇게 후세대 여성은 1세, 2세 여성에게서 유형무형으로 민족 자원을 전수받고 이를 활용해 주류 사회에서 주체를 형성한다. 여성들은 일본과 조선의 언어, 문화를 모두 배워서 재일조선인 사회와 공적 영역을 잇는 다리로 활용할 수 있고, 또 두 영역 모두에 기여할 수 있다.

이렇게 1세 여성은 조선의 민족 요소를, 또 후세대 여성은 일본의 민족 요소를 서로 활용하면서 포괄적으로 '사회·문화를 매개'한다. 상호부조를 하는 여성 연대는 가부장제가 지배하는 가족이나 민족 조직과 떨어진 곳에서 이루어진다. 세대를 넘은 여성 연대는 상호보완적이고, 공적 영역에서 새로운 여성 주체를 형성하는 데 긍정적 영향을 끼친다.

성별 질서와 민족 질서를
재편성하다

5장에서는 데이하우스 사랑방 사례에서 1세 여성과 후세대 여성이 각각 조선과 일본의 언어, 문화 요소를 활용해 서로에게 도움을 주고 그 행위를 통해 공적 영역에서 새로운 주체를 형성하는 과정을 살펴보았다. 세대가 주고받는 민족 요소는 주류 사회에서 재일조선인 여성이라는 주체를 형성하는 데 중요한 자원이 된다. 데이하우스의 일상적 상호작용에서 나타나는 '사회·문화 매개'는 주류 사회에서 소수자 위치에 있는 재일조선인 여성에게 귀중하며 세대를 넘은 연대를 가능하게 한다.

부계혈통주의에서는 며느리와 시어머니 관계처럼 대립 관계로 나타나기 마련인 여성들의 관계가, 여기서는 차이를 서로 인정하고 또 차이를 만드는 상호보완적 관계로 나타난다는 점에 유의해야 한다. 이러한 관계는 데이하우스라는 일본의 개호 보험 제도를 매개로 만들어졌다.

개호보험 제도의 간호 외주는 여성의 돌봄노동을 경시하고 책임을 여성에게 전가하는 성별 구조가 여전히 견고하다. 사랑방에서도 운영진은 전원 여성이며, 민족사회에서 재생산노동을 여성이 맡아 하는 구조는 바뀌지 않았다. 그러나 사랑방 사례에서 알 수 있듯이, 지금껏 가족 안에서 여성이 담당했던 고령자 돌봄을 개호보험이라는 일본 제도가 맡음으로써, 후세대 여성이 언어·문화 측면에서 해온 일본 사회와의 다리 잇기 역할이 공적 의미를 가질 수 있었다. 이 공적인 가교 역할은 소수자 여성이 주류 사회에서 주체를 형성하는 데 적극적 영향을 미친다.

야간중학교를 기반으로 한 재일조선인 여성 중심의 하위의 대항 공론장은, 고령자 여성뿐 아니라 후세대 여성이 주류 사회에 맞서 대항 주체를 형성하도록 한다. 여기서 형성된 여성 연대는 재일조선인 가족, 민족 조직, 지역사회의 성별 질서 및 민족 질서, 나아가 재일조선인의 민족성에 이르기까지 앞으로 큰 변화를 일으킬 가능성이 있다.

주체 형성이라는 관점에서 흥미로운 점은, 1세와 2세 여성 중심인 데이하우스 공간에서 주류 공론장의 민족 질서와 성별 질서를 긍정하거나 비판하는 대화가 이루어지고, 상호작용하는 과정에서 질서가 전복된다는 점이다. 예를 들면 교사와 학생, 일본인과 재일조선인, 남성과 여성, 1세와 2세가 있다고 할 때 주류 사회 규범은 암묵적으로 전자를 우위에 둔다. 그러나 야간중학교 운동 공간에서는 다양한 요소를 지닌 사람들이 상

〈사진5-1〉 데이하우스에서 차례를 지내는 모습

©서아귀

호작용을 하는 과정에서 그러한 기존 질서에 대항하는 주체가 형성됐다. 음력설에 데이하우스에서 차례를 어떻게 재현했는지를 보면 그 점을 구체적으로 알 수 있다.

차례는 설날에 가정에서 하는 유교 행사다. 부계 조상에게 드리는 제사이며 친족 남성이 향을 피우고 절을 하고 술을 따르고 축문을 읽는다. 그 뒤에 모두가 음식을 먹는다. 여성은 의례를 주도하지 못하고 준비하는 역할만 맡는다. 제사는 재일조선인에게 기원사회인 조선의 민족 전통을 계승하는 의미가 커서, 일본인과 재일조선인을 구별하는 기준으로 기능했다.

데이하우스에서는 운영진인 재일조선인 2세 여성의 제안으로 음력설에 차례를 지냈다. 후세대 여성들이 며칠 동안 분담해서 여러 제기와 제사 음식, 식사를 준비했다. 차례를 지내는 동안 수십 명의 재일조선인 여성이 바라보는 가운데 성인 남성, 소년, 야간중학교 일본인 남성 교사 셋이 '남성'으로서 긴장한 얼굴로 절을 했다(〈사진5-1〉). 절을 한 후에는 남성이라는 '특권'을 가진 일본인 남성이 재일조선인 여성들에게서 박수를 받고 "귀화하지 그래요"라는 말을 들었다. 차례에서는 민족 차이보다 성별 규범이 우선하는데 차례에 일본인이 '남성'으로 참여하는 것은 민족의 차이를 넘은 행위라고 말할 수 있을 것이다. 또 재일조선인 여성의 '시선'으로 일본인 남성을 평가하는 구도는 일본 사회의 민족 질서를 전복하는 것이다.

제사는 그동안 여성이 음식 등을 준비해야 한다고 여겨졌고, '며느리' 여성은 그 준비를 얼마나 잘했느냐로 평가받았다. 그래서 제사는 한국과 재일조선인 사회에서 민족문화라는 이름으로 여성을 차별하는 전형이라고 비판을 받았다.[7] 2세 여성 운영진은 제사를 비판하면서도 1세에게서 문화를 계승한다는 뜻을 담아, 데이하우스에서 일종의 '이벤트'로 재현하기로 한 것이다. 거기에는 차별과 동화의 압력 속에서도 재일조선인 전통문화를 이어간다는 의미와, 제사에서 뒤치다꺼리를 하는 여성이 직접 제사를 재현해서 전통문화의 주체가 된다는 의미가 담겨 있다. 데이하우스에서 지낸 차례는 부계 조상을 위한 의례가 아니라 남성과 여성이 섞여서 설날을 축하하는 민족 행사의 재현이었다. 거기에는 '전통문화'를 성차별 관점에서 단순히 버리는 것이 아니라 여성의 손으로 해체하면서 재구성한다는 뜻이 담겨 있다.

또한 사적 영역에서 그동안 여성이 혼자 숨죽여 참았던 성별 질서의 문제점을 데이하우스에서 공적 무대에 올림으로써 간접적 형태로 제기하는 행위이기도 하다. 후세대 여성의 이 차례 실천에서는 1세 여성의 자발적 운동으로 형성된 '또 하나의 공론장'이 큰 역할을 했다. 그 공론장은 1세와 후세대 여성, 조선인과 일본인이 '며느리', '시어머니', '일본인', '조선인'이 아니라, 서로 배경이 다름을 인정하는 개인으로서 만날 수 있는 곳이다. 차례 재현은 재일조선인 여성이 중심에 있는 '하위의 대항 공론장'을 기반으로, 가부장제 민족사회 및 가족에 대항해 새로운 공적 가치를 창조하는 도전 행위다.

야간중학교 운동은 고령자 재일조선인 여성뿐 아니라 여러 배경을 가진 사람들이 유기적으로 연결되는 다원적이고 '열린' 공간이다. 그곳은 민족, 성별, 세대, 연령 등에 의문을 던지고 상호작용을 통해 새로운 주체를 형성하는 실험의 장이다.

재일조선인 여성과
'하위의 대항 공론장'

각 장의 요약

이 책에서는 1990년대에 동오사카시에서 일어난 공립 야
간중학교 독립운동을 운동 주체인 재일조선인 여성을 중심으
로 살펴봤다. 상대적 자율성이 높았던 이 운동을 여성이 일으
킨 과정을 '하위의 대항 공론장' 개념을 바탕으로 설명하고자
했다. 재일조선인 여성이 해방 후 여러 개혁 운동을 했음에도
남성 중심 민족운동의 일부나 예외로만 취급되는 점, 또 여성
이 추구했던 의의와 운동의 독자성이 정당하게 평가되지 않는
점이 필자가 이 연구를 시작한 계기였다. 이러한 낮은 평가에
는 여러 요인이 있겠으나, 재일조선인 여성이 가부장제 이데올
로기로 인해 남성 중심의 민족사회와 가족 안에서 종속적 존재
가 되고 여성 스스로도 가부장제 이데올로기를 내면화한 점은
부인할 수 없다. 이러한 가운데 동오사카 야간중학교 독립운동
은 재일조선인 여성 1세와 2세가 중심이 되어, 기존의 민족 조

직에 의존하지 않고 또 어머니나 아내로서가 아니라 자기의 권리를 위해 싸운 주목할 만한 사례다. 특수한 운동이었지만 재일조선인 여성이 일반적으로 처한 사회 상황을 반영했다는 면에서 보편적이기도 했다. 지금까지 탈식민, 여성 개인의 생애과정, 민족사회에서 세대 연대, 초국적 생활공간, 관서 지역의 소수자 운동, 오사카 재일조선인 거주지라는 공간을 동시에 사는 서로 다른 재일조선인 여성의 모습을 다이헤지 야간중학교 독립운동에 초점을 두고 살펴봤다.

이제 각 장의 내용을 다시 살펴보며 몇 가지 논점을 정리하고자 한다. 먼저 1장에서는 재일조선인 여성의 여러 운동을 성별 구조와 관련해 살펴봤다. 여성운동의 자율성, 국민과 민족 집단 내에서 여성이 하는 역할에 대한 이론이 기본 관점이었다. 또 가족 성별 규범에서 얼마나 자율적인지, 운동 단체는 얼마나 자율적으로 움직이는지를 분석틀로 삼아 재일조선인 여성이 해방 후 일으킨 운동을 살펴보았다. 재일조선인의 민족운동은 한반도 정세 그리고 식민지 이후 일본 사회의 민족 차별, 배타적 외국인 정책과 관련이 깊다. 여성이 일으킨 운동은 이에 더해, 공적 영역에서 여성이 배제되고 여성을 남성에게 종속시키는 성별 규범과도 깊은 관련이 있다. 1장에서는 여성운동을 각각 현모양처 지향형, 성평등 지향형, 모성 지향형, 탈냉전 후 분화된 형으로 유형화하여 살펴봤다. 각 운동은 단일한 성격을 띠기보다는 여러 특징이 정도의 차이를 보이며 섞여있다. 재일조선인 여성의 운동은 표면적으로 여성해방과 상반되는 듯 보이기도 한다. 하지만 총체적으로 보면 그것은 여성이 활동을 사적 영역으로만 제약받기 쉬운 상황에서 일어난 운동이고, 정치에 참여하는 행동 양식이자, 여성이 놓인 상황을 조금이라도 개선하고자 다양하게 구사하는 전략이기도 하다. 1990년대부터는 성별 규범에서 상대적으로 자율성이 높은 운동이 자주 일어났고 다이헤지 야간중학교 독립운동 역시 그중 하나다.

2장에서는 다이헤지 야간중학교 독립운동이 일어난 기반으로, 재일조선인을 포함한 관서 지역의 소수자 운동과 야간중학교 증설을 요구하는 시민운동에 주목했다. 또 민족 및 계급, 성별, 세대가 다양한 소수자 운동과 상호작용하며 지역 차원에서 재일조선인 여성 중심의 하위의 대항 공론장이 성립되는 과정을 쫓았다. 야간중학교 학생 증가, 교육위원회의 분교 교실 설치 및 학생 분리 조치, 분교 교실의 열악한 환경은 재일조선인 여성이 그동안 겪은 민족 차별 경험과 중첩됐다. 그래서 공립 야간중학교를 무대로 소수자인 재일조선인 여성이 주체가 되어 '민족 차별'을 의제로 운동을 했다. 자기를 대표할 수 없고 비가시화됐던 여성은 야간중학교 독립운동을 통해 여러 운동 단체와 연대하고 독자적 운동 행위자로 스스로를 드러냈다.

3장에서는 다이헤지 야간중학교 독립운동에 참여한 여성들의 생애담을 바탕으로, 학령기의 비문해·저학력에서 중노년으로 야간중학교에 입학하기까지 과정을 생애과정 개념으로 분석했다. 재일조선인 여성의 비문해와 저학력 문제는 그들이 '조선 민족'이라는 점, 그리고 가난하고 여성이라는 점이 복잡하게 얽힌 결과다(김부자 2005; 김미선 2008). 재일조선인 여성의 생애과정에서는 여성이 가족 성역할의 제약을 받고 여성 스스로도 그러한 생애과정을 내면화하며, 이러한 상황에서 가능한 선택을 한다는 걸 알 수 있었다. 야간중학교 입학은 바로 그러한 선택이었다. 글자를 공부하고 야간중학교에 다니는 것은 곧 민족의 경계를 넘어 주류 사회에 진입함을 뜻한다. 야간중학교 입학은 재일조선인으로서, 또 여성으로서 일탈 행위이기도 해서 때에 따라 남편과 대립하기도 했다. 여성이 교육을 받거나 가정 밖으로 나가는 것을 억제하는 관습에 대항해, 연구대상자들은 여러 전략을 구사하며 '가부장제와 협상'(Kandiyoti 1988)을 했다. 재일조선인 여성은 야간중학교에 다니는 행위 자체를 일상에서 하는 저항으로 해석했다.

4장에서는 여성들의 생애담과 야간중학교 및 우리서당에서 진행한 참여관찰을 바탕으로 공립 야간중학교에서 하위의 대항 공론장이 만들어진 원인을 살펴보았다. 그것은 주류 사회의 언어 획득, 억압에 저항하는 교육, 학생회의 토론 등이었다. 국적, 민족 조직, 출신 지역, 종교, 세대가 모두 다르고 주로 사적 영역에서만 활동하는 재일조선인 여성은 집합적 기반과 조직을 만들기가 어렵다. 학생 대다수를 차지하는 재일조선인 여성은 비문해와 저학력이라는 공통 배경이 있고 모두 공부에 열의를 가지고 있었는데, 공적 기관인 공립 야간중학교는 재일조선인 여성이 일본 주류 사회에서 집합 정체성을 형성할 수 있는 기반이 됐다. 즉, 공립 야간중학교는 주류 사회와 사적 영역을 매개하는 중간 기관이었다고 할 수 있다. 주류 사회에서 거의 완전히 배제됐던 여성 개인은 야간중학교라는 장에서 공권력의 호명을 받아 재일조선인으로서 주체를 구성하고, 의사소통 수단인 일본어를 획득해 주류 사회에 진입하여 협상하는 힘을 길렀다. 야간중학교라는 장에서 우연히 형성된 재일조선인 여성 중심의 사회공간은, 다이헤지 야간중학교 독립운동 과정에서 형성된 자주 학습 조직 우리서당(나중에 NPO 법인이 된다)이 설립되면서 지역에서 재일조선인 여성의 활동 중심지가 됐다. 재일조선인 여성의 생애담은, 운동을 통해 형성된 대항 주체가 교육행정을 비롯해 지역사회와 주류 사회의 민족 위계질서를 뒤흔들 뿐 아니라 사적 영역과 민족사회의 성별 규범에도 변화를 가져옴을 보여준다. 다이헤지 야간중학교가 정식으로 독립하고 운동이 끝나갈 무렵, 대항 주체로서 재일조선인 여성은 자원이 됐다. 구체적으로 말하면, 지역에서 다문화공생을 추진하는 맥락에서 여성들은 조선의 문화 자원을 가진 '할머니', '어머니'로서 긍정적 정체성을 부여받고, 식민 지배, 전쟁, 탈식민 경험을 증언한다. 여성들은 적극적으로 이 역할을 수행해, 운동이 끝난 뒤에도 대항 주체를 유지하고 주류 사회와 능동적으로 관계를 맺는다.

5장에서는 우리서당과 데이하우스를 참여관찰한 내용을 살펴봤다. 두 곳은 다이헤지 야간중학교 독립운동이 끝난 뒤 재일조선인 여성의 활동 중심지가 됐다. 거기서 고령자 지원 활동을 하면서 1세와 후세대 여성 사이에 생긴 새로운 연대를 '사회·문화 매개' 개념으로 풀이했다. 두 곳은 야간중학교 졸업생 등 고령자 재일조선인 여성에 대한 생활 지원을 주로 한다. 데이하우스와 데이서비스에서는 고령자 여성과 후세대 여성이 자원을 주고받는 관계로 만난다. 고령자 여성은 조선의 언어와 문화를 전달하고, 후세대 여성은 일본의 언어와 문화를 통해 일본 주류 사회와 중재하는 역할을 한다. 서로 주고받는 언어와 문화는 주류 사회에서 민족 자원으로 유효하고 여성의 민족 정체성을 형성한다. 또 세대를 넘은 새로운 연대는 민족사회의 성별 질서와 주류 사회의 민족 질서를 재편하는 원동력이 된다.

운동 행위자로서
재일조선인 여성의 가시화와 역할

1장에서는 재일조선인 여성이 해방 후에 일으킨 운동 과정과 조직, 또 운동 주체의 특징을 성별 구조에 비추어 분석했다. 재일조선인 여성운동을 통해 재일조선인 운동과 일본의 여성운동을 상대화했다. 재일조선인 여성이 놓인 상황은 국적(일본, 조선, 한국), 민족 조직(총련, 민단, 기타), 태어난 곳과 자란 곳(조선 또는 일본, 거주지 또는 비거주지), 결혼 여부(기혼, 비혼, 사별), 자식 유무, 나이, 세대, 교육(민족학교 또는 일본 학교), 직업에 따라 모두 다르다. 여성해방 역시 여성 각자가 놓인 상황에 따라 다르다.

첫째, 이 책은 재일조선인 여성이 하는 운동의 다양성을 보여주는 동시에, 재일조선인 여성이 민족 질서보다 민족사회와 일본 사회에 공통으로 존재하는 성별 질서 때문에 정치 참여에서 배제됐음을 밝혔다. 재일조선인 여성의 운동은 재일조선인 민족운동과 일본의 여성운동 사이에서 비가시화됐지만 이 책은 1차 자료와 활동가 인터뷰를 통해, 재일조선인 여성의 운동이 여성이 놓인 상황에 따라 독특한 해방 주체를 낳았음을 검증했다. 이 연구는 수동적 객체로만 그려졌던 재일조선인 여성을 운동 행위자로 나타내고, 또 그들이 능동적 주체를 구성하는 과정을 밝히는 시도다.

둘째, 이 책은 그동안 비가시화되고 언어, 인적 네트워크, 재정 등 운동 자원이 없었던 재일조선인 1세 여성이 독자적 운동 행위자가 될 수 있었던 과정을 상세히 분석하고 그 의의를 따졌다. 공립 야간중학교는 사회에서 배제된 사람들을 받아들이는 곳이면서, 뿔뿔이 흩어진 소수자가 서로 얼굴을 맞대는 관계를 맺고 하나의 집단을 형성하여 일본 주류 사회를 상대화하는 곳이다. 재일조선인 여성에게는 중노년기에 입학한 공립 야간중학교가 처음으로 경험하는 '우리학교'다. 다이헤지 야간중학교 독립운동은 '제2의 한신교육투쟁'으로 불린다. 즉, 과거 식민지 출신자가 의무교육을 받을 권리를 집단적으로 요구하는 운동이라는 점에서 재일조선인의 민족운동을 계승한다고 할 수 있다. 다만 기존의 민족운동과 다른 점은 이 운동은 재일조선인 여성이 주도했고, 일본인(주로 야간중학교 교사), 후세대(주로 조선인 강사), 한국의 문해 교육 운동 등 민족, 성별, 국적이 다른 사람들과 관계하고, 여러 운동 단체와 상호작용을 하면서 다원적으로 하위의 대항 공론장을 구현한 점이다.

셋째, 이 책은 단편적으로나마 재일조선인 여성이 사회 상황에 놓인 위치와 그에 따른 생각을 담아냈다. 다음은 강우자의 말이다.

"야른 중학교는 있어서는 안 되는 학교예요. 하지만 없어서도 안 되는 학교예요. 야간중학교에 차별과 편견을 가져서는 안 됩니다. 우리 재일외국인은 전쟁 전이든 전쟁 중이든 전쟁 후든 어느 시대나 늘 차별 속에서 살아왔어요. 한 맺힌 글자를 되찾고 싶어서 입학했어요."[1]

학령기에 의무교육을 받았어야 했지만 이런저런 이유로 교육을 받지 못하고 사회에 던져진 사람들이 있다. 모든 사람은 의무교육을 받을 권리가 있고 공립 야간중학교는 그 권리를 보장하는 데 존재 의의가 있다. 공립 야간중학교는 비문해와 저학력 때문에 주류 사회에서 배제된 계층의 사람들이 모이는 곳이므로 차별과 편견이 없는 공간이어야 하고, 야간중학교 외부에도 차별과 편견이 없도록 만들어가야 한다. 야간중학교 학생 중에서도 특히 재일조선인은 전쟁을 사이에 끼고 식민 지배 시기부터 탈식민 시기까지 역사를 관통해 살아온 증인이다. 글자를 획득하는 것은 생활의 편리를 도모하는, 또 주류 사회에 진입해 사회를 더 좋은 방향으로 바꾸는 도구를 가진다는 의미가 있다. 프레이리가 말했듯 문해는 사회에 들어갈 수 있게 할 뿐아니라 억압받은 사람이 스스로의 관점에서 사회를 변화시킬 수 있는 힘을 부여한다.

야간중학교 운동으로 형성된 재일조선인 여성이라는 정체성 밑바탕에는, 일상의 소소한 사건, 식민 지배, 전쟁, 민족 차별, 조국 분단의 기억이 있고 이 일들을 겪은 한 개인의 감정이 있다. 그 정체성에는 대문자 역사로 인한 국가 차원의 정체성과 달리 좀 더 생활에 밀착되고 몸에 각인된 기억이 깔려 있다.

넷째, 1990년대에 시작한 이 운동은 거시 관점에서 보면 냉전 이후의 새로운 탈식민 상황에서 재일조선인 여성이라는 주체를 국민에 속박하지 않은 형태로 드러낸다. 한반도는 계속 분단 상태지만 동서 체제 붕괴 이후 이데올로기 대립은 줄어들었으며, 재일조선인 사회 역시 조국 분단에서 성별, 세대 등 여러 갈래로 갈등이 바뀌었다. 이러한 정세와 야간중학교 독립운동은 언뜻 관계가 없어 보이지만, 1990년대라는 시대에 발생한 이 운동은 그동안 국적, 민족 조직이 규정한 자명한 재일조선인 정체성을 흐리고 성별이 규정한 '어머니', '할머니' 정체성을 부각했다. 1세 및 2세 여성은 재일조선인에게 억압적인 일본 사회에서 민족사회와 가족을 유지한 중요한 기반이자 생명줄이었다. '어머니', '할머니'라는 운동 정체성은 특정한 재일조선인의 어머니나 할머니라는 뜻이 아니라 조선의 언어를 쓰는 여성이라는 뜻이다. '어머니', '할머니'는 학교교육의 일부로 역사를 증언하고 잔치에서는 즐겁게 조선의 춤을 추고 노래를 부른다. 이런 활동을 통해 일본인이 상위에 있는 민족 질서와 여성을 가정 안에 묶어두는 성별 질서를 부수고, 지역사회에서 다문화공생에 공헌한다.

이 책은 사회변혁의 주체로서 재일조선인 여성의 모습을 구현했다. 수동적 타자로 그려졌던 기존의 재일조선인 여성의 이미지와 다를지도 모르겠다. 그러나 그들이 중심이 되어 만든 하위의 대항 공론장은 소수자 또는 세대가 다른 재일조선인 여성 사이에 수평한 관계를 만들고 기존의 불평등한 민족 및 성별 구조를 재편하고 있다. 운동은 사회변화를 한정적으로 예견하지만, 동시에 그것이 '선구자', 즉 '사회를 반영한 거울'이자 '미래의 예언자'(Touraine 1980) 역할을 한다고 본다면, 재일조선인 여성의 이 운동은 현재의 일본 사회와 재일조선인 사회의 변화를 예감하게 하는 징후라고 할 수 있다. 그 변화란, 여성이 국민이라는 틀에서 벗어나 지역을 중심으로 펼쳐나가는 풀뿌리 다원적 연대를 말한다.

하위의 대항 공론장 이론에
시사하는 점

다음으로 다이헤지 야간중학교 독립운동이 하위의 대항 공론장 이론에 어떤 점을 시사하는지 짚어보자. 이 책은 공립 야간중학교 교육 환경을 두고 일어난 운동을 참조해, 주류 사회에서 배제되고 주변화된 재일조선인 여성이 주체가 되어 '하위의 대항 공론장'을 창조하는 과정을 밝혔다. 프레이저(1992)의 형이상학적 이론은 여러 하위의 대항 공론장의 상호관계에 주목하고, 복수의 담론이 경합하며 형성하는 다원적 공론장이라는 공간을 설명한다. 그러나 '하위의 대항 공론장' 이론은, 성별, 인종, 민족 질서로 인해 주류 사회에서 배제되고 언어 자원이 압도적으로 부족한 소수자 여성의 현실을 반드시 반영한 것은 아니었다. 야간중학교 독립운동 연구는, 소수자 집단 내에서도 소수자인 여성이 주체로서 하위의 대항 공론장을 생성하는 과정과 그 의의를 구체적으로 밝혔다.

다이헤지 야간중학교 독립운동은 독립학교를 쟁취한 후부터는 우리서당이라는 활동 중심지에서 야간중학교 학생회 연합회, 문해 운동, 후세대 여성과 지역 주민, 한국의 시민운동과 연대하며 다원적 상호작용을 한다. 공적/사적 영역, 일본인/한국·조선인, 남성/여성, 1세/후세대 등 여러 경계와 종속 관계에 저항하며, 경계를 넘은 연대로 새로운 가치를 낳는다. 이 움직임은 기존의 민족, 성별, 계급 질서를 두고 일어났지만, 지역 차원과 국제 차원을 아우르는 하나의 '다양하고 다층적인 공론장'(구리하라·모리스 스즈키·요시미 2000:112)을 형성한다고 볼 수 있다. 구리하라 외(2000)에 따르면 다원적이고 다층적인 공론장은 단일한 공론장을 대체하고, 많은 요소가 분열을 일으키고 복합성을 띠며 횡단하는 구조다. 즉, 공론장은 프레이저가 말했듯 다원적이면서, 미시 차원과 거시 차원을 오고 가는 중층 구조인 것이다.

동오사카시 운동은 가부장제 이데올로기에 따른 가족, 민족사회, 국민국가에 대해 다시 질문했고, 또 그 안에서 억압받은 여성은 자기 목소리로 '말하기'가 가능해졌다. 이 운동에서 형성된 재일조선인 여성의 '하위의 대항 공론장'은 수직적 질서와 구조를 직접적으로 타파하지는 않는다. 하지만 여성의 수평적 관계를 바탕으로 하고 가부장제에 규정되지 않는 대안 공론장을 만든 일은 분명 큰 변화다.

특히 5장에서 살펴본 데이하우스의 차례 지내기 재현은 본질적 '민족문화'를 문제시하고 그것을 재구성한다. 지금까지 제

사는 가부장제 이데올로기를 체현하다고 비판받으며 여성해
방에 반하는 것으로 간주됐다. 그러나 조상 숭배와 친족 결속
을 상징하는 의례가, 여성이 주체적으로 운영하는 데이하우스
라는 공공 공간에서 여성들 손에 의해 행복을 기원하는 민족문
화 행사로 바뀌었다. 실제로 이곳에서 지낸 차례는 남성/여성,
일본인/재일조선인이라는 다수자/소수자의 관계를 뒤바꿨다.
구체적으로 말하면 관습에 따라 남성 3명, 즉 재일조선인 남성,
재일조선인 소년, 일본인 남성이 절을 하고, 이 모습을 재일조
선인 여성 수십 명이 지켜봤다. 이때 여성은 '시선의 주체'였고
남성은 '보이는 객체'였다. 남성과 여성을 주종관계에 두는 성
별 질서와 일본인과 재일조선인 사이에 위계를 두는 민족 질서
의 전복이 일어난 셈이다. 그리고 이 전복은 재일조선인 여성
이 중심인 데이하우스였기에 가능했다. 하위의 대항 공론장에
서는 여성이 기존의 민족 질서, 성별 질서에 변화를 일으키는
실천을 한다.

　　페미니즘 정치이론가 수전 몰러 오킨은, 다문화주의는 소
수 문화의 권리를 옹호하지만 그것이 소수자 여성을 억압할
수 있다는 문제를 제기한다(Okin 1999; 2005). 그러나 앞서 차
례 지내기 재현에서 보듯, 소수자 여성이 언제나 억압적 '전통
문화'의 희생자이기만 한 것은 아니다. 민족문화를 적극적으로
주관하고 그것을 재구성하는 주체가 될 수도 있다. 하지만 그
것이 가능하려면 먼저 여성이 중심인 하위의 대항 공론장이 전
제되어야 한다.

동오사카시 사례에서 보듯, 재일조선인 여성 중심의 공론장은 관서 지역의 운동을 바탕으로, 한국 문해 교육 운동과도 상호교류를 하면서 '소수자'로서 자기를 상대화한다. 동시에 비문해와 여성이라는 공통점을 발견하고 연대의 범위를 확대한다. 재일조선인 여성이 중심이 된 운동은 지구화가 국가 간 경계를 흔들며 형성하는 '하위의 대항 공론장'과 관련이 있고 그 일부를 차지한다. 다원적이고 횡단적인 공론장이 주류 공론장과 어떤 관계를 맺고 또 어떤 대항 담론으로 그것을 변화시키며, 새로운 정치의 장을 어떻게 만드는가는 이후에 살펴볼 연구 과제다.

　　마지막으로 하위의 대항 공론장을 형성하는 데에는 언어 자원을 획득하는 것이 중요하다는 점을 강조하고 싶다. 프레이저의 다원적 공론장 모델은 소수 민족이나 소수 인종, 여성, 성소수자가 자신을 긍정하는 담론을 만드는 공간을 하위의 대항 공론장으로 부르고, 주류 공론장과 다른 대안 사회공간으로 규정한다. 공론장은 원래 의사소통에 중점을 둔 개념이다. 듣고 쓰고 말하는 행위, 즉 담론 실천으로 주체를 형성하는 데에는 어느 정도 숙달된 의사소통 능력이 필요하다. 또 의사소통 능력이 뛰어난 사람은 담론을 형성하는 데 특권적 지위를 가지기도 한다. 야간중학교 독립운동에서는 운동 주체였던 재일조선인 여성의 모어 조선어와 함께, 주류 사회 언어인 일본어 문해 능력이 결정적 역할을 했다고 해도 과언이 아니다. 행정기관과 협상도 해야 하고, 여러 가지 요청, 서명운동, 집회 연설, 선전지 제작, 다른 단체 연락 등 높은 수준의 의사소통이 필요하기 때문이다. 그 모든 일을 할 수 있었던 재일조선인 여성 1세와 2세는, 오해를 무릅쓰고 말하자면, 그 세대에서 엘리트 계급에 해당한다.[2] 하위의 대항 공론장은 누구에게나 열려 있지 않고 궁극적으로는 의사소통을 할 수 있는 언어 능력을 가진 사람만 참여할 수 있다. 공론장에서는 토의가 관계를 구성하는 한, 언어 능력이 부족한 소수자가 공론장 참여를 어떻게 보장받을 수 있을지의 문제를 피하지 말고 깊이 고찰해야 할 필요가 있다.

이 책에서는 재일조선인 여성의 집합행동으로 대상을 한정했지만, 당연히 재일조선인 여성이라는 주체는 개인 차원에서도 형성된다. 지역사회에서 학교에 강의를 하러 가고 마을 회관의 국제 교류 행사에 참여하는 형태로 주체를 형성한다. 이 책은 그러한 개인 차원의 여러 실천을 다루지 않았고 새로운 재일조선인 여성 주체는 제외했다. 이를테면 공립학교에서 재일조선인의 역사적 배경, 문화, 정체성을 가르치는 자원 활동 강사도 있고, 조선의 의식주와 문화로 서클을 운영하거나 사업을 경영하는 여성도 많다. 모두 소규모이고 때로는 국제적 성격도 띠지만 여성의 일상생활을 바탕으로 하는 활동이다. 이러한 실천과 여성 주체는 과연 시민 공론장을 형성하고 거기에 참여하는 문제와 어떤 관련이 있을까. 앞으로 남겨진 연구 과제다.

부록

2004년에 재일조선인 1세 여성이 주인공인 세 편의 영화가 개봉했다. 〈아름다운 할머니〉, 〈해녀 양씨〉, 〈하루코〉다. 전쟁 전부터 전후까지 살아남아 말 그대로 가족에게 헌신한 1세 여성의 일대기다. 중노년이 되어서야 가족을 보살피는 책임에서 해방된 '지금'이 가장 행복해 보였다. 세 편의 영화는 모두 전혀 다른 1세 여성의 인생을 그리고 있지만 갖은 고생 끝에 겨우 인생을 느긋하게 즐기는 점은 공통적이다. 이 책에 나오는 오사카의 1세, 2세 여성도 역시 '지금이 가장 행복하다'고 단언한다. 그분들에게 인생을 즐기는 것은 생활에 쫓긴 세월이 다 지나고 야간중학교에 입학해서 공부를 하는 것과 같았다. 공부는 원래 힘들다. 그래도 어린 시절에 학교에 다니지 못했던 그분들은 학교에 다니고 배우는 것이 행복이었다. 그래서 처음 친구들과 만나고 공부한 처음 '학교'를 빼앗기게 되자 분노했던 것이다. 배움의 장을 지키고자 행정기관을 상대로 항의의 목소리를 높였다.

공립 야간중학교의 존재는 물론이고 특히 관서 지역에서 재일조선인 여성이 학생 대부분을 차지한다는 사실은 거의 알려져 있지 않다. 이 책에서 다룬 다이헤지 야간중학교 독립운동을 아는 사람은 더더욱 적다. 다이헤지 야간중학교 독립운동은 얼핏 들으면 지역에서 일어난 작은 운동 같다. 하지만 이 운동은 전쟁 전부터 일본에 살았던 재일조선인 여성의 인생의 축소판임을, 여기까지 다 읽은 독자 여러분이라면 이해할 수 있을 것이다. 야간중학교에서 학생으로 공부하고 공권력을 향해 여성들이 항의 운동을 한 것은 큰 의미가 있다. 그분들은 어떻게 배울 권리의 주체로 스스로 일어설 수 있었을까. 나는 이 의문점에서 출발해 연구를 시작했다. 처음으로 다이헤지 야간중학교 독립운동을 안 것은 2000년 가을이었다. 그해 4월에 분교 교실이 독립학교가 됐다. 논문을 완성한 뒤에 여러 사정 때문에 거의 10년이 지나 책을 내게 됐지만, 지금까지 계속해온 연구를 정리할 기회가 생겨서 매우 기쁘다.

이 책은 많은 분에게 빚졌다. 동오사카시 다이헤지 야간중학교 독립운동에 관계한 분들과 여러 기관, 재일조선인 민족 조직과 여성 조직, 크고 작은 운동 단체들, 활동가 등이 협조해줬다. 이 책은 오차노미즈여자대학 대학원에 제출한 학위논문 〈재일조선인 여성의 '하위의 대항 공론장' 형성: 야간중학교와 '일본군 위안부' 피해자 운동을 중심으로〉(2006년 9월, 사회과학 박사, 학위번호 468호)를 대폭 가필, 수정한 것이다. 또 5장은 서아귀(2008), Seo(2009)를 가필, 수정해서 썼다.

도와주신 많은 분들께 깊은 감사 인사를 드리고 싶다. 우선 생애담 연구에 흔쾌히 협조해준 다이헤지 야간중학교 독립운동의 주체들에게 마음 깊이 감사드린다. 30여 명의 여성이 이 연구가 재일조선인 여성의 지위 향상에 도움이 된다고 인정해주고, 일과 가족 돌봄, 학업과 운동 때문에 말 그대로 날마다 바쁜데도 귀중한 시간을 쪼개서 인터뷰에 응해줘서 이 연구가 가능했다.

동오사카시 후세에서 조사할 때는 정귀미 씨에게 이루 말할 수 없는 신세를 졌다. 정귀미 씨는 우리서당과 사랑방 대표자로서 야간중학교에서 공부하는 여성들과 관계를 맺고, 의료 종사자이자 조선인 강사로서 지역의 동포를 보살피며 낮밤 가릴 것 없이 활약하는 분이다. 나와 연구 대상자를 연결해주고 오사카 재일동포 커뮤니티와 야간중학교에 대해 해설해줬다. 또 조사하는 동안 생활도 돌봐주는 등 정말로 큰 도움을 받았다. 그 밖에 하야시 지로 씨, 또 오랫동안 동오사카시에서 인권 운동에 헌신하고 애석하게도 2008년에 급서하신 고다 사토루 목사님에게도 도움을 받았다. 야간중학교 증설 운동의 불을 지피고 현재 각 지역을 활발히 순회하는 다카노 마사오 씨, 또 연구 당시 한국 안양시민대학 교장이었던 만희 씨와의 만남도 귀중한 시사점을 던져줬다.

다음으로 재일조선인 여성의 지위 향상에 오랫동안 기여한 여성동맹, 부인회, 민주여성회 도쿄본부 및 오사카본부, 메아리회, '일본군위안부'피해자문제우리여성네트워크, 교회여성연합 분들과 그 밖에 연구 과정에서 만났던 각 지역의 활동가 여성은 재일조선인 여성이 직면한 문제와 그것을 개선하는 여러 활동을 친절히 가르쳐줬다. 입장을 떠나서 나를 '동포 여성'으로 받아들이고 신뢰해주고 진심으로 응원해준 것에 깊은 감사 말씀을 드린다. 연구 조사를 막 시작했을 때 그들이 준 가르침과 1차 자료 덕분에 겨우 재일조선인 여성의 조직 활동이 보였고 책 1장에 담아냈다. 재일조선인 여성의 조직 활동은 그 역사가 매우 길고 분야도 폭넓다. 개인 연구의 한계가 있어 부족한 부분과 틀린 부분이 있지 않을까 우려된다. 앞으로도 꼭 가르침을 받아 연구에 활용하고 싶다.

연구 면에서는 박사논문을 지도해준 이토 루리 선생님(현재 히토츠바시대학 대학원 교수, 2000~2007년까지 오차노미즈여자대학 젠더연구센터 교수)에게 깊은 감사의 말씀을 드린다. 이토 선생님은 젠더 시점으로 국민주의, 사회운동, 공론장과 시민권 등 사회학 이론을 볼 수 있도록 지식을 줬고 연구에서 집필에 이르는 긴 기간 동안 정성스러운 지도를 해줬다. 이토 선생님과는 필자가 조치대학 학생이었던 20년 전에 만났다. 프랑스어책 강독 세미나에서 배운 프랑스 이주와 사회운동의 기초 지식이 있었기에 10년 후에 오차노미즈여자대학 대학원에서 비교사회학 시점으로 재일조선인 여성의 운동을 연구할 수 있었다. 어린 아들을 키우면서 연구와 조사를 한 여정은 예상보다 힘들었고 학위논문을 쓰는 데도 예상을 넘어 7년이 걸렸으며 이 책을 집필하기까지 거의 10년의 세월이 걸렸다. 그동안 이토 선생님은 원고를 읽어주고 본질적 문제점을 지적해줬을 뿐 아니라 연구가 막힐 때 따뜻하게 지켜봐주고 나아가야 할 길을 비춰줬다.

더 중요한 것은 오차노미즈여자대학에서 교편을 잡았던 이토 선생님이 만든 '국제이주와 젠더(International Migration and Gender, IMAGE) 연구회'에 참가한 일이었다. 이 연구회의 목적은 여성 이주자의 상호부조, 조직화, 새로운 주체 형성을 연구하는 것이다. 필리핀, 브라질, 한국, 태국에서 온 여성 이주자와 재일조선인 여성, 파키스탄 남성과 일본인 여성 배우자를 대상으로 사회·경제활동의 실태를 조사했는데, 필자는 여기서 재일조선인 여성을 조사했다. 다양한 이주여성을 여러 분과에서 토의하는 것은 연구를 막 시작한 내게 굉장히 유익했다. 그 외에도 연구할 때 가르침을 준 사다마츠 아야, 이나바 나나코, 신기영, 오가야 치호, 사와다 카요, 오이시 나나, 오하시 후미에, 유연숙 씨에게도 진심으로 감사하다.

논문 심사에서는 주심 이토 루리 선생님과 부심 이시즈카 미치코 선생님, 다치 카오루 선생님, 아다치 마리코 선생님, 그리고 외부 심사위원 정영혜 선생님(오츠마여자대학 교수)이 유익하고 기탄없는 비판과 조언을 해줬다. 사회학, 지리학, 젠더 이론, 페미니즘 경제학, 재일조선인 여성 연구 등 여러 전문 분야에 걸쳐 유익한 비판을 받았기에 시야의 폭을 넓히고 더 깊은 연구를 할 수 있었다. 정영혜 선생님과 송연옥 선생님(아오야마학원대학 교수), 그리고 오차노미즈여자대학 대학원 박사후기

과정의 선배이기도 한 김부자 씨(도쿄외국어대학 교수)에게는 재일조선인 여성에 관한 연구 지식뿐 아니라 운동가 입장에서 기탄없는 충고와 격려를 받았고, 덕분에 변변찮은 연구가 진전할 수 있었다.

이 연구는 내가 박사후기과정을 마친 오차노미즈여자대학 외에도 조치대학, 토론토대학 대학원 사회학 연구과에서 도움을 받았고, 또 학내외에서 만난 여러 선생님과 연구자에게서 시사점을 얻었다. 그중에서도 조치대학에서 국제관계론 세미나를 지도했던 고 쓰루미 가츠코 선생님에게는 학부 졸업 후에도 사회인을 거쳐 사회학 학문을 하기로 뜻을 두는 데 큰 영향을 받았다.

논문 구상 단계에서 조언을 해준 후쿠오카 야스노리 선생님(사이타마대학), 가시와자키 치카코 씨(게이오기주쿠대학), 한동현 씨(일본영화대학)에게도 감사의 뜻을 전한다. 후지카케 요코, 우자와 유미코, 하시모토 미유키, 시노자키 교코 씨는 지적 자극은 물론이고 헤맬 때마다 큰 격려를 해줬다.

2001년 가을부터 생활 지역인 도쿄와 동오사카를 오가며 조사를 했다. 이 조사는 도요타 재단, 마츠시타 국제재단, 오차노미즈여자대학 COE프로그램 '젠더 연구의 확장'에서 조성금을 받은 덕분에 가능했다. 또 이토 루리 선생님이 대표자이신 과학연구비조성금 '현대 일본 사회의 이주와 성별 관계의 재편에 관한 연구: 여성 이주자의 역량 강화와 새로운 주체 형성 검토'(2001~2003년), '아시아 재생산 영역의 지구화와 성별 재배치'(2005~2008년)에서도 지원을 받았다. 깊은 감사의 말씀을 드리고 싶다. 덕분에 여러 어려움에도 연구를 계속하고 초심을 잃지 않을 수 있었다. 그리고 이 책은 일본학술진흥회에서 학술도서간행조성금을 받아서 처음 세상에 나오게 됐다. 출판사 오차노미즈쇼보의 편집자 하시모토 이쿠 씨는 원고에 대한 코멘트를 해주고 출판 과정에서 세심한 배려를 해주는 등 큰 도움을 줬다. 책을 집필하는 동안 근무처인 오차노미즈여자대학 젠더연구센터의 동료들에게도 신세를 졌다. 많은 분이 도와줬기 때문에 이 책을 세상에 선보였으므로 이 자리를 빌려 감사의 마음을 전한다.

마지막으로 연구를 응원해준 가족에게 감사의 뜻을 표한다. 특히 늘 마음으로 지지해주는 어머니와 지금은 돌아가신 할머니에게 책을 바친다. 출판하는 데 걸린 10년은 바쁘신 어머니와 진득하게 만나고, 필드조사에 데려갔던 아들의 성장을 지켜보는 세월이기도 했다. 진심으로 고맙다고 말하고 싶다.

오사카 야간중학교 운동은, 재일조선인 여성과 다른 소수자 여성이 스스로가 주인공인 공론장을 만들고 그걸 기반으로 더 좋은 시민사회를 창조하는 유익한 실마리를 가득 담고 있다. 앞으로 과제는 더 많은 소수자 여성의 지위가 향상될 수 있도록 연구 성과를 중심으로 더 깊은 연구를 하는 것이다.

2011년 12월 도쿄에서

서론

1   이 책에서 재일조선인이란 일본의 조선 식민 지배(1910~1945)를 배경으로 일본에 건너
     간 조선인 및 그 후세대를 의미하며, 한국·조선 국적, 일본 국적 등 국적과 상관없이 넓은 의
     미로 사용한다. 호칭은 '재일한국·조선인', '재일코리안', '재일조선인' 등 여러 가지가 있으며
     각각 다른 정치적 입장을 나타내고 있으나, 이 책에서는 오사카 야간중학교 운동에서 사용한
     '재일조선인'을 쓴다. 또 한반도 전체를 지역으로서 지칭할 땐 '조선'을, 조선에서 유래한 언
     어와 문화는 '조선어', '조선문화'로 표기한다. 1948년에 성립한 '대한민국' 및 '조선민주주
     의 인민공화국'은 모두 '한국', '북한'으로 쓴다.

2   법무성 입국관리국 등록 외국인 수 통계표 [국적(출신지)·재류자격(재류목적)별 외국인등
     록자]. http://www.e-stat.go.jp/SGI/estat/List.do?lid=000001074828/

3   귀화자 수는 다음과 같이 계산했다. 1952~2000년까지 한국·조선 국적자가 일본 국적을
     취득한 수는 24만 3,762명(아사카와 2003: 14~15), 2001~2010년까지 한국·조선 국
     적자가 귀화 허가를 받은 수는 9만 775명으로, 이들을 합한 것이 33만 4,537명이다.

4   지금까지 야간중학교 학생 재일조선인 여성을 다룬 것은 주로 교사가 찍은 다큐멘터리들이
     었다. 〈이와이〉(1989), 〈이나토미〉(1988, 1990), 〈무네카게〉(2005), 〈청춘학교사무국〉
     (2004) 등이다. 또 〈학교〉(야마다 요지 감독, 1993), 〈안녕하세요〉(모리 야스유키 감독,
     2003) 등의 영화도 있다. 학술연구로는 언어학 시점에서 재일조선인 여성의 문해 문제와
     야간중학교 역할을 고찰한 김미선(2008)의 연구가 있다. 야간중학교에서 배우는 재일조선
     인 여성을 사회운동 시각에서 다루는 연구는 이 책이 처음이다.

5   법무성 입국관리국의 등록 외국인 수 통계표(2010). http://www.moj.go.jp/housei/
     toukei/toukei_ichiran_touroku.html/

6   하버마스 및 프레이저의 일역본은 '공공성'으로 번역했지만 이 책은 원서의
     Öffentlichkeit을 공간적 개념으로 이해하고자, 하나다(1996: 26)의 해석을 따라 '공론
     장'으로 번역한다.

7   프레이저는 다음과 같은 페미니즘 역사사회학 연구를 든다. 엘리(Eley 1992)에 따르면 '시
     민사회'가 생성될 때 자발적 단체는 부르주아 남성이 스스로를 귀족계급, 서민계급에 대항하
     는 새로운 엘리트로 정의하는 기반이었다. 그 차이를 두는 과정에서 새로운 성별 규범이 형
     성됐다(Fraser 1992). 프랑스에서 공화주의 공론장 개념이 성립할 때에도 남성 중심적 성
     별 요소가 작용했다. 즉, 공적 장소에서 일어나는 언론, 행동은 '합리적인', '덕이 있는', '남성
     다움이 있는' 것으로 간주하고 여성에게 호의적인 살롱문화는 '꾸며낸', '연약한', '귀족적인'
     것으로 간주했다는 것이다(Landes 1988).

8   페미니즘 정치사회학은 근대 시민사회의 성립이 공적 영역과 가정을 정치적으로 분리하는
     기반이었다는 점, 그리고 공/사의 영역 구분이 성별화됐다는 점을 문제시했다. 페이트먼은
     가정이라는 사적 영역이 여성과 연결된 것이 문제가 아니라 공적 영역에 남성 시민이 참가하

는 전제로서 남성이 가장인 가부장제가 사적 영역에 있는 것이 문제라고 하며, 따라서 공적 영역도 남성 지배가 구조화되어 있다고 주장했다(Pateman 1988). 하버마스가 처음에 제시한 공론장 이론은 가부장제 핵가족이 기반이었기 때문에 가부장제가 구조화되어 있다는 비판을 받았다.

9 프레이저는 이 주장에서 라이언(Ryan 1990; 1992)을 참조한다. 19세기 북미에서는 공식적인 공론장에서 배제된, 계급도 민족도 다른 여성들이 자선단체나, 항의운동의 형태로 공적 생활에 접근하는 다양한 통로와 방법을 만들었다. 흥미로운 것은 공적 생활에 접근하기 위해 여성들이 성별 규범을 창조적으로 활용한 점이다. 엘리트 부르주아 여성은 남성 협회를 본보기로 하여 사적 영역의 어머니다움, 가정다움 같은 규범을 공적 활동에서 활용했다. 또 비특권계급 여성은 남성 중심적 노동자 계급의 운동을 지지하는 형태로 공적 생활에 접근했다(프레이저 1999: 126~127).

10 프레이저는 민주주의 모델로서 '하위의 대항 공론장'을 제시하고 있지만, '하위의 대항 공론장' 자체가 반드시 민주주의적이고 평등주의적 지향을 갖진 않으며, 그 내부에도 배제와 주변화의 문제가 있다고 말한다(Fraser 1992).

11 젠더 이해관심은 남성과 여성 사이의 특유한, 사회적인 성적 차이에 따른 이해관심을 가리킨다. 더 일반적이고 젠더 이슈로 볼 수 없는 것, 자기 조직을 위한 이해관심과 구별된다. 젠더 이해관심은 '전략적 젠더 이해관심'과 '실제적 젠더 이해관심'으로 분류할 수 있는데, 전자가 여성의 지위 향상을 위해 사회관계를 변화시키는 것이 목표라면 후자는 성별 분업에 따른 여성의 역할에서 파생한 필요를 충족시키는 것이 목표다(Molyneux 1998; 2001).

12 성별과 민족/국민의 상관이론, 그리고 유발 데이비스와 안시아스(Yuval-Davis and Anthias 1989)가 논한 여성에게 부과된 여성의 역할은 이토(1995)의 일역본을 참고했다.

13 또 유발 데이비스는 기존의 국민연구에서 여성이 비가시화된 이유로 페이트먼의 성계약에 근거해 다음과 같이 설명한다. 서구 사회정치적 질서의 기반인 사회계약은 공/사를 이원적으로 구분하고, 정치와 관련된 공적 영역=시민사회는 남성의 영역으로, 사적 영역=가정은 여성 혹은 남성 시민의 가족의 영역으로 규정한다. 국민과 국민주의는 공적인 정치영역으로 간주됐기 때문에 국민에 관한 이론 자체에서 여성이 배제됐다고 본다(Yuval-Davis 1997: 2).

14 여기서는 요시노(2005)의 논의를 따라 잠정적으로 다음과 같이 정의한다. 우선 국민은 독자적 문화, 역사적 감정에 뿌리를 내린 공동체인 반면, 국가는 정치적 단위다. 구체적으로 입법, 행정, 사법, 경찰, 군사 등이 구성하는 제도를 총칭하는 개념으로, 특정한 영토 안에 있는 성원들을 지배 혹은 통치하는 기구다. 그리고 국민주의는 우리가 타자와 다른 독자적인 역사적·문화적 특징을 가진 독자적 공동체라는 집합적 신앙, 또 독자적인 느낌과 신앙을 자치국가의 틀 안에서 실현하고 추진하는 의지, 감정, 활동의 총칭으로 규정한다. 더불어 베네딕트 앤더슨은 출신지와 다른 나라에서 살고 있는(정착국가의 국적을 취득한 때도 포함된다) 이주자들이 출신지 국가에 정치적으로 관여하고 변화를 촉진하는 활동을 하는 것을 '원거리 국민주의'(Anderson 1992; 1998)라고 정의한다.

15 예를 들어 베티 프리단의《여성의 신비》에 그려진, 가사와 육아만 하는 생활에 불만을 느끼고 일을 하며 자아실현을 하고 싶은 가정주부의 문제는 아프리카계 미국인 여성이 처한 상황과 크게 다르다. 인종차별로 말미암아 아프리카계 미국인 남성은 노동시장 밑바닥에 있기 때

문에 가계를 유지하기 위해서는 원하든 원하지 않든 여성도 일을 해야 하기 때문이다. 또 아프리카계 미국인에게 가정은 주류 사회의 인종차별에서 스스로를 지키는 보루의 역할도 한다.

16 알튀세르는 권력의 호명에 따른 주체화의 예로서 경찰이 "어이, 거기 당신" 하고 불러 세울 때 호명된 개인이 뒤를 돌아보는 장면을 든다. 뒤를 돌아보면서 호명된 사람이 다른 누구도 아닌 자기임을 인정하는 것이라고 한다.

17 스피박도 몸 담고 있는 인도 서발턴 연구에서 서발턴이란 개념은 안토니오 그람시의 지배이론에서 유래한다. 서발턴은 통일되지 않는 하층 민중계급인 '종속계급'이라고 정의할 수 있다.《콘사이스 옥스퍼드 사전》에 따르면 '하위'를 의미한다. 라나지트 구하는 남아시아 사회에서 서발턴은 계급을 가리키든, 카스트를 가리키든, 연령, 성별, 직업을 가리키든 민중이 종속된 상황 일반을 가리킨다고 말한다(구하 1998).

18 《사회학 소사전》(신판)(하마시마 아키라 외 편집 1997)에 따르면 가부장제(patriarchy)란 ①가장인 남성이 강력한 권력을 가지고 성원을 지배하는 형태, 그리고 ②남성이 여성을 지배, 억압, 차별하는 의미가 있다. 페미니즘 운동과 연구는 오직 ②의 의미로 사용하고 있다. 데니즈 칸디요티(1988)는 가부장제라는 말이 추상적 차원에서 고정된 개념으로만 사용되는 것을 비판하면서 가부장제는 형태가 다양한 점, 여성은 억압에 저항하며 계급, 카스트, 민족에 따라 여러 가지 전략을 취했다는 점을 강조했다. 칸디요티는 이것을 '가부장제와 협상하다(bargainning with patriarchy)'로 표현한다.

19 박일분 외, 〈2세 여성들 크게 떠들다〉,《통일평론》 147호, 1977; 〈여성에게 재일동포 사회란〉,《계간 재일문예 민도》 4호, 1988 등.

20 최선희, 〈조선여성으로 살아가는 길: 민족의 자랑스러움을 가슴에〉,《통일평론》 182호, 1980.

21 서구 문화권에서 생활한 체험에 근거한 재일조선인 여성해방 이론으로서 박화미(1993)를 인용한다. "나는 유교 가부장제를 답습하는 재일 가정에서 '인내하는 어머니'였던 어머니에게 애정과 답답함이 섞인 복잡한(양면적) 심정을 품었다. 그런 내게 비유적인 의미에서 '부모(어머니) 살인'과 '가족 파괴'가 가까스로 가능해진 것은 미국으로 세 번째 '가출'을 한 이후였다"(박화미 1993: 63).

22 예를 들면 재일조선인 잡지《호르몬 문화 4》(1993)에서는 재일조선인 가족의 변화를 특집으로 다루며 2세 여성이 성별 질서에 이의 제기를 했다고 말했다.

23 1910년 한일합병 이전에도 일본엔 수백 명의 조선인 유학생, 노동자가 존재했다(고마츠 히로시·김영달·야마와키 케이조 1994). 또 한일합병으로 일본에서 조선으로 이동한 일본인 인구도 비약적으로 증가했다. 한일합병 당시 조선엔 약 17만 명, 해방 직전인 1944년에는 약 71만 명의 일본인이 있었다(다나카 1995: 59~60).

24 식민지 시기 일본은 조선민사령(1912)과 조선호적령(1922)에 따라 호주제가 중심인 호적을 편성했다. 또 같은 식민지로 일본 영토가 됐던·대만에서도 호적에 관한 율령(1932)과 대만총독부령(1933)이 한족을 대상으로 시행됐다.

25 일본에 거주하는 사람을 포함하여 조선인은 결혼이나 입양 같은 신분 행위 이외의 방식으로 조선 호적에서 내지 호적으로 전적, 취적하는 것이 인정되지 않았다. 마찬가지로 내지 호적에서 조선 호적으로의 전적, 취적도 신분 행위가 아니면 인정되지 않았다.

26 이전에는 민족보다 성별이 참정권 부여에 영향을 끼쳤고 일본에 거주하는 국민 남성은 조선인 남성을 포함, 선거권과 피선거권이 부여됐다(다치 1995).

27 외국인등록령은 1952년 샌프란시스코 평화조약 발효와 동시에 폐지됐고 이를 대신해 외국인등록법이 제정됐다.

28 1980년대에 재일조선인과 다른 외국인이 지문날인을 거부했고 이것이 운동으로 퍼졌다. 1986년에는 법개정으로 '지문 1회제'가 됐고 1991년에는 영주자에 한해 폐지, 1999년에는 전면 폐지됐다.

29 이것을 보여주는 수치로, 1953년 통계에선 재일조선인 인구 중 후생성의 생활보호 수급자가 19%를 차지했다. 1950년대 말에 시작한 북한 귀국사업을 일본 정부가 승인한 배경에는 공화국을 지지하는 재일조선인이 귀국하는 것이 치안상 바람직하며, 생활보호비를 절감할 수 있다는 판단이 있었다(미조구치 2002: 176~186).

30 총무성 통계국, 〈2005년 인구조사 개관 시리즈 6. 노동상태, 산업, 취업별 인구〉, 2005, 표 5(222~223).

31 총무성 통계국, 〈2005년 인구조사 보고 7권 외국인 특별집계 결과〉, 2005, 표 6(166~167) 데이터를 기준으로 산출했다.

32 교토 메아리회 회원의 증언(2001년 11월).

33 1970년 히타치 소프트웨어 채용 과정에서 한국 국적인 재일조선인 남성이 채용시험에 합격했으나, 관련 서류 제출 후 조선인이라는 이유로 채용이 취소됐다. 1974년 요코하마 지방재판소는 해고를 무효로 하고 임금과 위자료를 지불하도록 판결했다. 1976년 관서 지역에서는 당시 전기공사가 니시노미야 고등학교 학생의 입사시험을 거부한 사건이 일어나자, 고교분회와 전기공사 노동조합이 연대하여 민족 차별에 저항하는 운동을 벌였다.

34 이를테면 귀화신청을 한 사람이 귀화 후엔 일본 이름을 사용하도록 지도했다. 하지만 1980년대 후반에 귀화한 재일조선인 또는 귀화한 재일조선인을 부모로 둔 일본 국적자들이 '일본 국적 조선인'으로서 스스로를 드러내는 운동이 일어났고 호적에 등록된 일본 이름을 조선 이름으로 변경할 수 있도록 요구했다. 그 결과 법적으로 조선 이름을 사용할 수 있게 됐고 귀화정책은 일본 이름을 쓰도록 지도하지 않게 됐다. 이 운동에 관해선 민족이름되찾기모임(1990)을 참조.

35 1990년대 이후로 재일조선인 여성은 제사와 족보가 재일조선인 사회의 가부장제를 상징한다며 비판했다. 박화미(1993), 정영혜(1993)를 참조.

36 총련 소속 재일조선인2세와 3세 여성 인터뷰(2001년 11월).

37 '남녀유별'은 남성과 여성의 행동과 활동 공간을 이등분하는 것이다. '삼종지도'는 여성이 집에서는 아버지를 따르고 결혼 후엔 남편을 따르고 남편이 죽은 후엔 아들을 따르는 것을 뜻한다. '출가외인'은 시집 간 딸은 타인과 똑같다는 의미다. '칠거지악'은 시어머니에게 불손하거나 불임(아들을 못 낳음)·말이 많음·도벽·불치병·질투·음란한 행위가 있으면 남편이 일방적으로 이혼할 수 있다는 뜻이다. '내외지분'은 남성은 밖에 있고 여성은 안에 있어야 한다는 뜻, 혹은 남성은 집안일을 말하지 말고 여성은 바깥일을 말하지 말아야 한다는 뜻이다.

38 박경식(1989), 가지무라(1993) 등. 오사카 재일조선인 운동에 관한 연구로는 양영후(1994)가 있다. 재일조선인운동연구회는 《재일조선인사 연구》를 1977년부터 간행하고 있다.

39 태평양전쟁 전 여성운동 연구로서, 이순애(1977, 1978)는 일본에서 유학했던 조선인 여학
   생들이 일으킨 식민지 정치 상황 속의 여성해방 활동을 상세하게 기술했다.

40 후쿠오카·츠지야마(1991), 후쿠오카(1993), 후쿠오카·김(1997), 김태영(1999) 등은 주
   로 1세 중심의 저항 담론에서 보이는 민족 본질주의와 획일적인 정체성 해석과는 다른, 젊은
   세대의 정체성 형성과정을 분석하여 정체성이 다양해지는 양상을 파악한다.

41 집합행동과 개인 양쪽을 중시하는 접근은, 풀뿌리 네트워크 운동을 운동을 수행하는 집합 정
   체성과 행위자 개인이 일상생활에서 하는 실천의 복합적이고 다원적인 상호작용으로 이해
   한 멜루치(Melucci 1989)에 의거한다.

1장

1 일본 여성해방 운동과 재일조선인 여성의 관계에 관한 상세한 연구는 서아귀(2006)의 4장
  을 참조하라.

2 〈표1-1〉에서 '재일대한기독교전국교회여성연합회'는 성별, 민족과 더불어 종교 요소도 고
  려한 다른 접근의 연구가 필요하다고 생각하므로 나중에 검토하고 싶다.

3 전쟁 전 식민지 독립운동에 재일조선인 여성도 참여했지만 크리스천 유학생 같은 이른바 식
  민지 시기 엘리트 여성이 중심이었으며 비문해율이 높았던 당시 재일조선인 여성 일반의 참
  여는 크지 않았다.

4 조선민주주의 인민공화국을 지지하는 재일조선인 전국조직. 1945년에 설립된 재일본조선
  인연맹(조련)이 전신이다. 미 점령군·일본 정부가 강제적으로 해산시킨 후 1955년에 현재
  의 명칭으로 설립됐다. 조선민주주의 인민공화국의 '해외공민' 조직이란 입장을 취한다.

5 대한민국을 지지하는 재일한국인 전국 조직. 1946년에 설립됐을 때의 명칭은 재일본조선
  거류민단. 1948년 대한민국 건국과 함께 재일본대한민국거류민단으로 개칭하고 1994년
  에 거류 두 글자를 삭제한 명칭으로 현재에 이른다.

6 《재일조선인 운동 개설》. 김영·김부자(1993), 11쪽에서 재인용.

7 《재일조선인 운동 개설》. 김영·김부자(1993), 12쪽에서 재인용.

8 민단은 외국인등록령에 쓰인 '조선'이란 국적 표시에 이의를 제기하지 않았다. 오기문은 여
  기에 불만을 품고 '남성에게 기대지 않는다'고 생각해, '부인회 대표'로서 '한국'으로 표시하
  도록 미 점령군과 독자적으로 협상했다고 한다. 이것을 계기로 부인회 도쿄본부를 결성했
  다. 오기문은 초대 부인회 부장과 대한민국부인회 중앙본부회장을 7기에 걸쳐 역임했다(김
  영·김부자 1993: 16).

9 〈[좌담회] 지금 듣고 싶은 어머니가 걸어온 길〉, 《민단신문》, 2006.1.1.

10 여성동맹 공식 홈페이지(http://www.nyomengcafe.com) 다운로드(2011년 8월 15
   일).

11 총련은 최근 들어 남녀공동참가 취지의 활동을 한다. "여성동맹을 지도하고 동포여성이 각
   분야에 진출하는 것을 지원해 여성의 지위와 역할을 향상한다"는 여성국이 2003년 중앙위
   원회 전문부서로 설치됐다(《조선신보》, 2003.5.10). 또 2004년 9월엔 총련 사회 여성이
   안고 있는 문제를 연구하는 동포여성협의회가 발족했고 여성 직원과 여성 교사의 처우 개선

등을 제안했다(《조선신보》, 2005.11.24).

12 오누마 야스아키는 지문날인 거부 운동이 일본 사회에 끼친 영향을 말할 때 민단 부인회의
활동을 언급했다. "당시 부인회 회장이 배순희 씨였는데 아주 리더십 있는 여성이었습니다.
민단 간부는 우왕좌왕, 갈팡질팡만 하고 흔들렸는데 배순희 씨는 단호하게 부인회를 이끌고
앞장서서 운동을 하셨죠"(오누마·서용달 2005: 215).

13 한민족여성네트워크에는 민단부인회 외에 재일한국민주여성회, 한국 국적 여성 개인이 참가
했다.

14 도쿄 여성동맹 직원 인터뷰. 2002년 5월.

15 총련계 남성과 결혼한 일본인 여성의 친목회가 총련지부에 속해 있다(《조선신보》,
2002.6.26).

16 이것은 여성동맹 활동에 몸을 던졌던 한 여성의 다음 '말하기'에서도 볼 수 있다. "이 사건(여
성동맹 정식 결성)이 얼마나 기뻤는지. 조국이 해방되고 〈남녀평등권 법령〉을 발표했을 때,
그 뉴스에 마음이 떨리고 여성도 사회의 주인공이라는 자각이 생겼다. 여성동맹 결성은 여
성들이 스스로의 운명의 결정권을 갖는 새로운 길에 발을 내딛는 것이었다"(박일분 2002:
128).

17 총련 사회는 조직 활동에 매진하는 남편을 아내가 내조하거나, 아내가 여성동맹에서 활동하
여 부부가 애국운동에 투신하는 것을 찬양하는 풍조가 있다고 한다. 여기서 남편이 활동하는
장소는 총련, 아내가 활동하는 장소는 여성동맹이다. 오사카 여성동맹 활동가 인터뷰(2002
년 3월).

18 1945년 12월에 일본에서 부인참정권이 보장됐는데 이때 이치카와 후사에가 회장인 신일
본부인동맹과 부인민주클럽 등 전쟁 전 여성활동가를 중심으로 여성 단체가 속속 결성됐다.
1948년에는 노조 부인부와 지역 부인단체가 하나가 돼 일본민주부인협의회가 결성됐다.
하지만 이 민주적 여성 단체에 대항하는 형태로 미 점령군 지도하에 주부가 중심인 단체가
설립돼, 1952년에 전국지역 부인단체연락협의회가 결성됐다. 1948년에는 불량 성냥에 항
의하면서 주부연합회가 결성되고 1953년에는 일본어린이를 보호하는 모임이 만들어졌다.
또 1955년에는 도쿄에서 1회 일본어머니대회가 열려 2,000명의 여성이 모였으며 생활의
어려움을 토로했다. 폭넓은 계층의 여성이 모이고 여성으로서 의식을 공유한 어머니대회는
획기적인 대중 여성운동이었다고 한다(후지와라 1998: 15~23).

19 당시 민단부인회 도쿄본부 회장이었던 양영지가 자세히 증언했다(양영지 1997).

20 재일한국민주통일연합 웹사이트(http://chuo.korea-htr.org/membership-org.
shtml) 다운로드(2011년 1월 5일).

21 도쿄 여성회 회원 인터뷰(2001년 10월). 근래엔 변화가 생겨 한통련 지부에도 여성 간부가
있다.

22 2002년 서울에서 열렸던 세계한민족 여성네트워크에 참가했던 걸 가리킨다. 이 네크워
크는 한국 여성부와 《매일경제》가 개최하고 한국 국내외 여성 지도자 약 400명이 참가했
다. 행사 목표는 국내외 여성들의 교류 기반 확대, 한민족 공동체 정보의 활발한 교류, 인재
발굴, 국제적인 네트워크 구축이며 이를 통해 국제 경쟁력을 강화한다고 한다(《통일일보》,
2001.8.1).

23 오사카 여성회 회원을 중심으로 '아프로 여성실태조사 프로젝트'를 진행했다. 이 프로젝트

는 아이누 여성, 부락민 여성과 '소수자 여성'으로서 연대를 추진했다. 조사 결과는 홋카이도 우타리협회 삿포로지부 외(2007)를 참조하라.

24 민족 차별과 투쟁하는 협의회는 각 지역의 풀뿌리 재일조선인 인권운동의 연합인데 1995년에 조직을 발전적으로 해체하여 재일코리안인권협회가 됐다.

25 가와사키어머니회에 관해서는 송부자(2007), 가와사키어머니회(1995)를 참조하라.

26 공립학교에 어린이를 보내는 재일조선인 보호자 조직은 각 지역의 거주지에 형성돼 있고 학교 운영이나 교육위원회에 적극적으로 참여한다. 명칭은 보호자회지만 실제로는 어머니들이 중심으로 활동할 때가 많다. 또 어머니가 활동의 주체여도 조직의 대표자는 아버이인 남성일 때도 많다. 이런 점은 일본인이 중심인 PTA에서도 공통적으로 찾아볼 수 있는 특징이다. 여기서는 특히 메아리회를, 여성이 주도권을 가진 재일조선인 보호자 조직의 예로 들었다.

27 메아리회 회보 20호에 첨부한 〈시민·NGO의 유엔아동권리협약 기초보고서〉(1997).

28 메아리회 회원 강영자 씨 인터뷰. 2001년 11월 히가시구조 마당(조선인이 많이 거주하는 교토 히가시구조에서 열리는 민족문화제-옮긴이)에서. 강영자(1995; 2008).

29 메아리회 강영자 씨 인터뷰. 2001년 11월 히가시구조 마당에서.

30 교토시 웹사이트(http://www.city.kyoto.lg.jp/sogo/page/0000025139.html/) 다운로드(2011년 11월 20일).

31 과거 독서회 회원 인터뷰. 2004년 4월.

32 관서 지역에서도 같은 시기에 젊은 재일조선인 여성을 중심으로 운동 단체 조선인일본군위안부피해자문제를생각하는모임을 만들었으나 1장에서는 필자가 인터뷰 조사를 실시한 우리여성네트워크에 주목한다.

33 우리여성네트워크의 자세한 활동은 김부자(2009)를 참조하라. 과거 회원을 인터뷰한 사회학 분석은 서아귀(2005; 2006 4장)를 참조하라.

34 '일본군위안부'피해자문제를생각하는재일동포여성의모임(1991: 1)

35 당연히 재일조선인 여성과 '일본군 위안부' 피해자는 민족 차별과 성차별의 규모, 성질, 각자가 놓인 상황이 크게 다르다. 필자가 인터뷰한 과거 우리여성네트워크 한 회원은 우리여성네트워크의 운동을 통해 한국 '일본군 위안부' 피해자와 깊은 교류를 하면서 둘 사이의 차이를 더욱 의식하게 됐다고 말한다. 서아귀(2005; 2006 4장)을 참조.

2장

1 이렇게 주변화된 사람들의 거주지는 오사카 순환선을 둘러싸고 오사카 동부와 서남부에 걸쳐 분포한다. 미즈우치는 파리의 '붉은 교외'(전통적으로 공산당 지지자가 많이 거주하는 지역)에 빗대, 길고 가느다란 완만한 곡선이 잇는 이 지역을 '소수자의 초승달 지대'라고 명명했다(미즈우치 2005a: 33).

2 구체적 사례는 다음과 같다. 동화교육 교과서에서 부락 차별과 오키나와 차별을 나란히 쓰자, 오사카의 오키나와 사람들 모임이 배포를 저지하려 하였다. 그러자 오키나와 이주자 2세 등 젊은 세대가 이 모임을 비판하는 운동을 일으켰다(미즈우치 2005a: 49).

3 재일조선인 민족운동은 한국을 지지하는 민단과 북한을 지지하는 총련으로 분열됐다. 특히 총련은 스스로 북한 재외공민으로 규정하고 일본 정치에는 관여하지 않는 입장이었기 때문에 참정권이나 공무담임권에서 국적 조항을 철폐하는 데 관심이 적었다.

4 하지만 소수자 운동의 상호작용이 반드시 긍정적인 면만 있지는 않고 부정적인 면도 있다. 재일조선인과 피차별 부락은 차별을 받는 같은 입장에 있으면서도 다음 사례처럼 서로 차별하는 사건도 일어난다. 1970년에 초반에 '해방교육의 선두에 있다'는 효고현 미나토가와 고등학교에서 공립 고등학교 역사상 처음으로 '조선어'가 교사들의 노력으로 정규 과목이 됐다. 담당 강사가 된 김시종은 취임식에서 학생에게서 '조선으로 돌아가'라는 말을 들었다. 김시종은 이 사건을 단순한 민족 멸시로 보지 않고 차별로 고통받은 학생이 자신의 지식인인 척하는 감성이 신경에 거슬렸기 때문에 발생했던 것이 아닐까 생각한다(김시종 2001). 여기서 알 수 있는 것은 차별 문제는 '민족'이나 '계급' 같은 단일한 축으로 이해할 수 없으며, 일본인 대 조선인이라는 차별자와 피차별자 관계뿐 아니라 피차별자 사이의 관계 또한 중요하다는 점이다.

5 법무성 입국관리국 홈페이지(http://www.moj.go.jp/housei/toukei/toukei_ichiran_touroku.html), 등록 외국인 수 통계표(2010).

6 2010년 현재 이쿠노구 인구는 약 13만 명이고 그중 한국·조선 국적자는 약 2만 8,000명이다.

7 법무성 입국관리국 홈페이지, 등록 외국인 수 통계표(2010).

8 1997년 오사카 이쿠노구 신이마자토에 히가시이쿠노 야간중학교가 생길 때까지 계속 이쿠노구에서 동오사카시로 넘어가는 원거리 통학을 했다.

9 1980년대에 후세대가 뜻을 모아 시작한 이쿠노 민족문화제는 이카이노에 사는 재일조선인의 정체성을 전달하는 뜻이 담긴 이벤트였다. 1년에 한 번 이쿠노 민족문화제에서 젊은 사람들이 마당극, 무용, 전통악기를 연주하여 민족문화를 창조하고 네트워크를 만들었다. 1983년에 첫 번째 행사를 개최한 이쿠노 민족문화제는 2004년에 20주년을 맞이하며 막을 내렸다.

10 코리아NGO센터 홈페이지(http://korea-ngo.org/kyoiku/kyoiku03.html) 다운로드(2011년 12월 1일).

11 야간중학교 명칭으로는 야간중학, 야간학급, 야간중학교 등이 있으며 문부성과 교육위원회는 학교 내의 한 학급으로서 '○○중학교 야간학급'이라 말한다. 그러나 야간중학교 증설 운동에서는 일반 중학교 부속 시설이 아니라 하나의 독립한 학교라는 의미에서 '야간중학'으로 많이 표현한다.

12 고등학교는 일반 전일제 고등학교와 주간과 야간으로 운영하는 정시제 고등학교로 나뉘지만 공립 야간중학교는 이와 달리 학교교육법시행령 제25조가 규정한다. '2부 수업을 할 때'로 규정해, 시정촌 교육위원회가 도도부현 교육위원회에 전달해야 할 사항일 뿐이다.

13 '야간중학교 학생 수 추이',《제50회 전국 야간중학교 연구대회 기념잡지》, 117쪽 참조.

14 1955년에 문부성은 관동 지역과 동북 지역의 15~24세 2,000명을 대상으로 문해 조사를 했다. 문해에 문제가 있다고 대답한 사람은 10~15%에 미쳤지만 문부성은 '문해 문제는 해결 끝'이라며 의무교육에서 배제된 사람들이 가진 문제를 보지 않았다(야간중학교증설운동 전국교류집회 1997: 9).

15 야간중학교 조기폐지 권고는 1966년 행정관리청과 행정감찰국이 문부성에 한 '연소노동자에 관한 행정감찰'이란 권고였다.

16 '야간중학교 설립 및 폐지 연표', 《제50회 전국 야간중학교 연구대회 기념잡지》, 11~16쪽 참조.

17 전국야간중학교연구회, 《제57회 전국 야간중학교 연구대회 대회자료》, 2011, 60~61쪽 참조.

18 전국야간중학교연구회, 《제54회 전국 야간중학교 연구대회 대회자료》, 2008, 58~60쪽 참조.

19 오키나와 나하시에 있는 산고샤 스콜레(珊瑚舎スコーレ)라는 자주 야간중학교다. 2004년에 개설했고 2010년 현재 30여 명이 다니며 학생 평균 연령은 72세다. 《제57회 전국 야간중학교 연구대회 대회자료》, 2011, 75쪽 참조.

20 시라이 젠고, 〈야간중학교 그날그날 (78)〉 (2008년 8월 21일). http://www.journalist-net.com/shirai/2009/08/post-3.html.

21 《제57회 전국 야간중학교 연구대회 대회자료》, 2011.

22 1980년대 이전 자료는 구할 수 없었다. 1981년부터 1989년까지는 연구대회 자료 통계에 '재일조선인' 항목이 아닌 '재일외국인 학생' 항목(그중 상당 부분이 재일조선인 학생일 거라고 추측한다)으로 학생 수가 적혀 있기에 이걸 적용했다.

23 전국야간중학교연구회, 《제23회 전국 야간중학교 연구대회 대회기록》, 1977, 55~57쪽; 《제50회 전국 야간중학교 연구대회 기념잡지》, 2004.

24 일본 헌법 제26조는 국민이 교육을 받을 권리를 명시한다. 교육권 보장은 이 외에도 교육기본법 제3조와 제10조, 국제인권규약(사회권규약) 중 경제적, 사회적, 문화적 권리에 관한 국제규약(A규약) 제13조와 제14조, 유네스코 학습권 선언이 명시한다.

25 전후 처리라는 시각은 2002년도 전국야간중학교연구회 요청서에서 다음과 같은 문제 제기를 하며 드러내고 있다. "침략전쟁과 식민 지배에 따른 전후 처리가 불충분하여 교육을 비롯한 많은 문제가 남아 있다." 《제48회 전국 야간중학교 연구대회 대회 자료》, 2002, 64쪽.

26 2004~2005년에 피차별 부락민 여성을 대상으로 한 조사(회답자 1,405명)에 따르면, '신문을 수월하게 읽는다'고 대답한 사람은 86%, '글자를 수월하게 쓸 수 있다'고 대답한 사람은 79.1%였다(홋카이도 우타리협회 삿포로지부 외 2007). 비문해 역시 재일조선인 여성과 공통적으로 피차별 부락민, 특히 여성에게서 나타나는 문제. 1984년 전국 부락 실태 조사에 따르면 비취학 비율이 전체 6.1%(전국 0.3%)에 비취학자 60% 이상이 여성이다. 비취학자 여성 비율은 전체 7.9%다(야간중학교증설운동전국교류집회 1986: 58).

27 '수평사 선언' 중에서도 "인간을 위로하는 운동은 오히려 많은 사람을 추락시켰던 걸 떠올리면", "우리가 더러운 걸 자랑스럽게 여길 때가 왔다"라는 구절에 다카노는 충격을 받았다. 다카노는 야간중학교 학생인 걸 부끄러워하지 말고 자랑스럽게 여겨야 하며, 동정은 차별받는 사람을 자립하지 못하게 한다고 주장했다. 그는 차별의 본질과 싸우겠다는 결의를 했다(다카노 1993: 66~69).

28 1975년 오사카 교육위원회가 비오사카 거주자가 야간중학교에 입학하는 걸 제한하자, 나라는 나라에야간중학교를만드는모임을 만들고 1976년에 시민이 운영하는 사설 야간중학교를 열었다. 운동이 결실을 거두어 1978년에는 공립학교가 됐다. 야식으로 우동이 나와서

'우동 학교'라고도 불렀다(가와세 1978).

29 조에 중학교 야간학급, 《어른 중학생》, 1989, 114~128쪽; 조에 야간중학교, 《동오사카시 야간중학교 30년 발자취》, 2002, 4~5쪽.

30 동오사카시 의회 제2회 정례회(1992년 6월 16일)에서 가케하시 노부카츠 의원은 신문기사(자료1)를 언급했다. 조에 중학교에서 야간 학생 수가 주간 학생 수를 넘었고 학생 수가 전국에서 제일 많아, 분교 설치가 시급한 과제라며 동오사카시 남서부에 분교를 설치할 계획이 있는지 시 교육장에게 질문한다. 제3회 정례회(9월 17일)에서도 가타오카 타츠야 의원이 조에 야간중학교 학생 대부분이 시 밖, 특히 오사카시에 사는 사실을 말한다. 야간 학생 수가 주간 학생 수를 넘어 주간수업에 영향을 끼치고 시설을 정비해야 하는 문제가 생겼으므로 시 교육위원회에 '적절한 운영'을 살펴볼 것을 제안한다. 동오사카시 의회 제2회 정례회 및 제3회 정례회 회의록에서 인용.

31 필자가 "(이 조치가) 조선인 차별이라는 의견도 있는데요"라고 물었을 때, 동오사카시 교육위원회는 "(그런 말은) 들은 적 없다. 동오사카시에 이미 한 학교(조에 야간중학교)가 있으니 분교를 만들었다"라고 대답했다. 2001년에 독립 학교로 인정한 이유를 묻자 "굉장히 고도의 판단"이라고 대답했다. 2004년 5월 동오사카시 교육위원회 인터뷰.

32 하야시 지로·히가시무라 사치코 1994; 조에 야간중학교 2002; 우리서당 2009.

33 〈교실과 선생을 늘려라. 야간학교 할머니 농성하다.〉, 《통일일보》, 1993.10.9; 〈학생이 농성하다. 동오사카 다이헤지 중학교. 시 교육위원회 앞에서 학교 증설 요구.〉, 《아사히신문》, 1993.10.5; 〈오사카부에 독립학교를 요청〉, 《아사히신문》, 1993.10.9.

34 〈야간학교 문제를 더 공감하기를. 동오사카 할머니, 페스티벌에서 호소하다.〉, 《통일일보》, 1993.11.20.

35 1994년 12월 지하철 쓰루하시 역에서 오사카시 역무원이 우리서당 학생에게 승차권을 요구하고 건네받는 중에 '조선에 돌아가' 하고 차별발언을 한 사건. 우리서당을 구성하는 동오사카시 교직원조합과 민족교육촉진협의회는 오사카시 교통부에서 사실 확인을 하고 교통부와 협상을 했다. 그 결과로 재발 방지를 위해 오사카시 교통부 전 직원을 대상으로 연수를 실시할 것, 재일조선인 직원이 본명으로 일할 수 있는 환경을 만들 것 등 약속을 받아냈다.

36 야간중학교 교사 인터뷰, 2005년 1월.

37 안양시민대학은 문해 교육을 통해 재활용 운동, 고령자와 실업자 지원 운동을 하는 등 지역사회에 적극적으로 관여한다(전국야간중학교연구회제51회대회실행위원회 2005: 147~155).

38 《전국 야간중학교 연구대회 대회자료》1981년도 판에서는 재일외국인 학생(그중 상당수가 재일조선인일 것이라고 추측한다)의 성별 데이터가 실렸다. 데이터에 따르면 재일외국인 학생 1,449명 중에서 남성은 53명으로 4%였다. 조에 야간중학교는 여성 재일외국인 학생이 226명인데 반해 남성은 3명이었다.

39 야간중학교 독립운동의 행위주체 여성은 우리서당 자주 학습 기관 명칭에서도 알 수 있다. 재일조선인 성인 여성의 문해 기관은 보통 각 지역에서 '어머니 학교'로 부른다. 가족 성역할인 '어머니'가 아니라 성별 중립적인 말 '우리'('민족'이란 뜻도 담고 있다)를 쓴 것에서 배우는 주체로서 여성을 엿볼 수 있다.

3장

1   같은 조사에 성별을 나누지 않은 다음의 비율도 나와 있다. '일본어 문장을 읽을 수 있다'는
    사람이 44%, '히라가나, 가타카나는 읽을 수 있다'는 사람이 21.2%, '일본어 문장은 못 읽
    지만 한글 문장은 부분적으로 읽는다'는 사람이 5.8%, '일본어 문장, 한글 문장 모두 못 읽는
    다'는 사람이 29.3%였다(《마이니치신문》, 2004.12.19).

2   생애과정 연구를 도와주신 분들의 이름에 대해 간략히 언급하자. 사회학 조사는 사생활 보호
    차원에서 연구 대상자 이름을 가명으로 하는 일이 일반적이고 과거에 발표한 필자 논문에서
    도 그렇게 했다. 하지만 이 책을 펴낼 즈음에는 다이헤지 야간중학교 독립운동에서 재일조선
    인 여성이 조선 이름 '실명'으로 운동을 한다는 것에 특별한 의미를 부여했다. 그래서 여성과
    지지자가 만든 조직 우리서당에서도 필자가 실명을 쓰기를 바랐다. 재일조선인은 일상에서
    조선 이름이 아닌 일본 이름으로 생활하는 사람이 많다. 바로 그렇기 때문에 조선 이름을 내
    걸고 독립운동을 하는 행위는 '자기 이름'을 되찾는 행위이자 지역사회에 대한 도전이었다.
    이러한 재일조선인 이름의 정치와, 연구 대상자가 언론에서 실명을 쓴 일 등을 고려하여 이
    책에서는 실명(경칭 생략)을 사용함을 밝힌다.

3   해방 후 한반도는 미국과 소련이 대립하는 최전선이 됐다. 1948년에는 미국이 개입해 남조
    선 단독선거를 하는 것에 반대해 제주도에서 남조선노동당 지도로 무장봉기가 일어났다. 국
    방경비대가 진압했고 7년여 동안 투쟁한 끝에 제주도민 약 8만 명이 학살당했다. 학살을 피
    해 오사카 등 일본으로 밀항한 사람이 많았다.

4   오복덕 인터뷰는 노트에 쓴 기록을 중심으로 필자가 재구성했으므로 여기 인용과 실제 '말하
    기'는 차이가 있다.

5   박인석의 말은 노트에 쓴 기록을 중심으로 필자가 재구성했다.

6   '아마도 읽기'는 '아마도 이런저런 뜻이겠지' 하고 어림잡아 읽는 걸 가리킨다.

7   박인석이 본 프로그램은 덴노지 야간중학교가 막 만들어지고 방영한 〈안녕하세요, 내 아내〉
    다. 이 방송은 영향력이 커서 우연히 이 방송을 보고 덴노지 야간중학교에 입학한 사람도 적
    지 않았다.

8   신윤정의 말은 노트에 쓴 기록을 중심으로 필자가 재구성했다.

9   가부장제(patriarchy)는 ①가장인 남성이 강력한 권력을 가지고 가족 구성원을 지배하는
    형태, ②남성이 여성을 지배, 억압, 차별한다는 두 가지 뜻이 있다. 하지만 페미니즘 운동과
    연구는 오로지 ②의 뜻으로만 사용한다. 《사회학 소사전》(신판, 1997).

10 임용길의 말은 노트에 쓴 기록을 중심으로 필자가 재구성했다.

11 이 여성의 말은 노트에 쓴 기록을 중심으로 필자가 재구성했다.

12 재일외국인 고령자 급부금 제도. 일본 국민연금 제도는 노령기초연금을 재일외국인 고령자
    에게 지급하지 않는다. 그 대신 매달 10만 원을 지급한다.

13 여기서는 옷에 단추를 달거나 옷단을 다듬는 일을 말한다.

14 진순남의 말은 노트에 쓴 기록을 중심으로 필자가 재구성했다.

15 이거련의 생애담은 노트에 쓴 기록을 중심으로 필자가 재구성했다.

16 제주도는 농업 외에도 해산물 무역이 활발해 여성은 해녀로 일하며 일정한 경제력을 가질 수
    있었다. 하지만 유교 질서가 강한 육지의 관료와 지식 계급은 여성이 경제활동을 하고 공적

영역에 진출하는 것을 '이상한 풍습'이라고 했다. '삼다도'(돌, 바람, 여성이 많음)라는 말에서 오늘날까지 제주도 사회와 문화에 대한 편견과 차별적 시선이 있음을 알 수 있다.

4장

1　이를테면 아침 이른 시간에 두세 명에서 열 명 정도의 재일조선인 여성이 모여서 이야기를 나누거나 운동을 한다. 오후에는 재일조선인 남성이 모여 장기나 바둑을 두는 모습이 보인다.

2　《제23회 전국 야간중학교 연구대회 대회기록》, 1977.

3　파울루 프레이리는 생전에 오사카 세계문해의해 기념 캠페인(1989년)에서 강연을 했고 오사카 지역의 야간중학교와 부락 해방운동의 문해 교육 관계자와 교류를 했다(세계문해의해 추진동오사카연락회 1990).

4　벨 훅스는 프레이리가 목소리를 빼앗긴 사람들의 존엄성, 억압받은 사람들의 주체성에 주목했다고 높이 평가하는 한편, 성차에 따라 착취가 다른 양상을 띠고 여성 억압이 있는 현실에는 둔감하다고 비판했다(hooks 1994).

5　조에 야간중학교 교사 인터뷰(2001년 11월, 2005년 1월), 다이헤지 야간중학교 책임자 인터뷰(2003년 3월).

6　본인 확인을 위한 외국인등록증명서. 주민기본대장법은 일본 국적이 없는 사람에겐 적용되지 않았다. 일본에 거주하는 외국 국적 주민은 신분을 증명하는 공문서로 보통 외국인등록원표 기재사항증명서를 썼다. 본문에서는 줄임말 '주민표'라 쓴다. 외국 국적 주민을 일본인과 마찬가지로 주민기본대장법의 적용 대상에 포함하는 출입국관리법 개정이 2009년 국회에서 통과돼 2012년부터 시행됐다.

7　민족 이름은 1970년대 이후 주로 재일조선인 거주지 근처 공립학교에서 어린이와 학생에게 민족 교육의 일환으로 쓰기 시작했다. 일본인 교사가 민족 이름을 사용하도록 지시하면 학생은 그에 따를 수밖에 없다며 비대칭 권력 관계가 문제라는 견해도 있다.

8　야간중학교 교사 인터뷰(2005년 1월).

9　《어른 중학생》 7, 1994, 86~88쪽.

10　《어른 중학생(창립 30주년 기념문집)》, 2002, 6~11쪽.

11　반면 "글자 배우러 왔지 쓸데없는 작문 하러 오지 않았다", "일반 중학교 학생과 똑같이 배우는 게 좋다", "생활사를 써봤자 일본인 선생이 무엇을 알겠는가"라며 반발을 느끼는 사람도 있었다. 그 배경에는 일본 사회에서 교육을 받지 못한 사람들의 마땅한 원망과 마음의 상처가 있다고 할 수 있다. 다이헤지 야간중학교 책임자 인터뷰(2003년 3월).

12　재일조선인 여성은 목소리를 내기 힘든 상황에서도 1인칭으로 말하는 독특한 '신세타령' 형식으로 스스로를 드러냈다. 하지만 신세타령은 기본적으로 사적 공간에서 하는 개인적 이야기라 불만을 일시적으로 표출하는 데 그치는 한계가 있다.

13　《포스트모던 사전》에 따르면 서발턴이란 하위의, 또는 종속적이란 뜻이며 주변성(marginality) 개념과 밀접한 관련이 있다. 서발턴 주체는 인종, 계급, 성별에서 '중심'에 있는 권위에서 떨어진 주변화되고 종속된 위치에 있는 존재다. 《포스트모던 사전》, 2001,

129~130쪽. '서발턴 여성'의 정의는 서문 2절 4항을 참조하라.

14 한 야간중학교 교사는, 민족 조직에는 재일조선인 여성이 야간중학교에서 공부하고 '지배자
의 언어'인 일본어를 배우면 '동화된다'고 비판하는 견해가 있다고 말했다. 이 견해는 후세대
재일조선인 어린이와 학생이 민족학교가 아니라 일본 학교에서 교육을 받는 걸 비판하는 견
해와 같다. 하지만 중노년이 되어 글자를 배우는 여성은 일본에서 태어나고 자란 후세대와
달리, 일본으로 오기 전 조선 사회에서도 여성이기 때문에 모어를 배우지 못했다. 따라서 이
견해는 초점이 어긋난다.

15 오사카 거주지는 제주도에서 온 사람이 많아 야간중학교에서도 '제주도 사람'과 '육지 사람'
으로 나뉘어 학생들 사이에 긴장이 생길 때가 있다. 또 총련계와 민단계 사이에서도 충돌이
있다. 하지만 모두 일시적 감정이다. 다이헤지 야간중학교 독립운동에서는 일본인과 조선인
구분, 출신 지역 구분보다도 운동 방침을 두고 심각한 대립을 할 때가 많았다고 한다.

16 이 여성이 열심히 조직 활동을 한 배경에는 분단으로 인한 가족 이산이 있다. 제주 4.3항쟁
에서 민간인 학살을 피하기 위해 22세 때 제주도에서 일본으로 온 이 여성은 같은 가치관을
가진 재일조선인 남성과 만나 생활했다. 아이도 있었지만 조선에 사는 파트너 남성의 아내가
일본으로 오면 관계가 끝났다. 홀로 육아를 하다가 1960년대에 파트너 남성 가족이 북한으
로 귀국할 때 민족 차별이 없는 조국이 아이의 장래에 좋을 것이라고 생각해 아이를 남편 가
족에게 맡겼다. 이 여성은 법적 '아내'가 아니었기 때문에 동반 가족으로 북한에 함께 갈 수
없어 혼자 일본에 남았다. 일본에서 적극적으로 총련 활동을 했지만 조직에 공헌하기보다는
아이가 있는 북한에 쉽게 갈 수 있기 때문이라고 말했다.

17 연구 대상자 중에는 총련과 민단 양쪽에 기부를 하는 사람도 있었다. 보통 대한민국을 지지
하면 민단, 조선민주주의인민공화국을 지지하면 총련이라고 생각하기 쉽지만 반드시 그렇
지는 않다. 주거지에서는 서로 다 아는 사이일 때도 많다.

18 동오사카시 교직원조합 집행위원장 인터뷰(2005년 1월).

19 서론에서 주체를 어떻게 정의하는지 말했듯이, 알튀세르는 주체를 이론화할 때 '호
명'(interpellation)이란 개념을 사용한다. 이 개념에 따르면 경찰이 "어이, 거기 당신" 하
고 불렀을 때 개인은 뒤돌아보면서 호명한 사람과 자기를 동일시하고, 권력에 복종하는 주체
가 된다(Althusser 1970). 알튀세르 주체 이론은 이시즈카 미치코의 도움을 받았다.

20 우리학교는 '우리의 학교'를 뜻하는 조선어이다. 우리학교는 일본 교육기관과 구별해 민족
학교를 지칭할 때가 많지만 박윤경은 글자 그대로 '우리(재일조선인 여성)가 공부하는 학교'
라는 뜻에서 한 말이라 생각한다.

21 야간중학교 독립운동에 혐오감을 보인 사람은 지역 일본인뿐 아니라 재일조선인도 있었다.
동포에게서 "공부만 하면 되지 꼴사납다. 일본인 선생님이 부추기고 있네"라는 말을 들은 사
람도 있었다.

22 다이헤지야간중학교학생회, 조에야간중학교학생회, 조에·다이헤지야간중학교동창회,《다
이헤지 야간중학교 독립을 염원하는 모임》, 2001, 57쪽.

23 '쪽바리'는 조선어로 '돼지의 발'이란 뜻으로, 발가락이 엄지발가락과 나머지로 나뉜 일본식
버선에서 유래한다. 조선인이 일본인을 멸시를 담아 지칭할 때 쓴다. '쪽바리' 앞에 '반'이 붙
으면 '반일본인'이란 뜻이 되고 재일조선인, 특히 2세 이후의 세대를 멸시할 때 쓰기도 한다.

24 '암탉이 울면 집안이 망한다'는 조선 속담과 관련지어 한 말이다. 다이헤지 야간중학교 책임

25 민족학급이란 오사카 등 관서 지역을 중심으로 공립학교에 설치한 과외 수업을 말한다. 한
    국·조선에 뿌리가 있는 어린이들이 서로 만나고 조선의 말과 문화를 배운다.

26 《아사히신문》,《마이니치신문》,《산케이신문》등 주요 신문과 마찬가지로《통일일보》도 기
    사를 실었다.

27 가시와자키는 지방자치단체가 외국인 정책의 슬로건으로 쓰는 '국제화'를 살펴본다. '일본
    인'과 '외국인'의 관계가 기본인 '국제화'는 재일조선인이 일본에 사는 대표적 외국인이었을
    때는 수용하기 쉬운 슬로건이었지만 이분법적인 시각이라는 한계가 있다고 지적한다. 그보
    다는 '여러 나라에서 왔고 여러 문화를 가진 사람들'이 주민을 이룬다는 시점이 있는 다문화
    공생이 정책 이념으로 적합하다고 말한다(가시와자키 2002a).

28 한일문제를생각하는동오사카시민회의 당시 대표인 고다 사토루 인터뷰(2002년 3월) 및
    단체 홈페이지.

29 법무성 입국관리국 등록 외국인 수 통계표 [국적(출신지)·재류자격(재류목적)별 외국인
    등록자]. 2011년 12월 1일 다운로드. http://www.e-stat.go.jp/SGI/estat/List.
    do?lid=000001074828/

30 제7회 동오사카 국제교류 페스티벌(2002) 팸플릿 및 한일문제를생각하는동오사카시민회
    홈페이지 참조.

31 심은 시민권을 지위, 실천, 정체성으로 규정하며 두 차원으로 나눈다. 즉 국가와 개인 사이의
    권리와 의무 관계라는 수직 차원과, 자발적 결사와 사회운동 및 의식을 가리키는 수평 차원
    이다. 재일조선인 여성이 펼친 운동은 후자의 수평 차원과 관련이 있고, 실천과 정체성으로
    규정할 수 있는 시민권을 형성했다.

32 조에 야간중학교 교사와 우리서당 교사 인터뷰(2001년 11월, 2005년 1월).

33 2003년 3월에 지역 중학생을 상대로 한 '종합 학습시간' 수업(이쿠노구 재일한국기독교회
    관), 또 데이하우스 사랑방에 고등학생들이 방문했을 때 했던 참여관찰에서.

34 NHK〈ETV 특집 비극의 제주도 '4.3 사건' 재일코리안의 기억〉2009년 1월 3일 방영.
    NHK〈NHK스페셜 일본과 한반도 시리즈 4편 해방과 분단: 재일코리안의 전후〉2010년 7
    월 25일 방영.

5장

1   20세기 이후 프랑스는 공업이 발달했으나 노동자가 부족했다. 경제성장 시기에는 육체노동
    자를 확충하기 위해 비서구권, 특히 과거 식민지 사람들을 대량으로 받아들였다. 그래서 아
    프리카 북부와 사하라 사막 남부 아프리카에서 온 이주자가 프랑스 인구 상당수를 차지하게
    됐다. 석유파동으로 경기가 나빠져 노동자 수입을 정지했지만, 이미 프랑스에 입국한 이주자
    가족은 예외적으로 이주가 인정됐다. 프랑스의 이주여성 대부분은 먼저 프랑스에 간 남성의
    가족으로 프랑스에 입국한다. 이들은 남성 이주자로 이루어진 이주자 공동체의 구성을 변화
    시키고, 프랑스의 새로운 가족 형성과 이주자 사회의 발전에 크게 기여한다.

2   2005년 인구조사에서 일본 노인 인구는 총인구의 20.1%였다.

3 재일조선인은 외국 국적이기 때문에 가입 조건에 국적 조항이 없는 피고용인 연금에는 가입
할 수 있었으나 국적 조항이 있는 국민연금 제도에는 1982년까지 가입할 수 없었다. 재일조
선인은 1952년 샌프란시스코 평화조약으로 일본 국적을 상실했다. 1959년에 성립한 국민
연금법으로 1961년에 보험료를 징수했을 때, 가입 자격은 '일본 국내에 주소가 있는 20세
이상 60세 미만의 일본 국민'이었다. 이 국적 조항으로 국민연금 제도에서 완전히 배제됐다.
그 후 1982년 일본 정부가 난민조약을 비준하면서 외국인 평등 원칙에 따라 국적 조항을 철
폐했다. 하지만 그 후에도 1982년 1월 1일 시점에서 60세 이상인 재일 외국인은 가입이 불
가능했다. 또 이 시점에 60세 미만인 재일 외국인도 35세를 초과한 경우는 60세가 될 때까
지 25년간 수급 자격이 없었고 사실상 국민연금 제도에서 배제됐다.

4 예를 들면 엑스레이를 촬영할 때 '똑바로 눕다'나 '심호흡' 같은 말을 못 알아들었고, 그동안
차별을 겪었으므로 일본인한테 '무시당하고 싶지 않아' 몰라도 아는 척했다. 〈복지 현장에
서 본 재일코리안 고령자 복지의 현황과 이후〉,《계간 Sai》제29호, 1998. 또 개호 인정 여
부 조사에서 일본어를 몰라 '네'라고 대답해, 개호 필요 여부가 낮게 인정됐다는 보고도 있다.
〈고령자에 대한 인권 의식이 높아지길〉,《계간 Sai》제35호, 2000.

5 예를 들어 '사랑방'(손님 방), '안방'(여성의 거처), '바다', '우리집', '고려 클럽', '에루화'(흥을
돋우는 추임새), '산 보람', '도라지'(조선 민요) 등이다.

6 이를테면 1세 여성이 엄하면 운영진은 '시어머니라면 무서울 것 같다'고 느낀다고 한다. 하
지만 아주 가깝지도 않고 아주 멀지도 않은 관계이기 때문에 오히려 그것을 힘겨운 시대를
살아온 1세, 2세 여성의 '몸에 밴 일부분'으로 받아들일 수 있었다고 한다.

7 재일조선인에게 제사가 민족문화로서 가지는 중요성은 '재일동포에게 제사란: 조상을 공경
하는 마음으로 가족이 모두 모이는 대행사'라는 제목을 단 다음의 기사를 참고하면 알 수 있
다. "재일동포 사회에서 제사는 세대 교체와 핵가족화와 더불어 합리적으로 변했다. 하지
만 아무리 형태가 바뀌어도 조상을 공경하는 재일동포의 마음만은 변함이 없는 것 같다. 2
세 이후의 세대에게 제사는 의무감 이상이다. 시공간을 넘은 문화적 혈통을 확인하는 장이
다"(《민단신문》, 1999.2.10). 이 기사에 따르면 재일조선인이 찍은 비디오 〈제사·민족의
염원〉(오덕수 감독, 1989년, 재일문화를기록하는모임 제작)는 1,000개 이상이 팔렸다. 최
영번(2001)은 재일조선인 사회의 '제사'를 소수민족의 문화로 다루며, 남존여비를 두고 벌
어지는 갈등을 재일조선인 남성의 시각으로 썼다.

6장

1 강우자, 〈염원하는 사회에 부쳐〉,《다이헤지 야간중학교 독립을 염원하는 모임》, 2001, 8
쪽.

2 실제로 야간중학교에서 공부하는 재일조선인 여성을 가리켜 '엘리트 아주머니'라고 부르는
걸 들은 적이 있다. 기본적으로 중노년 재일조선인 여성이 문해 능력이 있는 것은 특별한 경우고,
여성은 역사적으로 문해에서 배제됐음을 시사한다.

줄임말

다이헤지 야간중학교 - 동오사카 시립 다이헤지 중학교 야간학급
독서회 - 조선여성사독서회
민단 - 재일본대한민국민단
민촉협 - 민족교육촉진협의회
민투련 - 민족차별과투쟁하는연락협의회
부인회 - 재일본대한민국부인회
여성넷 - '일본군위안부'피해자문제우리여성네트워크
여성동맹 - 재일본조선민주여성동맹
여성회 - 재일한국민주여성회
정대협 - 한국정신대문제대책협의회
조련 - 재일본조선인연맹
조에 야간중학교 - 동오사카 시립 조에 중학교 야간학급
총련 - 재일본조선인총연합회
학생회 연합회 - 긴키야간중학교학생회연합회
한일시민회 - 한일문제를생각하는동오사카시민회
한청 - 재일한국청년동맹
한통련 - 재일한국민주통일연합
해방동맹 - 부락해방동맹

그림, 표, 사진, 권말 자료 목록

자료

産経新聞　夕刊　〈第三種郵便物認可〉

夜間中学 あふれる生徒

東大阪・長栄中 昼間を上回る400人

「部活」など支障

学校側 早急な分離増設要望

夜間中学としては全国一の生徒数を誇る東大阪市立長栄中学・夜間学級（同市長栄寺、門永武夫校長）で今年の在籍者が四百人を突破し、昼間の中学を上回る前代未聞の逆転現象が起きている。高齢者が大半で、三年間では教育課程を終えることができない「留年者」が多いのが原因。このため共用する運動場の使用時間が重なって昼間の中学のクラブ活動が十分に行えないなど、双方の学校運営にも支障が出始めた。学校側では夜間学級の分離増設を求める要望書を市教委に出しており、共に学び合う教育現場の在り方をめぐって行政側がどのように対応するかが注目されている。

長栄中学の夜間学級は昭和四十七年に、当時の増設要求運動を受けて、大阪府下で三校目の夜間中学として開校した。

生徒数が増え始めたのは約十年前から。特に六十二年以降は、夜間中学のない大阪・生野区などからの通学者が急増。平成元年に三百九十人、二年には三百九十七人、そして今年の在籍者が四百四人となり、開校以来初めて昼間の生徒（三百八十五人）を上回った。

生徒は戦争や経済的な理由などで義務教育を受けられなかった在日韓国・朝鮮人が中心で、平均年齢も四十歳以上と高齢。日常の読み書きが不自由な人もおり、三年間ではすんなりと卒業レベルまで到達できないケースが目立つ。

このため毎年「留年者」が続出、一、二年生に比べて三年の在籍者が二百六十人と圧倒的に多く、生徒数増加の一因にもなっている。

現在、夜間学級で正式に認められているのは九クラスだが、生徒数が増えたため運動場の一角に新たにプレハブ教室をつくり、計十教室で午後五時四十分から同八時まで授業が行われている。

ところが、運動場を使う体育の授業が昼間の生徒の放課後のクラブ活動の時間帯と重なるため、学校側では午後六時までに活動を打ち切るようクラブの顧問に指示。他校に比べてグラウンドも狭く、サッカー部と野球部は生徒同士の混乱を招かないよう曜日交代でグラウンドを使用している状態。

また、体育館のPTAの会合が夜間学級の体育の授業とぶつかるなど、双方の学校運営にさまざまな支障が出ている。

事態を重視した学校側では、今月初めに門永校長とPTA会長連名で夜間学級の分離増設などを求める要望書を市教委に提出、「一刻も早い実現」を訴えた。

今回の要望書について、門永校長は「学びを求める夜間の生徒の姿は、昼間の生徒にも大きな感動を与えている。生徒同士の交流会を定期的に行ってきたのもそのためだ。生徒数が飽和状態に達したいま、両者の共存のためにも、新たな増設を求めていく以外にない」。

これに対し市教委も「学校の許容態勢は既に限界。府教委とは事務レベルでの交渉を続けているが、今後もいっそうの働きかけを強化していきたい」と話している。

生徒数が増え続ける東大阪市立長栄中学の夜間学級。教室はいつも満杯状態だ＝東大阪市長栄寺12で

大阪府教委の小川修一・指導第2課長の話　「今月下旬に非公式に勉強会を発足し、今後の課題を検討していく。しかし、いまの段階では、増設についての判断は早急に出すことはできない」

자료1　조에 야간중학교 학생이 증가한 문제를 보도한 기사
(오사카《산케이신문》1992년 6월 11일)

「教室、教員増やして」

夜間学級生40人座り込み

東大阪 長栄中　分教室は160人に3クラス

増教室などを求めて座り込む長栄中夜間学級の生徒たち＝東大阪市荒川3の同市教委前で

東大阪市立長栄中夜（間学級生徒会と同学級太平寺分教室生徒会の約四十人）は四日、教室や教員数の不足解消などを求め、同市荒川の市教委玄関前で座り込みを行った。

生徒たちは、午前八時半から午後四時まで「教室をふやして」などと書かれたゼッケンを胸に付け、市教委前に陣取った。生徒たちは、戦争や経済的な理由で義務教育を受けられなかった在日韓国・朝鮮人が中心で、六割以上が六十歳以上。

生徒の一人で同市内に住む女性（82）は「分教室は生徒が百六十人以上いるのに教室は三つだけ。市教委はもっと私たちの要望を聞いてほしい」と訴えながら、通行人にビラを配布した。

両生徒会は今年九月、太平寺分教室の独立校化や教員増などを要望するため、新庄孝臣・同市教育長に面会を申し込んだ。しかし、市教委側が「生徒と直接交

渉はできない」と拒否したことなどから、座り込みに踏み切ったという。

同市教委は、夜間学級としては全国最大規模となった同学級の生徒数の適正化を図るため、今春から入学資格を同市内在住・在勤者に制限し、市立太平寺中に分教室を設置。しかし、今年、新たに資格のある七

十三人が入学し、生徒数が増加したため、教室の過密化は十分解消できなかったという。生徒たちは今月七日まで座り込みを続ける予定。

上田耕作・東大阪市教委学校教育部長の話　市教委としても、大阪府教委に分教室の独立校化や教員の増加を要望するなど努力を続けている。

자료2　분교 교실을 독립학교로 만들 것을 요구하는 운동을 보도한 기사①
(오사카《마이니치신문》 1993년 10월 5일)

朝　日　新　聞

東大阪市
太平寺中

夜間学級の教室増やして
生徒の主婦ら座り込み

東大阪市立太平寺中の夜間学級の生徒たちが、「教室の増設」などを求め、同市教委前で座り込みを続けている。同中学の夜間学級は今春、市立栄中の夜間学級の在籍者が増え過ぎたため、分校室として開設されたばかり。が、相次ぐ新入生で分教室も手狭となり、生徒たちが改善要求に立ち上がった。市教委では「学校のスペース上、増設は難しい」としており、解決の糸口は当面見つかりそうにない。

分教室は、長栄中の夜間学級が昨年度末不足で約三百八十人（九クラス）と全国一の規模に膨れ上がり、昼間の生徒の放課後のクラブ活動に支障が出るなどしたため、四月に太平寺中に設けられた。空き教室三部屋を利用し、約百二十人が通う。

ところが、分教室にも新入生が相次ぎ、七月までに約四十人増加して約百六十人に。教室が手狭になったうえ、先生五人も対応に追われ、先生一人の面倒で「ちゃんと勉強できない」との不満が募っていた。

改善を求めて夜間学級の生徒会が八月ごろ、市教委に手紙を出したり、交渉を要請したりしたが、限られた校のスペースは、増設は難しいとしている。このため生徒らは五十人が今月四日、連日九時間の抗議の「座り込み」に入った。

しかし、市教委は「新入生の数が当初の予想をこえるかに回えた。太平寺中にはもう空き教室はなく、これ以上クラスを増やせない。先生の増員は府教委が決める」と中断。同日午後、生徒を支援する市民グループ「国際識字年推進東大阪連絡会」と市教委との話し合いを見守る。

や経済的な理由で、教育を受けられなかった在日韓国・朝鮮人の高齢者が中心。日本語の読み書きなどを学んでいる。

夜間学級の生徒は、戦争

教室の増設などを求めて市教委前に座り込む
夜間学級の生徒ら　＝東大阪市荒川３丁目で

자료3
분교 교실을 독립학교로
만들 것을 요구하는
운동을 보도한 기사②
（오사카《아사히신문》
1993년 10월 5일）

자료4   다이헤지 야간중학교 독립운동 관련 연표

1947년	• 오사카 시립 이쿠노 제2중학교에 처음으로 야간중학교 '석간학급'을 개설하다.
1948년	• 한신교육투쟁
1949년	• 동오사카시 다이헤지 중학교에 야간중학교를 개설하다. (1949~1959년 3월까지)
1967년	• 야간중학교가 23개로 감소. 다카노 마사오가 야간중학교 증설 운동을 시작하다.
1969년	• 증설 운동으로 오사카 시립 덴노지 중학교에 야간학급을 개설하다.
1972년	• 동오사카 시립 조에 중학교 야간학급을 개설하다.
1979년	• 조선어 수업 개시
1990년	• 세계문해의해. 야간중학교, 동오사카시 교직원조합, 헤비쿠사·아라모토 문해학급을 모체로 세계문해의해추진동오사카연락회가 결성되다. 동오사카시 남서부에 야간중학교를 증설할 것을 오사카부 교육위원회에 요구하다.
1991년	• 동오사카시 의회에서 조에 야간중학교의 분리 및 증설 문제를 다루다. • 오사카부 지방의원 3명이 조에 야간중학교를 견학하다.
1992년	• 동오사카시 교육위원회와 오사카부 교육위원회에 야간중학교 신설 요청서를 제출하다. • 오사카《산케이신문》이 조에 야간중학교에서 학생 수가 증가했다고 보도하다. 학부모교사연합회에서 학교 분리와 증설을 요구하다.
1993년	• 시 교육위원회가 다이헤지 분교 교실을 설치하여 학교 규모를 적절히 조정하고 시 외부자의 입학을 제한하겠다는 방침을 결정하다. • 4월에 다이헤지 중학교 안에 조에 야간중학교 분교 교실을 설치하다. (약 180명, 3교실) • 학생회가 분교 교실을 독립학교로 만들기 위해 활동 방침을 발표하다. • 긴키야간중학교학생회연합회와 오사카부 교육위원회가 대화하다. • 오사카부 교육위원회가 수업 이수 기간을 최대 6년으로 정하고 입학 시기를 4월로 정하다. 그 외 제적 조건, 중학교 교육과정 등 중학교 교육제도에 따라 규정을 강화(협상 후에는 수정)하다. 학생회가 시 교육위원회를 연속 방문하고 그 앞에서 집회를 열다. • 동오사카시 교육위원회 앞에서 나흘 동안 농성을 하며 독립학교를 요구하다. (10월 4~7일)

1993년	• 시립 노동회관에서 세계문해의해추진동오사카연락회와 시 교육위원회가 협상하다. 야간학급 학생 총 200명이 모여 독립학교화, 분교 교실 증설 등을 요구하다. 시 교육위원회는 이에 대해 오사카부 교육위원회에 독립교화를 신청하겠다고 답하다. • 학생회와 긴키야간중학교학생회연합회가 약 5만 명의 서명을 모아 오사카부 교육위원회에 요청서를 제출하다. • 조에 야간중학교와 다이헤지 분교 교실이 '동오사카 야간중학교 페스티벌'을 개최하다.
1994년	• 오사카부 교육위원회가 '수업 이수 기간 9년'을 제시하다. 학생회 및 긴키야간중학교학생회연합회가 항의하다. 이 엄격한 규정 때문에 55명의 학생이 조에 야간중학교를 할 수 없이 졸업하다. • 약 40명의 졸업생이 자주 학습기관 '우리서당'을 만들다. • 우리서당 학생에게 오사카시 교통국 직원이 차별발언을 한 사건이 일어나다. • 우리서당 학생에게 차별발언을 한 사건에 대해 오사카시 교통국이 사죄하다.
1995년	• 시 교육위원회가 학생회와 협상하는 장에서 '동오사카시에 야간중학교는 2개씩이나 필요하지 않다'고 말하다. 학생회가 서명운동을 시작하다. • 시 교육위원회와 세계문해의해추진동오사카연락회가 협상하는 자리에서 연락회 측이 졸업을 거부하겠다고 항의를 표시하다. • 1995~1998년 4년 동안 학생회가 졸업식을 거부하다.
1996년	• 분교에 교실이 1개 늘다. • '새 교과과정' 책정. (자기 역사 쓰기 생애사 창조, 사회적 위치 인식, 정체성 확인이 학습 목표) • 1996~1997년에 걸쳐 학생회가 지역사회에서 야간중학교 독립 문제를 설득하고자 6,000명의 서명을 모으다.
1997년	• 히가시이쿠노 야간중학교 개교. • 야간중학교 학생회 연합회가 서명운동을 벌이고 이를 시 교육위원회에 제출하다. • 다이헤지 야간중학교 학생회 및 조에 야간중학교 학생회가 시 교육위원회에 항의문을 제출하다. • 다이헤지 분교 교실 학생회가 시 교육위원회에 요청서를 제출하다. • 긴키야간중학교학생회연합회가 서명운동을 벌이고 이를 시 교육위원회에 제출하다. • 시 교육위원회와 세계문해의해추진동오사카연락회가 대화하다.

1998년	• 조에 야간중학교에서 우리서당의 시민 강좌를 열다. • 세계문해의해추진동오사카연락회와 협상하면서 시 교육위원회가 분교를 독립학교화하겠다는 의욕을 표명하다.
1999년	• 학생회가 졸업거부를 그만두고 시민회관에서 졸업식을 열다. 동창회를 결성하다. • 학생회가 긴키야간중학교학생회연합회와 역할 분담을 해 시 교육위원회 및 오사카부 교육위원회와 협상을 시도하다. • 민족교육촉진협의회가 부락해방오사카부민공동투쟁회의와 함께 오사카부 교육위원회와 협상하다. • 세계문해의해추진동오사카연락회와 시 교육위원회가 협상하다.
2000년	• 긴키야간중학교학생회연합회와 오사카부 교육위원회가 협상하다. • 시 교육위원회가 다이헤지 분교 학생이 모인 집회에서 '2001년 4월에 개교하도록 노력하겠다'고 말하다. • 세계문해의해추진동오사카연락회와 시 교육위원회가 협상하다. • 민족교육촉진협의회가 부락해방오사카부민공동투쟁회의와 함께 오사카부 교육위원회와 협상하다.
2001년	• 야간중학교 학생회 연합회와 오사카부 교육위원회가 대화하다. • 조에 야간중학교 및 다이헤지 야간중학교 졸업식에서 시 교육위원회가 4월에 다이헤지 야간중학교를 개설하겠다고 보고하다. • 다이헤지 야간중학교 개교. • 데이하우스 '사랑방' 개설.
2002년	• 데이하우스 '안방' 개설. • 우리서당 여성들이 모리구치 야간중학교와 조에 야간중학교 학생과 함께 한국 안양시 문해 교육기관 시민대학을 방문하다.
2005년	• 우리서당이 NPO 법인이 되다.
2007년	• 데이서비스 '사랑방' 개설. • 우리서당이 서울 일본대사관 앞에서 열리는 일본군 '위안부' 문제 해결을 요구하는 집회(수요시위)를 주관하다.

＊ 다이헤지야간중학교학생회, 조에야간중학교학생회, 조에·다이헤지야간중학교동창회(2001), 조에 야간중학교(2002) 관계자 인터뷰를 토대로 필자가 작성.

동오사카시 교육위원회　　　　　　　　　　　　　　　　　1997년 12월 14일
히요시 코우 교육장 귀하　　　　　　　　　　　　　다이헤지야간중학교학생회
　　　　　　　　　　　　　　　　　　　　　　　　　　　　회장 강우자
　　　　　　　　　　　　　　　　　　　　　　　　　조에야간중학교학생회
　　　　　　　　　　　　　　　　　　　　　　　　　　　　회장 박인석

항 의 문

5년 전에 어느 날 갑자기 조에 중학교 야간학급에서 100여 명의 학생과 6명의 선생님이 조에 중학교 야간학급에 이별을 고하고 떠났습니다. 그때 느꼈던 외로움은 지금 생각해도 가슴이 먹먹합니다. '조에를 떠나고 싶지 않다', '납득할 수가 없어', '이제 학교 그만둬야겠다', '조에가 더 가까운데', '분교에 가고 싶지 않다', '왜 옮겨야 하지?', '이해를 할 수가 없어', '이런 바보 같은 일이 있나' 등등 누구도 분교로 옮겨야 하는 일을 납득할 수 없었습니다. 그리고 올해는 그 일이 있은 지 5년째가 됩니다.

기다리고 기다렸습니다. 다이헤지 야간중학교가 독립했다는 말을 듣기 위해 교실 의자에 앉았습니다. 우리는 격랑에 휩쓸리고 던져졌습니다. 그래도 우리는 죽지 않습니다.

이대로 포기할 수 없습니다. 가만히 침묵하고 있을 수도 없습니다. 다이헤지 독립이 없다면 졸업도 없습니다. 우리는 세상에서 흔히 말하듯 학교에 놀러 가거나 취미로 가는 게 아닙니다.

하물며 분교를 만들어달라고 한 번도 말한 적 없습니다. 대체 누구를 위해서 분교를 만든 겁니까. 말해주십시오.

조에에서 6학급으로 나누었던 학생을 3학급으로 나누어 배치한 것이 타당하다고 생각하지 않습니다. 그런 상황에서 학생이 불만을 표출할 줄을 교육 전문가인 시 교육위원회는 정녕 몰랐습니까. 분교에서 공부하는 학생은 인권이 없습니까. 독립은 곧 우리 학생의 목소리를 길어 올리는 것입니다. 이번에 하신 회답에 강하게 항의합니다.

자료5　　다이헤지 야간학급 학생회가 동오사카시 교육위원회에 보낸 항의문(1997년 12월 14일). 다이헤지야간중학교학생회, 조에야간중학교학생회, 조에·다이헤지야간중학교 동창회,《太平寺夜間中学校の独立を祝う会》, 58쪽에서 발췌.

다이헤지 독립선언

2001년 4월부터 우리 학교는 다이헤지 야간중학교로서 출발하게 됐습니다. 지난 8년 동안 괴로운 일도 많았습니다.

하지만 우리는 독립운동을 포기할 수 없었습니다. 우리에게 지난 8년은 결코 짧지 않았습니다. 우리는 왜 다이헤지 분교가 독립할 수 없는가를 매일 생각했습니다. 우리의 독립 요구가 잘못된 것일까. 아니면 독립을 요구하는 우리 목소리가 작은 것일까. 역시 행정기관이 잘못한 게 아닐까. 우리는 운동을 하면서 야간중학교에 대한 편견과 조선인 차별이 근본 문제임을 깨달았습니다.

야간중학교에서까지 차별하는 걸 용납하지 않습니다. 우리 자긍심이 허락지 않는다고 우리는 외쳤습니다. 이제 야간중학교에서 공부하게 됐습니다. 운동이 없었다면 불가능한 일이었습니다.

우리는 독립을 쟁취했습니다. 우리는 여기 모인 학생회 연합회와 함께 운동에서 승리한 것이 진심으로 자랑스럽고, 앞으로 다이헤지 야간중학교에서 가슴을 펴고 공부하고 싶습니다.

자료6   다이헤지 독립선언(2001년 4월). 다이헤지 야간중학교,
《文集〈おとなの中学生〉第2集》, 132쪽에서 발췌.

참고문헌

일본어 문헌

가시와자키 치카코

柏崎千佳子, 2002a, 〈国籍のあり方─文化的多様性の承認に向けて─〉, 近藤敦編, 《外国人の法的地位と人権擁護》(講座 グローバル化する日本と移民問題第2巻), 明石書店

柏崎千佳子, 2002b, 〈在住外国人の増加と自治体の対応──《国際化》を超えて〉, 毛受敏浩編, 《自治体変革の現実と政策》, 中央法規出版

가와노 유키오

川野幸男, 2007, 〈第3章 在日コリアンの高齢化とエスニシティ〉, 川村千鶴子・宣元錫編, 《異文化間介護と多文化共生─誰が介護を担うのか》, 明石書店, 28 - 47

가와세 슌지

川瀬俊治, 1978, 《夜間中学設立運動─奈良からの報告─》, たいまつ社

가지무라 히데키

梶村秀樹, 1993, 《在日朝鮮人論》, 明石書店

강영자

康玲子, 1995, 〈地道な外国人教育のとりくみを〉, 《在日のオモニはいま》, 全朝教ブックレット

康玲子, 2008, 《私には浅田先生がいた》, 三一書房

고마츠 히로시, 김영달, 야마와키 케이조

小松裕・金英達・山脇啓造, 1994, 《〈韓国併合〉前の在日朝鮮人》, 明石書店

구리하라 아키라, 테사 모리스 스즈키, 요시미 슌야

栗原・モーリス＝鈴木・吉見, 〈座談会グローバル化と多層な〈公共圏〉〉, 《思想》915号, 88-112

구하, 라나지트

グハ・ラナジット, 1998, 〈《サバルタン研究》第一巻への序文〉, 《サバルタンの歴史》(竹中千春訳), 岩波書店

김미선

金美善, 2008, 〈移民女性と識字問題について─夜間中学に学ぶ在日コリアン一世の識字戦略〉, 《ことばと社会》11号, 69-92

김부자

金富子, 2005, 《植民地期朝鮮の教育とジェンダー─就学と不就学をめぐる権力関係─》, 世織書房

金富子, 2009, 〈在日朝鮮人女性と日本軍〈慰安婦〉, 問題解決運動─一九九〇年代のヨソンネットの運動経験から〉, 《戦争と性》第28号, 100-111

김시종

金時鐘, 2001,〈さらされるものと、さらすものと―朝鮮語授業の一年半―〉,《〈在日〉
　　のはざまで》, 平凡社

김영

金栄, 2009,〈解放直後の女性同盟が目指した〈女性解放〉〉,《戦争と性》第28号, 112-
　　117

김영, 김부자

金栄・金富子, 1994,《第二次大戦(解放)直後の在日朝鮮人女性運動》(東京女性財団研
　　究活動女性研究報告書)

김영순

金英順, 1979,〈在日朝鮮人家庭の女たち〉,《女・エロス》13号, 129-132

김은실

金恩實, 2000,〈民族言説と女性―文化、権力、主体に関する批判的読み方のために
　　―〉(中野宣子訳),《思想》914号, 63－87(김은실, 1994,〈민족 담론과 여성-문화, 권
　　력, 주체에 관한 비판적 읽기를 위하여〉,《한국여성학》10호, 18~52쪽.)

김이사자

金伊佐子,1994,〈在日女性と解放運動―その創世記に―〉,井上輝子編,《リブとフェミ
　　ニズム》, 岩波書店

김찬정

金賛汀, 1982,《朝鮮人女工のうた―1930年岸和田紡績争議》, 岩波新書

김태영

金泰泳, 1999,《アイデンティティ・ポリティクスを 超えて―在日朝鮮人のエスニシテ
　　ィ》, 世界思想社

다나카 히로시

田中宏, 1995,《在日外国人―法の壁, 心の溝―(新版)》, 岩波新書

다치 카오루

館かおる, 1995,〈女性の参政権とジェンダー〉,《相関社会科学 2 ジェンダー》, 122-
　　140

다카노 마사오

髙野雅夫, 1993,《夜間中学生 タカノマサオ―武器になる文字とコトバを―》, 解放出
　　版社

도노무라 마사루

外村大, 2004,《在日朝鮮人社会の歴史学的研究―形成・構造・変容》, 緑蔭書房

모리타 요시오

森田芳夫, 1996,《数字が語る在日韓国・朝鮮人の歴史》, 明石書店

모토하시 테츠야

本橋哲也, 2005,《ポストコロニアリズム》, 岩波新書

무네카게 타다시

宗景正, 2005,《夜間中学の在日外国人》, 高文研

문옥표

文玉杓, 1997,〈現代韓国女性の生活における儒教の影響〉(井上和枝訳), アジア女性史

国際シンポジウム実行委員会編, 《アジア女性史》, 明石書店

미즈우치 토시오
水内俊雄, 2005a, 〈マイノリティ/周縁からみた戦後大阪の空間と社会〉, 《日本都市社会学会年報》, 23, 32-56
水内俊雄, 2005b, 〈戦後大阪の都市政治における社会的・空間的排除と包摂―部落民、在日コリアン、日雇労働者等との関連において―〉, 《歴史学研究》807, 129-140

민족이름되찾기모임
民族名をとりもどす会, 1990, 《族名をとりもどした日本籍朝鮮人―ウリ・イルム(私たちの名前)―》

박경식
朴慶植, 1989, 《解放後在日朝鮮人運動史》, 三一書房

박삼석
朴三石, 1997, 《日本のなかの朝鮮学校》, 朝鮮青年社

박일분
朴日粉, 2002, 《生きて、愛して、闘って―在日朝鮮人一世たちの物語―》, 朝鮮青年社

박일분 외
朴日粉ほか, 1977, 〈二世女性大いに語る〉, 《統一評論》147号

박화미
朴和美, 1993, 〈家族と女の自意識〉ほるもん文化編集委員会編《ほるもん文化 4 ―在日朝鮮人・揺れる家族模様―》, 新幹社, 56-66

사이토 준이치
齋藤純一, 2000, 《公共性》, 岩波書店(2009, 《민주적 공공성: 하버마스와 아렌트를 넘어서》, 윤대석, 류수연, 윤미란 옮김, 이음.)

사카모토 가즈에
坂本佳鶴恵, 2005, 《アイデンティティの権力―差別を語る主体は成立するか》, 新曜社

사토미 미노루
里見実, 2010, 《パウロ・フレイレ〈被抑圧者の教育学〉を読む》, 太郎次郎社エディタス

서아귀
徐阿貴, 2005a, 〈在日朝鮮女性による〈対抗的な公共圏〉の形成と主体構築―大阪における夜間中学校独立運動の事例から―〉, 《ジェンダー研究》8号, 113-128
徐阿貴, 2005b, 〈在日朝鮮女性の主体構築―〈慰安婦問題〉をめぐる運動から―〉 《F-GENSジャーナル》第4号, 93-101
徐阿貴, 2006, 《在日朝鮮女性による〈下位の対抗的な公共圏〉の形成―夜間中学、および〈慰安婦問題〉をめぐる運動事例から―》, お茶の水女子大学大学院人間文化研究科学位申請論文
徐阿貴, 2008, 〈在日朝鮮人女性にみる世代間の連帯とエスニシティ―東大阪におけるデイハウスの事例から―〉, 伊藤るり・足立眞理子編著, 《国際移動と〈連鎖するジェンダー〉―再生産領域のグローバル化》, 作品社

송부자

宋富子, 2007,《愛するとき奇跡は創られる―在日三代史―》, 三一書房

송연옥

宋連玉, 2002, 〈〈在日〉女性の戦後史〉,《環》第11号, 166-177

宋連玉, 2005, 〈在日朝鮮人女性とは誰か〉, 岩崎稔他編,《継続する植民地主義―ジェ
　　　ンダー/民族/人種/階級―》, 青弓社

宋連玉, 2009,《脱帝国のフェミニズムを求めて―朝鮮女性と植民地主義―》, 有志舎

스기하라 토오루

杉原達, 1996, 〈第三章 朝鮮人をめぐる対面＝言説空間の形成とその位相―一九三〇
　　　年代の大阪を中心に〉, 伊豫谷登士翁・杉原達編,《日本社会と移民》(講座外国人定
　　　住問題第一巻), 明石書店

杉原達, 1998,《越境する民―近代大阪の朝鮮人史研究》, 新幹社

심, 스튜어트

シム・スチュアート, 2000,《ポストモダン事典》(杉野健太郎他監訳), 松柏社

신숙옥, 조예호, 박화미, 정영혜

辛淑玉・曺誉戸・朴和美・鄭暎惠, 2000, 〈パネルデイスカッション在日〉女語り〉,《コリ
　　　アン・マイノリティ研究》第4号, 5-45

아사카와 아키히로

浅川晃広, 2003,《在日外国人と帰化制度》, 新幹社

야간중학교증설운동전국교류집회

夜間中学増設運動全国交流集会編, 1986,《ザ・夜間中学―文字を返せ、170万人の叫
　　　び―》, 開窓社

夜間中学増設運動全国交流集会編, 1994,《勉強がしたい学校がほしい―ザ・夜間中学
　　　校 ナンバー・2 あたりまえの権利を手にするためには闘うことが必要なのだ―》,
　　　宇多出版企画

夜間中学増設運動全国交流集会編, 1997,《新編 文字はいのちや、学校はたからや―
　　　学ぶ場をかちとるたたかい―》, 開窓社

야마와키 케이조

山脇啓造, 2001, 〈戦後日本の外国人政策と在日コリアンの社会運動―1970年代を中
　　　心に―〉, 梶田孝道.編《国際化とアイデンティティ》(講座・社会変動第7巻), ミネル
　　　ヴァ書房

야마와키 케이조, 가시와자키 치카코, 곤도 아츠시

山脇啓造・柏崎千佳子・近藤敦, 2003, 〈多民族国家日本の構想〉金子勝他編,《東アジア
　　　で生きよう！－経済構想・共生社会・歴史認識》, 岩波書店

양영지

梁霊芝, 1994, 〈国家・民族に翻弄されないひとりの人間として生きたい〉, アジア女性
　　　資料センター,《女たちの21世紀》第11号, 15-18

오구마 에이지

小熊英二, 1998,《〈日本人〉の境界―沖縄・アイヌ・台湾・朝鮮 植民地支配から復帰運動
　　　まで―》, 新曜社

오누마 야스아키, 서용달

大沼保昭・徐龍達, 2005,《在日韓国・朝鮮人と人権(新版)》, 有斐閣

요네야마 리사

米山リサ, 2003, 〈〈批判的多 文化主義〉の考え方〉, 《戦争・暴力・リドレス―多文化主義のポリティクス―》, 岩波書店

요시노 코사쿠

吉野耕作, 2005, 〈ネーションとナショナリズムの社会学〉梶田孝道編, 《新・国際社会学》, 名古屋大学出版会

우리학교를짓는모임

ウリハッキョをつづる会, 2001, 《朝鮮学校ってどんなとこ？》, 社会評論社

윤가자

尹嘉子, 1987, 〈〈在日〉女性の表現者たち〉, 《新日本文学》, 471, 84-93

이나토미 스스무

稲富進, 1988, 《ムグンファの香り》, 耀辞舎

稲富進, 1990, 《文字は空気だ―夜間中学とオモニたち―》, 耀辞舎

이순애

李順愛, 1977, 〈〈槿友会〉覚え書き〉, 《在日朝鮮人史研究》創刊号, 30－138

李順愛, 1978, 〈在日朝鮮女性運動(1915-26年)―女性留学生を中心として―〉, 《在日朝鮮人史研究》2号, 29－45

이와이 요시코

岩井好子, 1989, 《オモニの歌―四十八歳の夜間中学生―》, ちくま文庫

이와카미 마미

岩上真珠, 2003, 《ライフコースとジェンダーで読む家族》, 有斐閣

이토 루리

伊藤るり, 1995, 〈ジェンダー・階級・民族の相互関係〉, 井上俊ほか編, 《岩波講座現代社会学第11巻ジェンダーの社会学》, 岩波書店

伊藤るり, 1999, 〈フランスの移民統合と＜仲介する女性たち＞―社会・文化的仲介に関する予備的考察―〉, 《社会学研究科論集》, 6, 7－16

伊藤るり, 2000, 〈90年代フランスにおける移民統合政策と＜女性仲介者＞-地域の中で試されるフランス型統合〉, 《ヨーロッパ統合下の西欧諸国の移民と移民政策の調査研究》(文部省科学研究費補助金研究成果報告書), 143－159

이이효재

李効再, 1997, 〈韓国の家父長制と女性〉(梁澄子訳), アジア女性史国際シンポジウム実行委員会編, 《アジア女性史―比較史の試み》, 明石書店(〈한국 가부장제와 여성〉, 《여성과 사회》7호, 160~176쪽.)

일본 총무성 통계국

総務省統計, 2005, 《平成十七年国勢調査人口概要シリーズ6 労働状態、産業、職業別人口》

総務省統計局, 2005, 《平成十七年国勢調査報告 第7巻外国人に関する特別集計結果》

임지현

林志弦, 2000, 〈朝鮮半島の民族主義と権力の言説―比較史的問題提起〉(板垣竜太訳), 《現代思想》, 28―7, 126－144(〈한반도 민족주의와 권력 담론: 비교사적 문제제기〉, 《당대비평》10호, 183~208쪽.)

자야와르데나, 쿠마리

クマーリ・ジャヤワルダネ, 2006, 《近代アジアのフェミニズムとナショナリズム》(中村平治訳), 新水社

재일고령자조사위원회

在日高齢者調査委員会, 2004, 《在日コリアン高齢者生活実態調査報告書》

전국야간중학교연구회제51회대회실행위원회 全国夜間中学校研究会第51回大会実行委員会, 2005, 《夜間中学生―133人からのメッセージ》, 東方出版

정귀미

鄭貴美, 2003, 〈茶礼(祭事)の再現〉, 《ポラッピ》170号

정영혜

鄭暎惠, 1986, 〈〈家〉の解放と開かれる〈民族〉―反外国人登録法運動の展開から―〉, 《解放社会学研究》1号, 83-96.

鄭暎惠, 1993, 〈在日とイエ制度〉, ほるもん文化編集委員会編, 《ほるもん文化4―在日朝鮮人・揺れる家族模様―》, 新幹社, 41-55.

鄭暎惠, 1994, 〈開かれた家族に向かって―複合的アイデンティティと自己決定権―〉, 《女性学年報》第15号, 8-14.

鄭暎惠, 2003, 〈〈戦後〉つくられた植民地支配〉, 《〈民が代〉斉唱―アイデンティティ・国民国家・ジェンダー―》, 岩波書店

정장연

鄭章淵, 1995, 〈〈パックス・エコノミカ〉時代の到来と在日社会〉, 《季刊青丘》24号 62-69.

조한혜정

趙惠貞, 2002, 〈第2章 韓国の家父長制に関する解析的分析―生活世界を中心に―〉, 《韓国社会とジェンダー》(春木育美訳), 法政大学出版局 (《한국의 여성과 남성》2장 〈한국의 가부장제에 관한 해석적 분석: 생활 세계를 중심으로〉, 문학과지성사, 1999)

청춘학교사무국

青春学校事務局編, 2004, 《多文化共生のまちづくり―青春学校10年の実践から―》, 明石書店

최선희

崔善姫, 1990, 〈朝鮮女性として生きる道―民族の誇りを胸に―〉, 《統一評論》18号

최영번

崔栄繁, 2001, 〈チェサ(祭祀)は男女差別？(なんだろうな)〉, 《함께横浜だより》40号

하나다 다츠로

花田達朗, 1996, 《公共圏という名の社会空間―公共圏、メディア、市民社会―》, 木鐸社

하마시마 아키라, 다케우치 이쿠오, 이시카와 아키히로

濱嶋朗・竹内郁郎・石川晃弘編, 1996, 《社会学小辞典(新版)》, 有斐閣

하시모토 미유키

橋本みゆき, 2010, 《在日韓国・朝鮮人の親密圏―配偶者選択のストーリーから読む〈民族〉の現在》, 社会評論社

하야시 지로, 히가시무라 사치코

林二郎・東村幸子, 1994, 〈大阪の夜間中学 増設運動のうねり〉, 《教育評論》1994年2月号, 48-53

한동현

韓東賢, 2006, 《チマ・チョゴリ制服の民族誌—その誕生と朝鮮学校の女性たち—》, 双風舎

호르몬문화편집위원회

ほるもん文化編集委員会編, 1993, 《ほるもん文化4—在日朝鮮人・揺れる家族模様—》, 新幹社

홋카이도 우타리협회 삿포로지부, 부락해방동맹 중앙여성대책부, 아프로 여성실태조사 프로젝트, 반차별국제운동 일본위원회

北海道ウタリ協会札幌支部・部落解放同盟中央女性対策部・アプロ女性実態調査プロジェクト・反差別国際運動日本委員会編, 2007, 《立ち上がりつながるマイノリティ女性—アイヌ女性・部落女性・在日朝鮮女性によるアンケート調査報告と提言—》, 解放出版社

후쿠오카 야스노리

福岡安則, 1993, 《在日韓国・朝鮮人—若い世代のアイデンティティ—》, 中公新書

후쿠오카 야스노리, 김명수

福岡安則・金明秀, 1997, 《在日韓国人青年の生活と意識》, 東京大学出版会

후쿠오카 야스노리, 츠지야마 유키코

福岡安則・辻山ゆき子, 1991, 《ほんとうの私を求めて—〈在日〉二世三世の女性たち》, 新幹社

히구치 나오토

樋口直人, 2000, 〈外国人の政治参加〉, 《日欧移民政策における差異と収斂—ナショナル／ローカル・レベル、公的／私的領域—》, 立教大学国際シンポジウムプロシーディングス, 44-51

히구치 유이치

樋口雄一, 2002, 《日本の朝鮮・韓国人》, 同成社

영어 문헌

Akwi Seo, "Formation of Ethnic Identity through Elder Care: An Analysis of Korean Women's Inter-generational Solidarity in A Day Home in Osaka", Journal of Asian Women's Studies 17(Gender and Welfare), 2009, pp.17-30.

Alain Touraine et al., La prophétie anti-nucléaire, Paris: Seuil, 1980.

Alberto Melucci, Nomads of the Present: Social Movements and Individual Needs in Contemporary Society, Philadelphia: Temple University Press, 1989.

Anannya Bhattacharjee, "The Public/Private Mirage: Mapping Homes and Undomesticating Violence Work in the South Asian Immigrant Community", Jacqui Alexander and C. T. Mohanty eds., Feminist Genealogies, Colonial Legacies, Democratic Futures, New York/London: Routledge, 1997, pp.308-329.

Andrew M. Parker, Russo, D. Sommer and P. Yaeger, "Introduction", A. Parker et al. eds., Nationalisms and Sexualities, New York/London: Routledge, 1992, pp.1-18.

Bell Hooks, Feminist theory: from margin to center, South end Press, 1984. (벨 훅스, 《페미니즘》, 윤은진 옮김, 모티브북, 2010.)

Bell Hooks, Teaching to Transgress: Education as the Practice of Freedom, Routledge, 1994. (벨 훅스, 《벨 훅스, 경계 넘기를 가르치기》, 윤은진 옮김, 모티브북, 2008.)

Benedict Anderson, "Long-distance Nationalism", The Spectre of Comparison: Nationalism, Southeast Asia, and the World, London/New York: Verso, 1998.

Benedict Anderson, "The New World Disorder", New Left Review 193, 1992, pp.3-13.

Benita Roth, Separate Roads to Feminism: Black, Chicana, and White Feminist Movements in America's Second Wave, Cambridge: Cambridge University Press, 2004.

Birte Siim, Gender and Citizenship: Politics and Agency in France, Britain and Denmark, Cambridge(UK): Cambridge University Press, 2000.

Carole Pateman, The sexual contract, UK: Polity Press, 1988.

Catherine Quiminal, "Associative Movement of African Women and New Forms of Citizenship", J. Freedman and C. Tarr, eds., Women, Immigration and Identities in France, Oxford/ New York: Berg, 2000, pp.39-56.

Chandra Talpade Mohanty, "Cartographies of Struggle", C. T. Mohanty, A. Russo and L. Torres eds., Third World Women and the Politics of Feminism, Bloomington: Indiana University Press, 1991, pp.1-50.

Charles Tilly, From Mobilization to Revolution, Reading, MA: Addison-Wesley, 1978.

Charlotte Bunch, "Not by Degrees: Feminist Theory and Education", C. Bunch and S. Pollack eds., Learning Our Way: Essays in Feminist Education, New York: Crossing Press, 1983, pp.248-260.

Chikako Kashiwazaki, "The Politics of Legal Status: The Equation of Nationality with Ethnonational Identity", Sonia Ryang ed., Koreans in Japan: Critical Voices from the Margin, London/New York: Routledge, 2000, pp.13-31.

Cynthia Enloe, Bananas, Beaches and Bases: Making Feminist Sense of International Politics, Berkeley/Los Angeles: University of California Press, 1989.

Daiva K. Stasiulis and Abigail B. Bakan, Negotiating Citizenship: Migrant Women in Canada and the Global System, Basingstoke: Palgrave Macmillan, 2003.

Daiva K. Stasiulis and Nira Yuval-Davis, "Introduction: Beyond Dichotomies: Gender, Race, Ethnicity and Class in Settler Societies", D. Stasiulis and N. Yuval-Davis eds., Unsettling Settler Societies: Articulations of Gender, Race, Ethnicity and Class, London/Thousand Oaks/New Delhi: Sage, 1995, pp.1-38.

Denise Kandiyoti, "Bargaining with Patriarchy", Gender and Society, 2(3), 1988, pp.274-290.

Esther Ngan-ling Chow et al., Race, Class, Gender: Common Bonds, Different Voices, Thousand Oaks, London/New Delhi: Sage, 1996.

Gayatri C. Spivak, "Can the Subaltern speak?", C. Nelson and L. Grossberg eds., Marxism and the Interpretation of Culture, Macmillan Education: Basingstoke, 1988, pp.271-313. (가야트리 스피박 외, 《서발턴은 말할 수 있는가?》, 태혜숙 옮김, 그린비, 2013.)

Gayatri C. Spivak, "Subaltern Studies: Deconstructing Historiography", R. Guha and G. Spivak eds., Subaltern Studies IV: Writings on South Asian History and Society, New Delhi: Oxford University Press, 1985.

Geoff Eley, "Nations, Publics, and Political Cultures: Placing Habermas in the Nineteenth Century", Craig Calhoun ed., Habermas and the Public Sphere, Cambridge: MIT Press, 1992, pp.289-339.

Jane Freedman, "Women and Immigration: Nationality and Citizenship", Freedman and Carrie Tar eds., Women, immigration and identities in France, Oxford and New York: Berg, 2000, pp.13-28.

Joan Landes, Women and the Public Sphere in the Age of the French Revolution, Ithaca: Cornell University Press, 1988.

Judith Butler, Gender Trouble: Feminism and the Subversion of Identity, Routledge, 1990. (주디스 버틀러, 《젠더 트러블》, 조현준 옮김, 문학동네, 2008.)

Jürgen Habermas, Strukturwandel der Öffentlichkeit: Untersuchungen zu einer Kategorie der bürgerlichen Gesellschaft, Frankfurt am Main: Suhrkamp Verlag, 1990[1962]. (위르겐 하버마스, 《공론장의 구조변동》, 한승완 옮김, 나남, 2001.)

Kathleen M. Coll, Remaking Citizenship: Latina Immigrants and New American Politics, Stanford: Stanford University Press, 2010.

Kimberlé Williams Crenshaw, "Demarginalizing the Intersection of Race and Sex: A Black Feminist Critique of Antidiscrimination Doctrine, Feminist Theory and Antiracist Politics", The University of Chicago Legal Forum 140, 1989, pp.139-167.

Kimberlé Williams Crenshaw, "Mapping the Margins: Intersectionality, Identity Politics, and Violence against Women of Color", Martha Albertson Fineman, Rixanne Mykitiuk eds., The Public Nature of Private Violence, New York: Routledge, 1994, pp.93-118.

Kumari Jayawardena, Feminism and nationalism in the Third World, London: Zed Books, 1986.

Lisa Lowe, Immigrant Acts: On Asian American Cultural Politics, Durham: Duke University Press, 1996.

Louis Althusser, "Idéologie et appareils idéologiques d'État", La Pensée 151, 2002.

Mary P. Ryan, "Gender and Public Access: Women's Politics in Nineteenth-Century America", Craig Calhoun ed., ibid., 1992, pp.259-288.

Mary P. Ryan, Women in Public: From Banners to Ballots 1825-1880, Baltimore: The Johns Hopkins University Press, 1990.

Maxine Molyneux, "Analyzing Women's Movements", Cecil Jackson and Ruth Pearson eds., Feminist Visions of Development: Gender, Analysis and Policy, London:

Routledge, 1998, pp.65-88.

Maxine Molyneux, "Mobilization Without Emancipation? Women's Interests, the State, and Revolution in Nicaragua", Maxine Molyneux., Women's Movements in International Perspective: Latin America and Beyond, New York: Palgrave, 2001.

Nancy Fraser, "Rethinking the Public Sphere: A Contribution to the Critique of Actually Existing Democracy", Craig Calhoun ed., ibid., 1992, pp.109-142.

Nira Yuval-Davis and Floya Anthias, Woman-Nation-State, London: Macmillan, 1989.

Nira Yuval-Davis, "'Identity Politics and Women's Ethnicity", V. M. Moghadam ed., Identity Politics and Women: Cultural Reassertions and Feminisms in International Perspective, Boulder/San Francisco/Oxford: Westview Press, 1994, pp.408-424.

Nira Yuval-Davis, "Gender and Nation", Ethnic and Racial Studies 16(4), 1993, pp.621-632.

Nira Yuval-Davis, "Women, Ethnicity and Empowerment", K. Bhavnani and A. Phoenix eds., Shifting Identities Shifting Racisms. Special issue of Feminism and Psychology 4(1), 1994, pp.179-198.

Nira Yuval-Davis, Gender and Nation, London/Thousand Oaks/New Delhi: Sage, 1997.

Paulo Freire, Pedagogia do Oprimido, Mexico: Siglo XXI Editores, 1970. (파울루 프레이리, 《페다고지》, 남경태 옮김, 그린비, 2009.)

Ruth Lister, Citizenship: Feminist Perspectives, New York: New York University Press, 1997

Sonia Ryang, "Inclusion or Emancipatory Identity? North Korean Women in Japan", Women's Studies International Forum 21(6), 1998, pp.581-597.

Stuart Hall, "Introduction: Who Needs 'Identity'?", Stuart Hall and P. du Gay eds., Questions of Cultural Identity, London: Sage, 1996, pp.1-17.

Susan Moller Okin, "Is Multiculturalism Bad for Women?", Joshua Cohen et. al. eds., Is Multiculturalism Bad for Women?, Princeton: Princeton University Press, 1999, pp.7-24.

Susan Moller Okin,, "Multiculturalism and Feminism: No Simple Question, No Simple Answers", Avigail Eisenberg et. al. eds., Minorities Within Minorities: Equality, Rights and Diversity, Cambridge(UK): University Press, 2005.

T. H. Marshall and Tom Bottomore, Citizenship and Social Class, Pluto Press, 1992.

운동 단체 자료

가와사키어머니회
川崎子どもを見守るオモニの会, 1995, 《光にむかって 20周年記念誌》
그룹 자매
グループ・ちゃめ, 1997, 《在日コリアン女性のためのエンパワーメント・ワークショップ報告書》
다이헤지야간중학교학생회, 조에야간중학교학생회, 조에・다이헤지야간중학교동창회

太平寺夜間中学校生徒会・長栄夜間中学校生徒会・長栄・太平寺夜間中学校同窓会, 2001,《太平寺夜間中学校の独立を祝う会》

다카노 마사오

高野雅夫, 1975,《ルンプロ元年자립―夜間中学運動10年間の記録》

대한민국여성부, 2001,《세계한민족여성네트워크 인명록Korean Women's International Network Participant List》

동오사카시

東大阪市, 2003,《東大阪市外国籍住民施策基本指針―ともに暮らせるまちづくりをめざして》

마츠도에야간중학교를만드는시민회

松戸市に夜間中学校をつくる市民の会, 2003,《松戸自主夜間中学校の20年》勁草書房

메아리회

メアリ会, 1993~1999会報,《めあり》第1号-第23号

세계문해의해추진동오사카연락회

国際識字年推進大阪連絡会, 1990,《おおさかとの対話― パウロ・フレイレ氏大阪訪問報告》

시라이 젠고

白井善吾, 2006,「夜間中学は今」第1―11号

아시아여성회

アジアの女たちの会, 1977-1992,《アジアと女性解放》創刊準備号―第21号

오사카 자매

大阪ちゃめ, 2000,《がんばっている在日コリアン女性へ―ワークショップ＆公開講座報告集》

우리서당

うり・そだん, 2009,《「うり・そだん」と太平寺夜間中学校―そだん大平寺の開校式にあたって》

이쿠노어머니학교20주년실행위원회

生野オモニハッキョ20周年実行委員会, 1997,《いくのオモニハッキョ》第4号(開校20周年記念文集)

재일대한기독교부인회전국연합회

在日大韓基督教婦人会全国連合会, 1999,《四十年史(1948-1988)》

재일대한기독교전국교회여성연합회

在日大韓基督教全国教会女性連合会, 1999,《五十年史(1989-1999)》

재일본대한민국부인회

在日大韓民国婦人会, 1999,《婦人会五〇年史》

재일본대한민국부인회 도쿄지방본부

在日本大韓民国婦人会東京地方本部, 1993,《婦人会東京半世紀史》

재일본대한민국부인회 오사카본부

在日本大韓民国婦人会大阪府本部, 1992,《大阪婦人会四五年史》

재일본조선민주여성동맹

在日本朝鮮民主女性同盟, 1997-2002,《조선녀성》第537号-551号
재일본조선민주여성동맹 중앙상임위원회
在日本朝鮮民主女性同盟中央 常任委員会委員, 1998,《녀성동맹잘랑찬五〇년1947-1997》
재일본조선인인권협회
在日本朝鮮人人権境界, 2003,《人権と生活》第16号
재일본조선인총연합회
在日本朝鮮人総聯合会, 1991,《朝鮮総連》
재일한국민주여성회(도쿄본부)
在日韓国民主女性会(東京本部), 1987-2005,《民主女性》第2号-103号
재일한국민주여성회(오사카본부)
在日韓国民主女性会(大阪本部), 1989-2010,《ポラッピ》第128号-246号
전국야간중학교연구회
全国夜間中学校研究会,《全国夜間中学校研究会 大会記録》, 各年版
全国夜間中学校研究会,《全国夜間中学校研究会 大会資料》, 各年版
제50회전국야간중학교연구대회실행위원회
第50回全国夜間中学校研究大会実行委員会, 2004,《第50回全国夜間中学校研究大会記念誌》
조선여성사독서회
朝鮮女性史読書会, 1985-1992,《女性通信》第2号-第30号
조에 야간중학교
長栄夜間中学校, 2002,《東大阪市立夜間中学校三〇年のあゆみ》
조에 중학교 야간학급
長栄中学校夜間学級, 1989-2002,《おとなの中学生》創刊号-第16号
조선인'일본군위안부'피해자문제를생각하는모임
朝鮮人従軍慰安婦問題を考える会, 1991,《朝鮮人従軍慰安婦問題資料集》
朝鮮人従軍慰安婦問題を考える会, 1992,《朝鮮人従軍慰安婦問題資料集2》
'일본군위안부'피해자문제를생각하는재일동포여성의모임
従軍慰安婦問題を考える在日同胞女性の会(仮称), 1991,《私たちは忘れない 朝鮮人従軍慰安婦 在日同胞女性から見た従軍慰安婦問題》
'일본군위안부'피해자문제우리여성네트워크
従軍慰安婦問題ウリヨソンネットワーク, 1991,《合宿報告集 語りあかそう！在日女性の明日に向かって―尹貞玉さんと朝鮮人従軍慰安婦問題を考える》
従軍慰安婦問題ウリヨソンネットワーク, 1992,《この「恨」を解くために「元従軍慰安婦・金学順さんの話を聞く集い」を終えて(1991年12月9日東京に於いて)》
従軍慰安婦問題ウリヨソンネットワーク, 1992-1996,《アルリム》(創刊号-第17号)
従軍慰安婦問題ウリヨソンネットワーク, 1993,《ヨソンネット年次報告》(1992年度)》
従軍慰安婦問題ウリヨソンネットワーク, 1994,《ヨソンネット年次報告》(1993年度)》
핫라인 자매

ホットライン姉妹, 2004-2007, ニュースレター,《ホットライン姉妹》創刊号-第5号

영상 자료

김성웅(金聖雄), 〈아름다운 할머니(花はんめ)〉, 2004.
노자와 카즈유키(野澤和之), 〈하루코(HARUKO)〉, 2004.
모리 야스유키(森康行), 〈안녕하세요(こんばんは)〉, 2003.
세계문해의해추진동오사카연락회(国際識字年推進大阪連絡会), 〈21세기의 야간중학교,
　　다이헤지 학교의 독립(21世紀に夜間中学ができた―大平寺夜間中学校の独立)〉,
　　2001(촬영 및 편집: 吉村隆二・榎本阿志夫).
야마다 요지(山田洋次), 〈학교(学校)〉, 1993.
하라무라 마사키(原村政樹), 〈해녀 양씨(海女のリャンさん)〉, 2004.

웹사이트

긴키야간중학교연락협의회(近畿夜間中学校連絡協議会)
http:// kinyachu.net/
시라이 젠고, 야간중학교 그날그날(白井善吾, 夜間中学その日その日)
http://journalistworld0.wixsite.com/mysite/
오사카재일외국인교육연구협의회(大阪府在日外国人教育研究協議会)
http://fugaikyo.in.coocan.jp/
재일본대한민국민단(在日本大韓民国民団)
http://www.mindan.org/
재일본대한민국부인회 도쿄지방본부(在日本大韓民国婦人会東京地方本部)
http://mindan-tokyo.org/product/nihongo/sankadantai/buin/hujinkai.htm/
http://www.hujinkai.org/
재일본조선민주여성동맹(在日本朝鮮民主女性同盟)
http://www.ncafe.biz/
재일본조선인총연합회(在日本朝鮮人総聯合会)
http://www.chongryon.com/
재일한국민주여성회(在日韓国民主女性会)
http://yeosong.korea-htr.com/
재일한국민주통일연합(在日韓国民主統一連合)
http://chuo.korea-htr.org/
재일한국인학생협의회(在日韓国人学生協議会)
http://hakseng.korea-htr.com/
재일한국청년동맹(在日韓国青年同盟)
http://hanchung.org/
재일한국학생동맹(在日韓国学生同盟)

http://youth-forum.soc.or.jp/members/kangakudo.html/
전국재일외국인교육연구협의회(全国在日外国人教育研究協議会)
http://www.zengaikyo.org/
한일문제를생각하는동오사카시민회(日韓問題を考える東大阪市民の会)
http://www.e-sora.net/shimin/

옮긴이의 말

이 책은 오사카 지역의 재일조선인 여성이 공립 야간학교에서 일본어를 학습할 교육권을 갖기 위해 싸운 역사를 담았다. 그들은 오사카의 조선인 거주지에서 일본 주류 사회와 떨어진 채 어머니이자 딸이자 아내로서 식구와 함께 살았고 노년이 돼서야 정주하는 나라의 말을 학생으로서 배우고자 야간중학교에 문을 두드렸다. 식민지 시기에 삶의 터전을 찾아 조선에서 일본으로 건너간 여성들은 오랫동안 가사노동과 저임금 노동을 하며 바쁘고 힘겹게 살았다. 그런 여성들에게 야간중학교는 다른 조선 여성들과 만나 희로애락을 나누는 시간을 만들어주었다.

그러나 일본 교육 행정기관은 공립 중학교 야간학급에 다니는 학생 중에서 조선 학생들만 따로 열악한 분교로 배치했다. 조선인을 차별하는 일본인 지역 주민의 목소리도 여기에 한몫했다. 정기적으로 모이던 공간을 이렇듯 행정기관이 강제로 '치

워버린' 것에 여성들은 항의했다. 이 항의운동은 1993년부터 2001년까지 8년 동안 이어졌다. 2001년 분교가 정식으로 야간 중학교가 된 후에도 같이 공부했던 재일조선인 여성은 우리서 당이라는 학습교실과 사랑방이라는 노인복지시설에서 지금도 계속 모이고 있다.

옮긴이는 "재일조선인 여성이 형성한 하위의 대항 공론장: 오사카 야간중학교 운동"이라는 원제의 이 책을 맨 처음 보았을 때 재일동포 여성이 어떻게 야학에 모였고 거기서 어떤 일이 일어났는지 궁금했다. 야학은 주로 사회의 주변부에 위치해 정규교육을 받지 못한 사람들이 다니는 곳이다. 이 책에도 인용된 파울루 프레이리의 말처럼 그곳은 지식을 대상으로 습득하는 곳이 아니라 자신이 어째서 주변부에 위치하는지를 깨닫고 자신이 놓인 세계를 비판적으로 인식하며 자신과 세계의 관계를 성찰하고 바꾸는 곳이다. 한국에서도 야학은 식민지 시기에는 저항적 민족해방운동의 일환으로, 현대에는 민주화운동과 노동해방운동의 일환으로 전개됐으며, 현재는 장애인의 공간으로서 장애인야학이 있다. 이 책의 배경인 공립 야간학교의 학생 대다수는 주로 일본 사회에서 의무교육을 받지 못한 외국 국적의 주민이다. 그리고 그중 절반은 중노년 재일동포 여성으로, 일본에서 조선 여성으로 살아온 그들의 삶의 역사가 바로 그 절반이라는 수치를 말해준다. 그런데도 일본 공권력은 이 여성들을 느닷없이 쫓아냈다. 여성들은 그 공권력과 맞서 싸웠다. 싸우는 과정에서 그들은 재일조선인 여성이라는 자신들의 정체성을 확립하고 공동체를 만들었다.

현재 일본에서 조선학교는 일반 고등학교가 아닌 '각종 학교'에 해당한다. 일본 정부는 2010년부터 고교 학비 무상화를 실시했는데 '각종 학교'에 속하는 다른 국제학교에도 이를 부분적으로 인정했다. 하지만 조선학교는 고교 무상화 대상에서 제외해 지방법원에서 소송이 진행 중이고, 2019년 8월 27일 일본 대법원은 이것이 적법하다는 판결을 내렸다. 조선학교는 이 책에서도 언급된 '국어강습소'에서 비롯되었다. 국어강습소는 재일동포가 일본의 위협 속에서도 모국의 말과 역사를 배웠고 지금도 여전히 배우고 있는 곳이다. 유엔 역시 소수 집단이 '자신들의 고유한 문화를 영위하고 고유한 종교를 믿으며 고유한 언어를 사용할 권리(시민적 및 정치적 권리에 관한 국제규약 27조)'를 기본 인권으로 규정한다.

이 책의 주인공인 재일조선인 여성들은 조선학교를 인정할 것을 요구하지는 않는다. 그러나 자신의 선택과 관계없이 타국에 건너가 사는 사람 역시 그 사회 구성원으로서 제도의 혜택을 동등하게 받을 권리, 정주하는 나라의 말을 배울 권리를 마땅히 누릴 수 있어야 하지 않을까. 이 책이 다루는 일련의 사건들은 일본에서 재일조선인은 모국어를 사용할 권리뿐 아니라 정주하는 나라의 말조차 배울 수 없음을 보여주는 듯하다.

사람이 어디로든 자유롭게 이동하고 어디서든 정착해 살 수 있는 세상. 이런 세상은 존재하지 않는다. 역사상 사람들은 강제로 떠나야 했고 어딘가 정착해 살더라도 끊임없는 공포와 불안에 시달려야 했다. 어떻게 해야 강제로 떠나야만 하는 일이 발생하지 않을까? 혹은, 설령 떠나야 한다 하더라도 어떻게 그곳에서 즐겁고 편안하게 살 수 있을까? 이런 물음들에는 수많은 대답이 있을 것이다. 이 책은 그중 한 가지 대답일 뿐이다.

번역 원고를 읽고 조언을 하신 홍정은 연구자님께 감사의 뜻을 전한다. 책을 만든 오월의봄 출판사에도 깊은 감사의 말씀을 드린다.

2019년 9월
유라주

찾아보기

로스, 베니타 37

부락해방동맹 142, 148, 163, 334

할머니들의 야간중학교

재일조선인 여성, 삶과 투쟁의 주체가 되다

초판 1쇄 펴낸날 2019년 10월 15일

지은이 　　서아귀
옮긴이 　　유라주
펴낸이 　　박재영
편집 　　　이정신, 임세현
마케팅 　　김민수
디자인 　　당나귀점프
교정교열 　양선화
제작 　　　제이오

펴낸곳 　　도서출판 오월의봄
주소 　　　경기도 파주시 회동길 363-15 201호
등록 　　　제406-2010-000111호
전화 　　　070-7704-2131
팩스 　　　0505-300-0518

이메일 　　maybook05@naver.com
트위터 　　@oohbom
블로그 　　blog.naver.com/maybook05
페이스북 　facebook.com/maybook05

ISBN 　　　979-11-87373-97-1 93300

이 도서의 국립중앙도서관 출판시도서목록(CIP)은 e-CIP홈페이지(http://nl.go.kr/ecip)와
국가자료공동목록시스템(http://www.nl.go.kr/kolisnet)에서 이용하실 수 있습니다.
(CIP 제어번호: CIP2019034880)

• 책값은 뒤표지에 있습니다. 잘못된 책은 바꾸어 드립니다